高等院校经济管理类基础平台课程系列

创 新 经 济 学

理论与案例

林　云◎主编　晁嵩蕾　许　曼◎参编

本教材获以下项目资助：

浙江师范大学《创新经济学：理论与案例》教材建设基金

浙江省科技厅2019软科学项目（项目编号2019C35046）

浙江省2011计划非洲研究与中非合作协同创新中心2015非洲研究专项课题资助（项目编号15FZZX11YB）

INNOVATION ECONOMICS
THEORY AND CASES

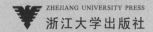

ZHEJIANG UNIVERSITY PRESS
浙江大学出版社

图书在版编目（CIP）数据

创新经济学：理论与案例/林云主编. —杭州：浙江大学
出版社，2019.6
ISBN 978-7-308-19300-9

Ⅰ．①创… Ⅱ．①林… Ⅲ．①经济学—高等院校—教
材 Ⅳ．①F0

中国版本图书馆CIP数据核字（2019）第137319号

创新经济学：理论与案例

林　云　主编

责任编辑　　曾　熙
责任校对　　杨利军　张培洁
装帧设计　　卓义云天
出版发行　　浙江大学出版社
　　　　　　（杭州市天目山路148号　　邮政编码　310007）
　　　　　　（网址：http://www.zjupress.com）
排　　版　　杭州林智广告有限公司
印　　刷　　绍兴市越生彩印有限公司
开　　本　　787mm×1092mm　1/16
印　　张　　13
字　　数　　320千
版 印 次　　2019年6月第1版　2019年6月第1次印刷
书　　号　　ISBN 978-7-308-19300-9
定　　价　　48.00元

浙江大学出版社市场运营中心联系方式：0571-88925591；http://zjdxcbs.tmall.com

序

　　创新经济学主要是从技术创新战略、创新技术的获取、企业技术创新的支持系统,如组织管理、金融支持、市场开发等角度阐释技术创新全过程。众所周知,创新是科技进步的灵魂,是企业、区域乃至国家赢得可持续发展的重要原动力,研究创新经济学,对于系统掌握有关技术创新的知识和理论大有帮助,且对企业创新活动的实践指导有一定的作用。然而,作为一门学科,创新经济学在国内发展得很晚,目前仍旧是较为新兴的课程,还较少有学校开设这样一门课程,创新经济学相关书籍也不太多见。因此,不得不承认,理论对于实践的总结和指导还是相对迟缓的。

　　2010年,创新经济学成为我校的专业选修课。2011开始经我申请成为全校通识课,每周2个学时。其实,当时我对创新经济学还并未有深刻的认识,只是因为博士论文是有关技术创新动力与效率的,所以对技术创新更多了些关注。当时参考的教材主要有三本:一是柳卸林1993年出版的《技术创新经济学》,作为国内第一部与创新经济学有关的教材,阐述了技术创新过程与机制,技术创新与市场结构,以及与企业、产业演化和经济增长之间的关系等,为在中国普及推广创新经济学的理论知识奠定了重要的基础。二是傅家骥1998年出版的《技术创新学》,阐述了技术创新过程,自主创新、模仿创新、合作创新等创新战略,技术创新扩散等过程管理理论,以及市场创新、组织创新、制度激励等内容,建立了一个相对完整的技术创新理论框架。三是赵玉林2006年出版的《创新经济学》,写作初衷也是弥补无教材可用的缺憾,其主要内容包括技术创新过程、技术创新演化机制、动力模式、组织创新、市场创新、金融创新、制度创新、创新的战略选择、创新能力培育及评价、国家创新系统等,体系简明,可能是那时我认为最适合作为本科生教材的书,但那时已经停印。非常感谢这几位前辈,他们著作中有关创新经济学的知识体系,有很多已经自然地融入了我的教学体系。然而,因为以上原因,我的创新经济学课程开始上课时几乎是没有教材的,因此当时我就已经萌生了一个强烈的意愿,必须自己出版一本适合本科生教学用途的教材,于是,组织团队,开始进行教材编写工作。时光匆匆流逝,到今天,已经数年过去,这本教材几经修改,终于得以出版。在这里要对我的学生们表示深深的歉意,因为承诺兑现得太晚。同时,也要对我的教材编写团队表示深深的歉意,因为出版得太迟。

本教材不敢与前辈们的教材相较,只是由于在十年教学过程中,慢慢摸索总结出了一些与学生互动的经验,在教材编写上也就自然而然地更想亲近学生,让教材中的内容更容易被吸收和利用。总体来说,本教材主要有以下三个方面的特点。第一,教材内容可视化:教材中精选近20多个微课教学视频,可以通过"立方书"平台播放,利用多媒体的优势,生动形象地将枯燥的教材内容展示出来,给读者带来更好的体验;另外,本教材相关内容也已引入林云的浙江省精品在线开放课程创新经济学中,读者若有兴趣,可随时进入浙江省高等学校在线开放课程共享平台,有丰富的案例及讨论话题,编者可与读者有更多互动(课程网址为:zjedu.moocollege.com)。第二,教学案例精品化:每个案例都经过精心选择,且都经过课堂教学检验,容易引起学生的共鸣,能够有效提高课堂教学质量。第三,教材内容简洁化:教材结构简明,基本按照创新的过程管理程序进行,如创新动力、技术获取及创意开发、市场创新等;内容逻辑严密,将金融、市场、组织等与技术创新管理有密切关系的配套知识体系一一展开。另外,考虑到教材受众来自多学科多领域,教材编写尽量选择朴实和通俗的语言,力求各学科人士均可接受。

本教材分理论篇和案例篇两篇,理论篇有八章内容,分别是技术创新基础理论、技术创新的动力、技术创新战略选择、外部技术获取、创意的开发、技术创新的组织管理、技术创新的金融支持、技术创新与市场创新等。案例篇收录了20个案例,每个案例有案例内容、案例评析、案例讨论等三部分,进行了较为详尽的分析。本教材理论篇初稿第一、二、五章由林云编写,第三章由许曼编写,第四、六、七、八章由晁嵩蕾编写,后由林云进行修改定稿;案例篇由林云编写定稿。

本教材的出版得到了浙江师范大学教务处、浙江师范大学经济与管理学院、浙江师范大学非洲研究院的大力支持,在此表示衷心的感谢!也非常感谢浙江大学出版社曾熙老师提供的支持和帮助。

教材中肯定也会存在一些不足之处,恳请读者批评指正!

林　云

2019年3月

目录

理论篇

第一章　**技术创新基础理论**
　第一节　创新理论的发端：熊彼特的创新理论 / 003
　第二节　市场创新的类型及其选择 / 008
　第三节　技术创新的特征 / 012
　第四节　创新的类型 / 014

第二章　**技术创新的动力**
　第一节　技术创新的双动力理论 / 017
　第二节　企业家创新的力量 / 019
　第三节　技术创新与政府干预 / 020

第三章　**技术创新战略选择**
　第一节　企业技术创新战略的类型 / 030
　第二节　自主创新、模仿创新与合作创新 / 033
　第三节　企业技术创新战略的选择 / 040

第四章　**外部技术获取**
　第一节　技术市场交易 / 045
　第二节　合作与联盟 / 048
　第三节　技术并购 / 052
　第四节　外部技术获取的障碍及对策 / 057

第五章　**创意的开发**
　第一节　创意的源泉 / 061
　第二节　创意开发的方法 / 065
　第三节　影响创意开发的因素 / 069

第六章　**技术创新的组织管理**
　第一节　技术创新与组织的关系 / 073
　第二节　技术创新的界面管理 / 079
　第三节　企业规模与创新绩效的关系 / 082

第七章　**技术创新的金融支持**
　第一节　技术创新的风险及不确定性 / 086
　第二节　信贷与担保 / 088
　第三节　风险投资 / 091

第八章　**技术创新与市场创新**

　　第一节　技术创新与市场创新的关系 / 098

▶▶　第二节　市场创新的类型及其选择 / 102

　　第三节　市场创新的要素组合 / 104

案例篇

案例1　铱星悲歌：科学家的宠儿，市场的弃儿 / 113

案例2　万燕VCD：悲惨的创新者 / 115

案例3　创新成果商业化的楷模：爱迪生 / 118

案例4　柯达：黄色巨人的倒下 / 121

案例5　吉利汽车从模仿创新到自主创新的战略转型 / 124

案例6　科技创新从娃娃抓起：日本经验 / 130

案例7　从迪士尼公司兵败巴黎看企业跨国经营 / 134

案例8　WhatsApp:逆向思维创造新社交平台 / 138

案例9　标新立异的"斗士"—看农夫山泉的界面管理 / 142

案例10　从苹果公司上市看科创型企业的金融支持 / 146

案例11　输掉"对赌"的太子奶 / 150

案例12　从ofo看共享单车行业融资潮起潮退 / 153

案例13　罗记星级擦鞋店：开发产品档次的案例 / 156

案例14　江中牌健胃消食片：市场定位创新 / 160

案例15　好孩子：创新"推"出来的世界级中国品牌 / 167

案例16　卓越组织成就创新服务：海底捞的管理智慧 / 171

案例17　美图：有关"美"的创意 / 175

案例18　Hope开放创新平台：海尔打造创新生态圈 / 179

案例19　传音手机：非洲市场开拓之道 / 184

案例20　阿里巴巴的商业模式创新 / 187

参考文献 / 192

理论篇
THEORY

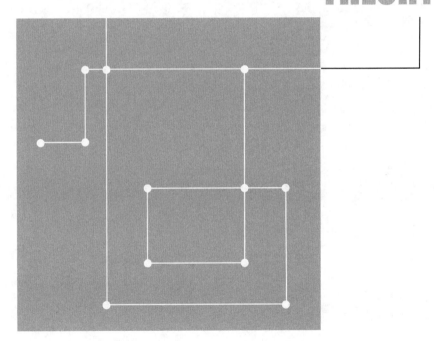

理论篇

第一章

技术创新基础理论

约瑟夫·阿洛伊斯·熊彼特（1883—1950年，以下简称熊彼特）是较早从技术与经济相结合的角度，探讨技术创新在经济发展过程中作用的学者，被公认为现代创新理论的奠基者，他独具特色的创新理论奠定了其在经济思想发展史研究领域中的独特地位，也成为他经济思想发展史研究的主要成就。本章主要介绍熊彼特创新理论的主要观点和创新经济学的基础理论知识，包括创新理论的发端、市场创新的类型及其选择、创新的特征及创新的分类。

第一节　创新理论的发端：熊彼特的创新理论

熊彼特是第一个明确提出创新经济学理论的经济学家。作为一位博学的大思想家，熊彼特提出和构建了"创新理论"，这是一个由创新的内在经济质变性、创新的社会历史性、创新的系统有机性多方阐释构成的巨大理论体系，它依次经历了三部巨著论述才得以最终成形：1921年，他在《经济发展理论——对于利润、资本、信贷、利息和经济周期的考察》一书中提出了"创新理论"之后，又于20世纪30年代末40年代初，相继在《经济周期循环论》和《资本主义、社会主义与民主》（提出了制度创新理论）两书中进一步对"创新理论"加以阐述，形成了以"创新理论"为基础的独特的理论体系，总结了资本主义历史演进中的创新进程。实际上，这三部著作乃是熊彼特提出和阐述其"创新理论"学说的三部曲，最突出的共同特征就是它们均以创新为核心和立论基础。《经济发展理论——对于利润、资本、信贷、利息和经济周期的考察》一书以"企业家"概念的建构为基础首次提出和阐述了"创新理论"，用以解释资本主义的产生、发展及特征，是熊彼特理论体系的第一次系统而重要的阐述；《经济周期循环论》一书则充分运用"创新理论"解释了资本主义的运行，并根据工业革命以来资本主义国家的历史统计资料，以创新概念为基础，形成了熊彼特的"多层次的"经济周期理论；《资本主义、社会主义与民主》是熊彼特运用"创新理论"提出制度创新理论、推断资本主义前途的伟大尝试，得出资本主义终将灭亡，并会自动进入"社会主义"的这一"必然趋向"，形成了熊彼特式的"自动与和平过渡"的理论。

在《经济发展理论——对于利润、资本、信贷、利息和经济周期的考察》一书中，他提出，所谓创新，就是要"建立一种新的生产函数"，即"生产要素的重新组合"，就是要把一种从来没有的关于生产要素和生产条件的新组合引入生产体系，以实现对生产要素或生产条件的新组合；作为资本主义"灵魂"的"企业家"的职能就是实现"创新"，引进"新组合"；所谓"经济发展"，就是指整个资本主义社会不断地实现这种"新组合"，或者说资本

3

主义的经济发展就是这种不断创新的结果；而这种"新组合"的目的是获得潜在的利润，即最大限度地获取超额利润。周期性的经济波动正是起因于创新过程的非连续性和非均衡性，不同的创新对经济发展产生不同的影响，由此形成时间的经济周期；资本主义只是经济变动的一种形式或方法，它不可能是静止的，也不可能永远存在下去。当经济进步使得创新活动本身降为"例行事物"时，企业家将随着创新职能减弱，投资机会减少而消亡，资本主义不能再存在下去，社会将自动地、和平地进入社会主义。当然，他所理解的社会主义与马克思、恩格斯所理解的社会主义具有本质性的区别。

熊彼特以"创新理论"解释资本主义的本质特征，解释资本主义发生、发展和趋于灭亡的结局，从而闻名于资产阶级经济学界，影响颇大。"创新理论"的最大特色，就是强调生产技术的革新和生产方法的变革在资本主义经济发展过程中的至高无上的作用。

一、熊彼特关于"创新的五种情况"的描述

■▶ 创新理论的起源

在《经济发展理论——对于利润、资本、信贷、利息和经济周期的探究》一书中，熊彼特明确指出创新有以下五种情况。

第一，引进一种新的产品，即消费者还不熟悉的产品，或一种产品的某种新特性。

第二，采用一种新的生产方法，即制造部门中尚未通过经验检验的方法，这种新的方法不需要以科学上新的发现为基础，且可以在商业上以一种新的产品的方式存在。

第三，开辟一个新的市场，即这个产品从来未曾进入的市场，不管这个市场以前是否存在。

第四，掠取或控制原材料或半制成品的一种新的供应来源，不管这种供应来源是已经存在的还是首次创造出来的。

第五，实现某种工业的新的组织形式，比如形成一种垄断地位（如"托拉斯化"），或打破一种垄断地位。

熊彼特有关"创新的五种情况"被后人归纳为五种创新，依次为产品创新、技术创新、市场创新、资源配置创新和组织创新，这里的"组织创新"也可以看成是部分的制度创新，当然仅仅是初期的狭义的制度创新。

二、熊彼特创新理论的主要观点

（一）创新是生产过程中内生的

与同时代很多经济学家不同，熊彼特强调技术进步和创新对经济绩效的作用，而不仅仅关注静态的经济绩效。在20世纪早期（1912年和1934年），他曾提出过不间断的工业创新是资本主义经济体制最重要的特点和效果，"发展不是外部强加于经济生活的，而是产生于内部，由自身引起的变化"[①]。

创新是生产过程中内生的，意味着一项创新的产生，不是基于外力的作用，而是在生产过程中自然而然产生的。换句话说，不论是外部的正向冲击还是负向冲击，都很难让创新产

---

① 约瑟夫·阿洛伊斯·熊彼特. 经济发展理论——对于利润、资本、信贷、利息和经济周期的探究[M].叶华，译.北京：九州出版社，2007:141.

生。比如说,重赏之下必有勇夫可能会实现,但重赏之下是否一定会有创新? 很难。如果以一种威逼的方式,限期完成创新,否则施以惩罚,是否就会催生创新? 同样很难。但是,自内部产生的创新,想要凭个人的力量或集团的力量阻止,也几乎是不可能的。物理学家尼古拉·特斯拉的交流电与发明家托马斯·爱迪生的直流电的较量,就证明了没有人能够阻止一项真正有利于人类发展和进步的创新产品的迅速普及。

创新内生性的提出,对于经济学理论的贡献不容忽视。首先,自亚当·斯密开始到20世纪中期,经济学长久以来对技术不变的假设几乎没有动摇过,因此,技术常常作为外生变量而被忽视。即使在后来被考虑,也是以一种不变技术为前提的。从任何一本微观经济学的经典教材中,都不难发现边际报酬递减规律的前提条件就是假定技术水平不变。劳动、资本、土地等要素是人们公认的促进经济增长的决定性因素,而技术这个要素,在熊彼特之前,从来都是增长理论中缺失的。因此,熊彼特有关创新的内生性,给予了20世纪80年代兴起的内生增长理论足够的思想基础。

另外,创新内生性的提出,将经济学关注的目光转移到了创新如何产生、创新的动力机制及其外部条件等方面。梳理前几次技术革命对人类历史产生的深远影响,考察生产者与消费者之间的关联,审视政、产、学、研等主体在创新体系中的作用,思考如何推动技术创新以促进经济增长与经济发展,提高社会福利,这些都与创新内生性理论有着直接或间接的关系。

（二） 创新是一种"革命性"变化

熊彼特曾作过这样一个形象的比喻:你不管把多少的马车或邮车连续相加,也不可能成为一列火车。这个比喻的意思是,在创新的世界里,数量的累加不可能达到质变,就像无数个零相加也不可能等于一是同一个道理。马车和火车、煤油灯和电灯、算盘和电子计算机的对比都成为这个观点的例证。我们可以这样认为,这三组产品中,每一组中的两种产品是不同时代的产物,两者功能相似,而后者是对前者的颠覆,是革命性的替代。

对于创新,熊彼特特别强调创新的突发性和间断性的特点,主张对经济发展进行"动态"性分析研究。这种观点的形成是建立在他对之前的静态和均衡分析方法质疑的基础上的。他认为,发展应该是一种动态的连续的过程,"用静态的分析方法不仅不能对传统的行为方式中非连续性变化的结果进行预测,也不能解释这种生产性革命的产生,又不能说明伴随这种生产性革命出现的现象。它只能在变化发生以后研究新的均衡位置"。[①] 在熊彼特的创新理论中,非均衡是一种非常重要的理论基础。他认为,创新的过程就是不断打破经济均衡的过程,而均衡的打破就意味着产业结构的演进。因此,经济研究的重心不是探讨如何实现均衡,而是研究如何打破均衡。熊彼特的非均衡理论为后来的技术创新和演化理论奠定了很好的基础。克瑞斯提诺·安东内利指出,技术变革是非均衡条件的内生结果,而几乎不会收敛于新的均衡,实际上,均衡和技术变革是两个对应的极端:当不存在技术变革时,均衡有可能存在;反之,只有在远离均衡的市场条件中,才有可能出现技术变革。

很有意思的一个事实是,革命性的创新总是发生在远离均衡的市场条件中。类似于生物学中的"异地物种形成"理论,越是物种兴盛繁荣的世界,越是不可能产生新的物种,而

---

① 约瑟夫·阿洛伊斯·熊彼特.经济发展理论——对于利润、资本、信贷、利息和经济周期的探究[M].叶华,译.北京:九州出版社,2007:141.

在这个物种并不繁荣的边缘地带,越是有可能产生新物种,以及出现新旧交替的情况。众所周知,美国底特律曾是美国第四大城市、世界汽车工业之都。第二次世界大战前后数十年时光,底特律曾经历过昌盛辉煌的岁月。然而,近年来底特律风光不再,甚至沦为美国首个宣布破产的大城市,而新兴的汽车工业,似乎已完全不再有底特律的影子。

（三） 创新是创造性的"毁灭"

"创造性破坏"是熊彼特传播最广的观点之一,是其企业家理论和经济周期理论的基础。熊彼特认为,创新就是不断地从内部革新经济结构,即不断破坏旧的,创造新的结构。而且,一般说来,新组合并不一定要由被创新所代替的行业的同一批从业者去执行,即并不是修建驿站或建造马车的人去修建铁路,而恰恰相反,铁路的建设意味着对驿路和马车的否定。所以,在竞争性的经济生活中,新组合意味着对旧组织通过竞争而加以消灭,尽管消灭的方式不同。如在完全竞争状态下的创新和毁灭往往发生在两个不同的经济实体之间;而随着经济的发展,经济实体的扩大,创新更多地转化为一种经济实体内部的自我更新。

熊彼特指出,经济创新过程是改变经济结构的"创造性破坏过程"。经济创新不断地从内部使这个经济结构革命化,不断地破坏旧结构,不断地创造新结构。这个创造性破坏的过程就是资本主义的本质。有价值的竞争不是价格竞争,而是新商品、新技术、新供应来源、新组合形式的竞争,也就是占有成本上或质量上决定性优势的企业的竞争,这种竞争打击的不是现有企业的利润边际和产量,而是它们的基础和它们的生命。

创造性破坏理论指出:当景气循环到谷底的时候,也是某些企业家不得不考虑退出市场或是另一些企业家必须要"创新"以求生存的时候。只要将多余的竞争者筛除或是有一些成功的"创新"产生,便会使景气提升、生产效率提高,但是当某一产业又重新有利可图的时候,它又会吸引新的竞争者进入,然后又是一个利润递减的过程,回到之前的状态……所以每一次的经济萧条都潜藏着一次技术革新的可能,这句话也可以反过来陈述为:技术革新的结果便是可预期的下一次萧条。在熊彼特看来,资本主义的创造性与毁灭性因此是同源的。但熊彼特并不认为资本主义的优越性是由于其自己产生的动力而不停地推动自身发展,他相信资本主义经济最终会因无法承受其快速膨胀带来的能量而崩溃于其自身的规模。

在熊彼特看来,"创造性破坏"是资本主义的本质性事实,重要的问题是研究资本主义如何创造并进而破坏经济结构,而这种结构的创造和破坏主要不是通过价格竞争而是依靠创新的竞争实现的。每一次大规模的创新都会淘汰旧的技术和生产体系,并建立起新的生产体系。

（四） 创新必须能够创造出新的价值

熊彼特认为,只有成功实现了商业化的发明,才可以被称为创新。发明是新工具或新方法的发现,而创新是新工具或新方法的应用。"只要发明还没有得到实际上的应用,那么在经济上就是不起作用的。"可见,熊彼特的创新理论,在本质上极为重视市场机制在创新要素配置中的基础性作用。

熊彼特认为,先有发明,后有创新;因为新工具或新方法的使用在经济发展中起到作用,最重要的含义就是能够创造出新的价值。把发明与创新割裂开来,有其理论自身的缺陷。强调创新是新工具或新方法的应用,必须产生出新的经济价值,这对于创新理论的研究具有重要的意义。所以,这个思想为此后诸多研究创新理论的学者所继承。著名管理学家彼得·德鲁克（以下简称德鲁克）就是其中之一。

德鲁克承认自己深受熊彼特的影响，强调企业家在经济发展中的角色比资本家更为关键。在《创新与企业家精神》等名著中，他深刻剖析了创新的价值，认为创新是企业家精神的本质。在21世纪，信息技术推动下知识社会的形成及其对创新的影响进一步被认识，科学界进一步反思对技术创新的认识，创新被认为是各创新主体、创新要素交互复杂作用下的一种复杂涌现现象，是创新生态下技术进步与应用创新的创新双螺旋结构共同演进的产物，关注价值实现、关注用户参与的以人为本的创新2.0模式也成为新世纪对创新重新认识的探索和实践。

（五）创新是经济发展的本质规定

熊彼特推崇创新在经济增长与经济发展中的重要作用，他认为，经济增长的过程是通过经济周期的变动来实现的，而经济周期变动的原因又在于"创新"。他把创新看成是经济发展的内在因素，这是他对经济理论的一大贡献。

熊彼特把创新过程分解为三个步骤：首先，企业为谋取额外利益而进行"创新"；其次，为分享这种利益，一些企业开始模仿，如试制新产品、采用新技术、推广新的组织形式等；最后，那些采用旧技术的企业为了生存而进行的"适应"，便是对新产品、新技术的进一步推广，这便又会引起更大规模的模仿。以上这些活动都是在激烈的竞争中发生的。所以"创新""模仿""适应"推动着经济的增长。在这个过程中，由于投入了许多新资本，那些适应能力太差，或行动过于迟缓的企业就会被淘汰。因此，创新活动就像旋风一样推动了经济的增长，又造成了旧资本的破灭。

熊彼特力图引入创新概念以便从机制上解释经济发展。熊彼特认为，在没有创新的情况下，经济只能处于一种他所谓的"循环流转"的均衡状态，经济增长只是数量的变化，这种数量关系无论如何积累，本身并不能创造出具有质的飞跃的"经济发展"。"在常规事物的边界以外，每行一步都有困难，都包含一个新的要素。正是这个要素，构成领导这一现象。"[①]这里的领导，就是率先创新的企业家。只有企业家实现创新，"创造性的破坏"产生经济循环的惯行轨道，推动经济结构从内部进行革命性的破坏，才有经济发展。

（六）创新的主体是"企业家"

熊彼特把新实现组合称为企业，把实现新组合基本职能的人们称为企业家。企业家的含义有广义和狭义之分。广义上的企业家，不仅包括通常在交换经济中所称的"独立的"生意人，而且包括各个厂商的所有的经理们或工业家们，他们可能实现"新组合"。如一家公司的经理、董事会成员、企业"发起人"等。狭义上的企业家，是指只是经营已经建立起来的企业，并实际履行"生产手段新组合"的人。[②]熊彼特对于企业家的定义非常严苛，他认为，每一个人只有当他实际上"实现新组合"时才是一个企业家。"一旦当他建立起他的企业以后，也就是当他安定下来经营这个企业，就像其他的人经营他们的企业一样的时候，他就失去了这种资格。因此，任何一个人在其几十年的活动生涯中很少能总成为一个企业家。"[③]

企业家的核心职能不是经营或管理，而是实现创新，执行新组合。创新者不是实验室的科学家，而是有胆识、敢于承担风险又有组织实干才能的企业家。

①②③ 约瑟夫·阿洛伊斯·熊彼特.经济发展理论——对于利润、资本、信贷、利息和经济周期的探究[M].叶华，译.北京：九州出版社，2007：78.

熊彼特认为,企业家的创新行为有三种动机:首先,是获得尊贵地位的动机。他们怀有建立私人王国或王朝的梦想和意志。在那里,他们通过工业或商业的成功,可以取得类似于中世纪贵族的地位。其次,是征服的动机,他们总想证明自己比别人强,因而追求成功的目的在于追求成功的过程,而不在于成功的结果。最后,是追求成就感的动机。这种成就感带来的快乐可以从创造、成就事业,或是在施展个人才华和智慧中得到。企业家这种类型的人总是在寻找困难,为改变而改变,以冒险为乐趣。

第二节　市场创新的类型及其选择

一、创新与技术创新

熊彼特在其经典著作《经济发展理论——对于利润、资本、信贷、利息和经济周期的探究》中提出:创新是指把一种新生产要素和生产条件的"新结合"引入生产体系。这就是人们公认的有关创新的最早的定义。如前所述,创新包括五种情况:引入一种新产品,引入一种新的生产方法,开辟一个新的市场,获得原材料或半成品的一种新的供应来源及新的组织形式。当然,熊彼特的创新概念包含的范围很广,涉及技术性变化的创新及非技术性变化的组织创新。虽然熊彼特列举了技术创新的一些具体表现形式,但熊彼特本人并没有对技术创新给出严格的定义。

20世纪60年代,新技术革命迅猛发展。美国经济学家华尔特·惠特曼·罗斯托提出了"起飞"六阶段理论,将"创新"的概念发展为"技术创新",把"技术创新"提高到创新的主导地位。

1962年,约翰·伊诺思在其《石油加工业中的发明与创新》一文中首次直接明确地对技术创新下定义,"技术创新是几种行为综合的结果,这些行为包括发明的选择、资本投入保证、组织建立、制订计划、招用工人和开辟市场等"。约翰·伊诺思是从行为的集合的角度来下定义的。而首次从创新时序过程角度来定义技术创新的加里·林恩认为技术创新是"始于对技术的商业潜力的认识而终于将其完全转化为商业化产品的整个行为过程"。

在约翰·伊诺思和加里·林恩之后,一些著名技术创新经济学家都曾给技术创新下过定义。20世纪80年代中期,弗·冯·缪尔塞对几十年里在技术创新概念和定义上的多种观点和表述做了较系统的整理分析。在其搜集的300余篇相关论文中,约有3/4的论文对技术创新界定接近于以下表述:当一种新思想和非连续性的技术活动,经过一段时间后,发展到实际可以成功应用的程序,就是技术创新。在此基础上,弗·冯·缪尔塞将技术创新重新定义为:技术创新是以其构思新颖性和成功实现为特征的有意义的非连续性事件。这一定义突出了技术创新在两方面的特殊含义:一是活动的非常规性,包括新颖性和非连续性;二是活动必须最终得以成功实现。

美国国家科学基金会(National Science Foundation of USA, NSF)也从20世纪60年代开始兴起并组织对技术的变革和技术创新的研究。萨姆纳·迈尔斯和唐纳德·马奎斯作为主要的倡议者和参与者,在其1969年的研究报告《成功的工业创新》中将创新定义为技术变革的集合。认为技术创新是一个复杂的活动过程,从新思想、新概念开始,通过不断地解决各种问题,最终使一个有经济价值和社会价值的新项目得以成功应用于实际。到20世纪70年代下半期,他们对技术创新的界定大大拓宽了,在NSF报告《1976年:科学指示器》中,将创新定义为"技术创新是将新的或改进的产品、过程或服务引入市场",明确地将模仿和不需要引入新技术知识的改进作为两类创新划入技术创新定义范围中。

20世纪七八十年代,有关创新的研究进一步深入,开始形成系统的理论。詹姆斯·厄特巴克的创新研究独树一帜,他在1974年发表的《产业创新与技术扩散》中认为,"与发明或技术样品相区别,创新就是技术的实际采用或首次应用"。弗·冯·缪尔塞在20世纪80年代中期对技术创新概念做了系统的整理分析。在整理分析的基础上,他认为:"技术创新是以其构思新颖性和成功实现为特征的有意义的非连续性事件。"

美国经济学家埃德温·曼斯菲尔德1971年认为,创新就是"一项发明的首次应用"。他认为与新产品直接有关的技术变动才是创新。产品创新是从企业的产品构思开始,以新产品的销售和交货为终结的探索性活动。埃德温·曼斯菲尔德对技术创新的定义常为后来学者认可并采用。

英国经济学家克利斯·弗里曼在1973年发表的《工业创新中的成功与失败研究》中认为,"技术创新是技术的、工艺的和商业化的全过程,是导致新产品的市场实现和新技术工艺与装备的商业化应用"。其后,他在1982年的《工业创新经济学》修订本中明确指出,技术创新就是指新产品、新过程、新系统和新服务的首次商业性转化。

美国企业管理学家德鲁克1989年认为,"创新的行动就是赋予资源以创造财富的新能力"。在他看来,"创新并非在技术方面","凡是能改变已有资源的财富创造潜力的行为,都是创新",如体现在管理、市场营销和组织体制等方面的新能力、新行为,即属于管理创新、市场创新和组织创新。

从西方学者对技术创新的界定来看,概括起来大致有两种见解:第一种是基于发明与创新的联系和区别来理解的狭义的技术创新。如美国经济学家埃德温·曼斯菲尔德认为,创新就是一项发明的首次应用。第二种是从技术、市场、管理和组织体制等生产系统或经济系统的要素方面来理解的广泛意义上的创新或广义的技术创新。

我国20世纪80年代开始了技术创新方面的研究,较早研究技术创新问题的傅家骥先生于1998年对技术创新的定义是:企业家抓住市场的潜在盈利机会,以获取商业利益为目标,重新组织生产条件和要素,建立起效能更强、效率更高和费用更低的生产经营方法,从而推出新的产品、新的生产(工艺)方法、开辟新的市场,获得新的原材料、半成品供给来源或建立新的企业组织,它包括科技、组织、商业和金融等一系列活动的综合过程。

许庆瑞认为,技术创新是技术变革的一个阶段。技术变革过程大体可分为技术发明、创新和扩散三个阶段。发明是指有史以来第一次提出某种技术的新概念、新思想或新原理;创新则是继发明之后实现新技术的第一次商业性应用,是科学转化为直接生产力的阶段。

柳卸林认为,技术创新是指与新产品制造、新工艺过程或新设备的首次商业应用有关的技术开发、设计制造及商业的活动。

赵玉林认为,创新是企业家抓住新技术的潜在盈利机会,重新组织生产条件和要素并首次将其引入生产系统,从而推出新的产品、新的工艺、开辟新的市场、获得新的原材料来源,以及由此而引发的金融变革、组织变革和制度变革。技术创新中的"新"是知识产权意义上的新,而不是时间上的"新"或空间上的"新"。时空上的"新"是相对的。创新是一个过程,是从新产品、新工艺的构想、研究、开发到首次商业化应用的全过程。

二、发现、发明与技术创新的联系与区别

(一) 发现、发明与技术创新的连续性

■ 发明与
创新

思考创新时,很多人容易掉进的陷阱之一,就是将创新这一术语与发现和发明相混淆。虽然这三者都有一个共同的元素"新",但它们本质上是同一谱系的不同分支。这一谱系的根源是发现。受好奇心和人类需求的驱使,人们通过其特有的洞察力,发现并揭示了一些前所未知或未被认可的事情。它们不仅仅是新奇的,而且是绝大多数人无法想象的,只有极少数拥有好奇心的人才可能想到。本杰明·富兰克林通过风筝—雷电试验,证明了闪电的本质是电。他的发现令人振奋,但事实上,对公众而言,它最初是没什么用途的。为了使发现更有益,还需要进行长时间的科学研究,才出现了避雷针等种种后来的发明。而只有当这些发明推向市场,为人们带来价值,它们才能成为真正的创新成果。

研发活动会引起新的"发明"(包括新的产品、工艺、生产经营和管理方法)。新的"发明"一旦进入某一生产经营过程、体系之中,即会完成狭义的技术创新。任何狭义的技术创新,一旦进入市场,都有可能被其他企业吸纳和模仿,即创新扩散。任何研发成果,只有通过狭义的技术创新,才能转化为直接的、现实的、物质的生产力;通过狭义技术创新的扩散,才能提高宏观的技术水平。

赵玉林认为,技术创新是一个经济学概念,它与发明既有联系,又有区别。创新离不开发明,但发明不一定都产生创新,只有发明实现了商业化应用才是创新;创新强调的是第一次、首次,是把一种生产要素的新组合首次引入生产过程,是发明的首次商业化应用。

技术创新体系效用的发挥,在于新的技术能够为社会创造更多的价值。因此,当一项新技术被许多采用者所使用时,它才能对社会有更大的贡献,也就是说,技术创新的真正意义和价值,不在于创新本身而在于新技术的扩散范围。由于新技术不断出现,新技术将不断被更新的技术所替代,一项技术只有在被替代之前得到有效的推广,才能使其社会效应得以发挥,否则,技术创新成果不仅不能成为生产进步的推动力量,反而会造成社会资源的浪费。

(二) 发明与技术创新的时间间隔

技术创新通常滞后于发明。从表1-1可以看出,许多现在对于我们非常重要的产品并不是一经发明就能成为市场中的商品,而是经历或多或少的一段时间后,才能获得商业化应用成为真正的技术创新成果。

表1-1 发明与技术创新的间隔时间

技术与产品	发明年份	创新年份	滞后期	技术与产品	发明年份	创新年份	滞后期
日光灯	1859	1938	79	复印机	1937	1950	13
采棉机	1889	1942	53	蒸汽机	1764	1775	11
拉链	1891	1918	27	尼龙	1928	1939	11
电视	1919	1941	22	无线电报	1889	1897	8
喷气发动机	1929	1943	14	三极真空管	1907	1914	7

技术与产品	发明年份	创新年份	滞后期	技术与产品	发明年份	创新年份	滞后期
雷达	1922	1935	13	圆珠笔	1938	1944	6

发明与创新之间的时间间隔有长有短,是什么因素决定了滞后期的长短呢?首先,商业化应用的技术难度决定了发明与创新之间的距离;其次,知识和信息的传播路径与速度是创新实施的重要影响因素;最后,消费者对新产品及技术的接受程度也影响着创新实现的速度。可以理解,现当代技术创新速度越来越快,发明到技术创新之间的时间正在日益缩短,因为无论是技术平台、信息化水平还是消费者的认知水平都在进步。与此同时,创新被下一个创新替代的速度也正在加快。

并非所有的研发成果都会成功地商业化。埃德温·曼斯菲尔德对美国三家大公司自主创新的调查分析表明,60%的创新项目通过研究开发能获得技术的成功,只有30%的项目获得了商业上的成功,而只有12%的项目给企业带来了经济收益。哈维·E.拉蓬,詹卡洛·莫斯基尼的研究表明,即使是更优的技术,但由于起初投入的高成本或是供给的缺乏,很容易导致采用的不完全。肯尼思·W.克拉克森从专利所形成的社会成本阐明技术创新有被搁置的可能性。他认为,由于技术创新所获得的专利而形成的垄断价格,必然带来资源配置不当,从而造成社会成本。持有专利的创新者可通过专利的排他性来获取垄断利润,然而垄断价格造成的资源配置不合理进而造成社会成本,可能会抵消取得专利权的创新所提供的收益,有时专利制度的社会成本可能远大于提供给社会的利益,这样,技术创新必然会受到抑制。

三、知识与创新

对于创新来说,知识是最重要的战略资源,学习是重要的过程。剥离创新是"生产要素的重新组合"的物质表象,创新过程就是知识的产生、获取、扩散、吸收、整合、应用、记忆、忘却等系列活动的系统学习过程。[①]

按照经济合作与发展组织(Organization for Economic Cooperation and Development, OECD)1996年《以知识为基础的经济》报告中的说法,知识可以分为:事实知识(know-what),原理和规律知识(know-why),技能知识(know-how),源头(know-who)。

迈克·波兰尼1958年对知识的划分堪称经典,他按知识的存在形式将知识划分为显性知识(explicit knowledge)和隐性知识(tacit knowledge)。显性知识又被称为编码知识,是指可以通过语言方式在组织内和组织间传递的知识,包括专利、科学发明和特殊技术等形式的知识,主要存在于书本、研究报告、计算机系统等;隐性知识又被称为默会知识,指只可意会不可言传的知识。

知识又可分为个体知识和集体知识。一些社会组织的某些规则、行为方式并不会因为成员的进入或离开而改变,这说明知识的载体不仅仅是独立的个体,知识会在组织和集体层面上存在。除了个人能力外,有另外的能力内在于组织的日常运转和启发式的解决问题之中,从它不能完全转化为信息的意义上说,这种能力是集体层面的。行为规范制度(社会和

---

① 王孝斌, 王学军. 创新集群的演化机理[M]. 北京:科学出版社, 2011:111.

文化规范、规则、法律、惯例等）是知识的储藏室。

知识还可分为局部知识和全局知识。这种分类对于组织层面和集群层面尤为重要。有的知识几乎是可以无差异流通的，如一些通用的数学知识，而有的知识尽管不是默会知识，但却是局部化的，脱离了知识所处的环境就会改变，它有强烈的背景依赖，而要想把它变为能够让大家共享的知识还有很长过程。编码和试图使默会知识编码化的努力可以看作是社会提高知识共享能力的重要方法。但是编码知识并不一定意味着知识能够更容易地被其他人分享，相反，使用秘密的编码会使更少的人能共享知识。

在知识内涵分析的基础上，国外学者托马斯·D.詹森等提出了两种学习创新模式——STI模式与DUI模式，即基于编码的科学知识技术基础上的STI模式（science, technology, innovation）和隐性的、基于学习经验基础上的DUI模式（innovation by doing, using and interacting）。显然，STI模式主要依靠know-why知识，它意味着通过科学的方法获得、生成、利用编码知识来主导创新活动。DUI模式主要依靠默会的、局部的、集体的know-how知识来主导创新活动。STI模式即使开始于解决局部问题，在全过程中仍然需要使用潜在的全局知识，它最终会以潜在的全局知识结束，就是说如果该知识不受知识产权保护的话，可以广泛地被使用。而DUI模式的特征是使员工、集群内的主体在面对新的问题时能够持续变革。这些知识提高了雇员的技能，扩展了集群的技能储量。随着整个集群在实际工作系统中变得更加有洞察力，当问题出现时，集群将能找到更有效的方法来组织工作和解决问题。

第三节　技术创新的特征

创新的
特征

2017年，规模以上工业企业有研究与试验发展活动企业数102218个，占全部规模以上工业企业法人单位的27.4%。尽管这一比例已经比之前有很大进步，然而，企业研发活动比例偏低仍旧是一个不争的事实。众所周知，研发是创新成果产生的重要来源，没有研发活动，创新产生的可能性大大减少。那么，为什么企业不愿意进行研发呢？或许，当我们理解了技术创新的特征之后，这个问题就有了答案。

一、创新的不确定性

创新的不确定性是指当用于创新的资金、技术、人员投入创新过程之后，创新的结果是不确定的。这也是人们常说的创新的风险。创新的不确定性主要体现在两方面：技术不确定性和市场不确定性。

（一）技术不确定性

技术不确定性主要是指能否用技术语言来表达市场需要的特征，能否设计并制造出可以满足市场需要或设计目标要求的产品与工艺，以及当原型测试后，规模扩大时，常出现的大量工程、工具设计和产品制造等技术问题。从产品原型到工程化与规模生产，每一步都是一个相当大的跨越。新技术与现行技术系统之间的不一致性也是一个重要的不确定性来源。技术不确定性还包括设计是否优越、技术上能否超过已有产品或工艺、制造成本能否达到商业化的要求，以及进一步改进的潜力如何等。有不少产品构思，按其设计的产品无法制造或制造成本太高,这种构思和产品就没有什么商业价值。因此,技术的不确定性就决定着技术创新的风险。

（二）市场不确定性

创新的市场不确定性,主要是指市场需求的基本特征不明显,而且对如何将这些特征融入创新过程中不易实现。这可能导致当根本性创新出现时,却找不到明确的市场方向。如计算机刚出现时,有人估计全美国只有几十台的需求量。另外,市场不确定性也有可能是在确定了基本需求特征以后,不能肯定该需求将以何种方式变化。市场不确定性的来源,还可能是不知道如何将潜在的需求融入创新产品的设计中去,或者不知道未来如何改进产品以适应用户需求的变化。

市场的不确定性还包括:当一种创新产品推向市场时,能否最大程度满足顾客需求,用户是否接受创新产品,用户如何才能更快地接受产品,以及创新如何才能向其他领域扩散等。当存在创新竞争者时,市场的不确定性还指创新企业能否在市场竞争中战胜对手。这主要是指那些重大创新。相对说来,源于市场需要或生产需要的小的创新,其市场不确定性要小得多。

二、技术创新收益的非独占性

经济学有两个专业词,溢出效应和准公共物品。所谓溢出效应,是指一个组织在进行某项活动时,不仅会产生活动所预期的效果,而且会对组织之外的人或社会产生的影响。简而言之,就是某项活动有外部收益,而且是活动的主体得不到的收益。公共物品是具有非排他性和非竞争性的物品。按照公共物品的供给、消费、技术等特征,依据公共物品非排他性、非竞争性的状况,公共物品可以被划分为纯公共物品和准公共物品。纯公共物品一般具有规模经济的特征。纯公共物品消费上不存在"拥挤效应",不可能通过特定的技术手段进行排他性使用,否则代价将非常高昂,国防、国家安全、法律秩序等属于典型的纯公共物品。准公共物品的范围十分广泛,它介于私人物品和纯公共物品之间。相对于纯公共物品而言,它的某些性质发生了变化。一类准公共物品的使用和消费局限在一定的地域中,其受益的范围是有限的,如地方公共物品(并不一定具有排他性);一类准公共物品是公共的或是可以共用的,一个人的使用不能够排斥其他人的使用,这类物品如地下水流域与水体资源、牧区、森林、灌溉渠道等;还有一类准公共物品具有明显的排他性,由于消费"拥挤点"的存在,往往必须通过付费,才能消费,比如俱乐部物品、有线电视频道和高速公路等。

保罗·罗默对技术属性的描述已经揭示出技术的非竞争性和部分的非排他性。因此,技术创新活动也就是具有溢出效应和准公共物品属性的创造性活动。这种特殊的属性必然造成创新收益的非独占性。也就是说,某人或某企业产生了一个好的创意,将之变成新产品,之后推向市场,但他/它很难阻止其他人或其他企业通过各种途径向他/它"学习"且不付费,之后市场上同类产品层出不穷,导致该人或企业的收益大受影响。这种"学习"行为给创新者可能带来一定的伤害,但却没有人向他补偿,这种负溢出效应的存在是很多企业不愿意从事创新活动的原因之一。

三、创新的市场性

创新的市场性是指创新不仅仅是停留在技术层面，而是要经过市场的检验。如前所述，这是技术创新被确定了的含义。因此，对于创新者而言，创新又多了一层难度。问题的关键在于，并非技术上获得成功的产品，一定可以获得市场上的成功。

创新市场性的关键要点就在于，创新者必须准确把握市场需求及消费者偏好变化的趋势，或者找准市场细分的路径，运用正确的市场营销方式，将产品推送给消费者。不得不承认，这对于企业的经营者来说是个极大的挑战。2018年，全球知识研究机构CB Insights发布了一篇报告，统计了132次产品创新失败的案例。他们梳理了成千上万篇的媒体报道的文章，从中挑选出一些产品，涵盖了科技软件和硬件、消费品、快餐和电子产品等主要行业，可口可乐、福特、苹果、亚马逊、谷歌、微软等企业都在产品名录中。即使是那些众所周知的大企业，在面对市场的时候，也有可能判断失误，更何况是一般的小微企业。

四、创新的系统性

创新的系统性有两层含义，一层含义是指在企业内部，创新不仅是技术部门的事情，而且与公司各个部门都有联系。举例说明，一个生产电动自行车的企业，其产品创新与研发部门有关，也与生产部门、销售部门、售后服务部门、财务部门、人事部门等有着直接的关系。另一层含义，是指在企业外部，要形成区域、甚至国家层面的大系统，这就是所谓的区域创新系统和国家创新系统了。因为企业和个人不可能脱离区域或国家的政策和制度而进行自己的创新活动，区域或国家的产权制度、财政税收、金融信贷等各种激励、导向、限制都与企业创新活动紧密相连。从大的层面来说，技术创新与制度创新一直都是创新发展的两条路径，不能只选择一条路径而忽视另外一条。

创新的不确定性、创新收益的非独占性、创新的市场性和创新的系统性，这四个特征对于创新者来说很重要，因为创新者只有对创新活动有足够的认识和理解，才能打有准备之仗，运筹帷幄，及时应对创新道路上的困难和问题，直到最后取得技术和市场上的成功。

第四节　创新的类型

一、产品创新与工艺创新

根据创新对象和创新内容，可将创新分为产品创新和工艺创新。产品创新是指在产品技术上所出现的具有新价值的发展和变化，包括新产品的开发和现有产品的改进。例如，玻璃厂首次推出彩色玻璃、超薄玻璃，就是产品创新。工艺创新是指工艺技术上所出现的具有新价值的发展和变化，包括生产工艺流程、加工技术、操作方法、生产技术装备等方面的生产技术的开发和改进。例如，玻璃生产从垂直引上到平拉，再到浮法生产，就是一种工艺创新。

■ 产品创新与工艺创新

产品创新与工艺创新经常是交替出现的。新产品的推出会使新工艺的开发得以实现。如先进的计算机工作站的开发使得企业能够实现计算机辅助设计（computer aided design，CAD）工艺和计算机辅助制造（computer aided manufacturing，CAM）工艺，从而提高了生产效率。同时，新工艺的开发又会促进新产品的生产。如新的冶金技术的开发使得自行车链条的生产能够实现，这又紧接着使得多齿轮传动的变速自行车的开发能够实现。

产品创新和工艺创新统称为技术创新，与技术创新相关的还有市场创新、金融创新、组织创新和制度创新等。

二、根本性创新和渐进性创新

根本性创新是指世界上首创的与现有产品和工艺完全不同的创新，它以新的科学发现所导致的基本技术发明或现有的研究开发成果为基础，能够导致一系列渐进技术创新，如能够导致技术革命、产业革命及使整个技术体系发生重大变革的"通用创新"，或称技术变革型创新；能够导致新的社会经济活动或新的产业部门的"特有创新"，或称原理独创型创新；能够开拓新的市场或取代现有产品或工艺的原理发展型创新，或称功能综合型技术创新。

■ 根本性
创新与渐
进性创新

渐进性创新是指在已有的根本性技术创新所提供的"技术—经济范式"和技术轨道下，依靠根本性技术创新所提供的技术机会和外部的需求压力所产生的技术创新。如手机外观形状的变化，或者推进一项新的服务计划使用户可以低价通话，都属于渐进性创新。渐进性技术创新在其所依据的根本性技术原理上并没有质的变化和发展。

根本性创新对原有技术表现出一种替代性和破坏性，而渐进性创新对原有技术表现出一种继承性和提高性。

根本性创新与渐进性创新是相互联系的。根本性技术创新为渐进性技术创新提供技术机会，而大量渐进性技术创新的出现则是最有效地实现根本性技术创新的社会经济变革功能，促进经济增长的基本机制。根本性创新与渐进性创新有时又是相对的。同样一项技术变革引起的创新，对于有的企业而言是根本性创新，而对于另一些企业而言则是渐进性创新。如柯达公司与索尼公司几乎同时推出数码相机（柯达于1995年推出DC40数码相机，索尼的Cyber-Shot数码相机于1996年面世），但它们的创新路径不同。柯达的历史和声誉是建立在其化学感光的专业技术上的，因此转变到数字摄影和录像就要求企业做出重大的方向转变；而索尼从一开始就是一家电子企业，在生产数码相机之前在数字录音和图形技术方面就已经有了坚实基础，因此推出数码相机只是对现有技术能力的简单拓展。

三、自主创新、模仿创新和合作创新

从创新战略和创新技术源的角度可将创新分为自主创新、模仿创新和合作创新。自主创新是企业通过自身努力和探索产业技术突破，攻克技术难关，并完成技术的商品化，获取商业利润。模仿创新是企业通过学习模仿率先创新者的创新思路和创新行为，引进或购买率先破译者的核心技术和技术秘密，进而改进完善并进一步开发产品的性能和质量，获取商业利润。合作创新是指企业间，或企业、高校、科研机构间的联合创新行为，也就是产学研合作。也有人将政府纳入合作创新的范畴，称为政产学研合作创新。

自主创新要求企业有雄厚的研究开发实力和研究成果积累，处于技术领先的地位，否则

是做不到率先创新的。自主创新企业需要在市场开发、广告宣传、用户使用知识普及方面投入大量的资金,努力挖掘有效需求,打开产品销售的局面。这种投入对用户所起的作用是一种新产品概念和消费观念的导入,因此具有很强的外溢效果。

由于模仿创新者不必像自主创新者那样花费大量的时间和费用进行艰苦的研制,而主要通过学习和借鉴自主创新者的经验,在市场中以更廉价、更优质或更具特色的产品或服务获得经济利益,从经济学的观点看,这是一种更有效的创新,从而也是大多数企业采用的创新方式。

在现代经济中,全球性的技术竞争不断加剧,企业技术创新活动中面对的技术问题越来越复杂,技术的综合性和集群性越来越强,即使是技术实力雄厚的大企业也会面临技术资源短缺的问题,单个企业依靠自身能力取得技术进展越来越难。因此,多个单位进行合作创新,可以充分发挥各自优势,实现资源互补,从而缩短创新周期,降低创新风险,提高创新成功的可能性。借助合作创新,亦能把有激烈竞争关系和利益冲突的企业联合起来,使各方都从合作中获得更大的利益。

自主创新、模仿创新和合作创新这三种创新战略,我们将在技术创新战略选择部分继续展开讨论。

第二章

技术创新的动力

技术创新的动力理论一直都是技术创新领域的焦点问题,科学技术发展、市场需求、政府支持、企业家创新精神等,都对技术创新的进程产生了强有力的推动作用。本章阐述了科技推动、需求拉动这两种长期以来存在争论的技术创新一元论动力理论,指出技术与市场的综合力量才是真正推动技术创新发展的动力与源泉。另外,在技术创新的实践发展中,企业 家的力量不容忽视,正是企业

创新的
动力

家们创造性的思维与创新精神,使得新产品与新技术不断被应用于市场,推动经济发展。然而,在技术创新的过程中,溢出效应、准公共物品属性、市场风险与不确定性,这些市场失灵现象的存在使得政府干预成为必要,从各国经验来看,解决技术创新的市场失灵问题,需要从通用技术投资、产学研合作、立法与营造创新的制度环境等多方面着手。

第一节　技术创新的双动力理论

一、早期的技术创新一元动力理论

较早的创新理论(包括熊彼特的创新理论)大都主张技术推动模式。技术推动论强调科学研究、技术发明在技术创新过程中的重要作用,认为这是技术创新的原动力。技术推动论的技术创新进程是:基础研究或应用研究—技术开发—市场商品(包括新产品、新工艺、新技术、新材料等)。美国前总统布什曾发表过的一个著名报告《科学——无止境的前沿》,对这种技术创新类别做过这样的阐述:"新的产品、新的工艺是以新的原理、新的概念为基础的,而这些新的原理和概念,是由基础科学的研究生成的。"毫无疑问,这种开发进程确实反映了技术创新的一种类型,科学技术史记载的晶体管、计算机和激光等高新技术产品的开发创新证明了技术推动模式的真实可信性。

熊彼特创新理论强调技术的重要性,在《经济发展理论》一书中,他认为,不论是在经济组织外部,还是在企业实验室中产生的科学技术,都是创新的源头。熊彼特认为,"一般是生产者发动经济的变化,而消费者只是在必要时受到生产者的启发;消费者好像是被教导去需要新的东西",即生产方式的改变引导消费者相应需求的变化。技术史学家乔治·巴萨拉认为,"以内燃机为动力的发明创造了对汽车运输的需求",而汽车的发明绝不是"由于全世界范围内的马荒或马匹短缺"引起的。罗德·库姆斯等人认为"崭新的创新可以导致新产业的出现并形成经济发展的崭新势头"。森谷正规也认为,正是一系列革命性的发

现，为重大的技术创新提供了动力，掀起了滔滔不绝的技术创新的洪流。克利斯·弗里曼也证实，许多根本性的技术创新，的确是来自技术的推动，蒸汽机的发明导致了蒸汽机车出现并应用于交通运输，从而推动了铁路运输的商业化，尼龙、核能、激光、半导体等许多技术创新成果的商业化，都充分支持了这一模式。

技术推动论还得到了法国社会学家J.埃勒尔提出的"技术自主论"的支持。他认为，技术是按照其自身内在逻辑发展的，而经济投资和社会需求对技术发明的作用仅仅是影响技术进步的一个方面。威廉·菲尔丁·奥格本认为，虽然社会需求对于技术创新具有很大的促进作用，但是技术创新的根本动力在于知识和技术的社会积累。当社会没有相应需求时，技术创新常常发生；而当社会存在某种需求时，却由于没有满足需求的手段而使这种需求长时间得不到满足。大卫·克瑞普斯认为1850年之后的科学发展，尤其是物理学上的发展已经使一项新发明在其实现之前就可以勾画出它大致的蓝图。约翰·肯尼思·加尔布雷思认为，科学的发展极大地降低了技术创新中的不确定性，从而可以更加经济和容易地提高技术创新的成功率。现代企业技术研发职能的内生化趋势，更加说明了技术推动的重要作用。技术创新就是对技术上的可行性加以研究开发并使之商业化的过程，所以，技术作为创新的基础是毋庸置疑的。但是，作为创新基础的技术能否构成技术创新的主要动力，需求拉动理论的支持者提出了不同意见。

1966年，雅各布·施莫克勒在其出版的《发明与经济增长》一书中对技术推动论提出了质疑，他在实证研究的基础上发现，创新与其他经济活动一样，也是一种追求利润的经济行为，要受市场需求的引导和制约。换言之，在刺激科技创新方面，需求比科技进步更重要，由此形成了"需求拉动论"。

"需求中心论"来源于20世纪五六十年代主流经济学的凯恩斯定律（Keynes law of market）。与20世纪初著名的萨伊定律——供给自动创造需求完全相反，该定律认为需求会自动创造自己的供给。就企业的产品创新战略来说，"需求中心论"的内涵在于：产品创新的关键是顾客的需求分析，如果新产品完全是按当前顾客的需求设计和开发，新产品投入市场后就会自动创造出一种属于自己的顾客群。简而言之，按照"需求中心论"的思想，企业产品创新的市场拉动战略的逻辑就是"市场变，我也变，我变随着市场变"。

萨姆纳·迈尔斯和唐纳德·马奎斯1969年抽样调查了5个产业的567项创新，发现其中75%的创新是由市场需求或生产需要推动而来，只有20%的创新以技术本身的发展为来源，由此，他们得出结论，在技术创新中，需求是比技术更重要的因素。詹姆斯·厄特巴克在1974年的研究成果也显示，60%～80%的重要创新是由需求拉动的。

史蒂文·克莱因和内森·罗森伯格认为，创新的主要路径始于市场，终于市场，并提出了技术创新连锁—回路模型，试图解释复杂的创新过程。模型说明研究与开发是在创新过程的任何阶段都可以采用的形式，研发不仅是产生开创性思想的源泉，而且是技术创新过程中的一种用来解决所有问题的形式。

无论是技术推动论，还是需求拉动论，我们都将之归结为技术创新的动力一元论，动力一元论在今天看来是太过单一，其线性创新模式也显然不太符合现实，然而，它却是研究技术创新理论的重要基础。无论是科技推动论还是需求拉动论，都非常强调创新过程中的研究与开发，只不过研发投入的目的不同而已。

二、技术创新的双动力理论

技术创新双动力理论,也称为二元论,指的是科技推动和需求拉动共同成为技术创新的动力,也称综合作用模式。雅各布·施莫克勒在1966年指出,技术与市场如同一把剪刀的两片刀刃,只有两者有效结合,才会有创新。戴维·莫厄里和内森·罗森伯格综合了前两种观点,他们指出,供给和需求都是创新成功的重要决定因素,只是在不同产业中及在创新的不同阶段,二者的重要性可能会有所区别,但是,无论如何,技术和市场都是创新成功的基本因素。对于创新而言,科技推动与需求拉动既相对独立,又相互补充、交互作用、缺一不可,这就是创新的"双因素说"。这种综合模式的运用,会促进科技与经济的紧密结合,促进科技政策与产业政策的密切联系,从而为技术创新政策的发展提供一定的理论基础。加拿大学者休·蒙罗和哈密德·努里对加拿大900多个企业的调查结果显示,技术推动的创新占18%,市场拉动的创新占26%,综合作用的创新占56%。这为技术创新的二元论提供了实证证明。

埃里克·冯·希普尔等人的研究表明,用户、制造商和供应商都有可能成为创新源,而且在不同的企业,这种创新源有较大的区别。范德·沃夫在对以氮气和氧气为原料的设备创新研究中指出了创新源方面相似的结果:其中42%来自于用户创新,33%来自于供应商创新,仅17%来自于制造商创新。

现在我们丝毫不怀疑,是科技和市场需求与其他的一些因素共同带动了技术创新。首先,科技进步将原先的不可能转化为可能,是出现创新成果的根本保障;其次,市场是技术创新的出发点和归宿,决定着技术创新成果实现规模生产的速度。如果没有基础科技力量的支撑,我们很难想象一些重大的发明如何能够出现,比如晶体管。而如果没有商业化的应用,这些创新成果可能至今仍在研发实验室里而不是出现在我们的生活中。

第二节　企业家创新的力量

熊彼特强调创新是指经济上引入某种"新"的东西。并且他区分了发明和创新,指出只有当新的技术发明被应用于经济活动时,才能成为"创新",发明者并不一定是创新者,所以在他的思想中,正是企业家的创新活动促使科学技术有效地转化为生产力,成就了真正意义上的创新。

其实,在早期经济学发展中,经济学大师阿尔弗雷德·马歇尔就已经在其分配理论中创造性地加入了企业家才能这一生产要素,他把理想中的企业家必须具备的综合能力分为两个方面:第一,把企业家作为"商人和生产组织者"来说明其作用和能力。作为商人,企业家以敏锐的洞察力发现市场的不均衡性,并创造交易机会和效用;作为生产组织者,企业家以自己的创造力和统率力,使生产要素组织化,并承担生产上的主要风险。第二,以其作为企业管理者而论,企业家必须天生就具备领导他人的才能:一是选人用人的才能,二是决断能力、应变能力和统驭能力。

虽然阿尔弗雷·马歇尔、卡尔·马克思等著名经济学家的著作中已经对企业家多加关注,但在经济思想史上,给予企业家以重要地位的是熊彼特。在熊彼特看来,企业家是企业发展的发动机,正是企业家带领企业实现着"创造性破坏"。企业家可以在不增加任何现有有形生产要素的情况下，通过引入一种"新的生产组合"，使得企业现有生产要素更加合理和更加有效地得到利用，从而创造出超额利润。企业家创新的动机在于建立私人王国、对胜利的热情和创造的喜悦。由这些动机出发，企业家为追求利润目标而实现新的组合，从而打破了原有的均衡状态；之后，众多的追随者和模仿者接踵而来，相互竞争的结果是使获得利润的机会逐渐丧失，从而又再度达到一个新的均衡态，进入下一轮的"创造破坏"。

克利斯·弗里曼也认为，企业家的创新偏好激励着创新的过程，尤其是企业家的"灵机一动"。著名管理学家德鲁克甚至认为，在灵机一动基础上形成的技术创新，恐怕比其他各种原因引发的创新的总和还要多，诸如拉链、圆珠笔、易拉罐等都是灵机一动的产物。[①]理查德·坎迪隆和富兰克·奈特两位经济学家，将企业家精神与风险或不确定性联系在一起。没有甘冒风险和承担风险的魄力，就不可能成为企业家。

于是，技术推动供给创新的技术源，需求拉动构成创新的商业条件，政府支持提供创新的政策与管理环境，企业家创新偏好使创新者内在潜能得以发挥，四者共同促进技术创新。

让我们看看现实世界中的企业家创新的力量吧。比如证券市场的诞生。1760年，伦敦的150名股票中间商在咖啡馆自发组成了一个买卖股票的俱乐部，1773年该俱乐部更名为股票交易所，这是伦敦证券交易所的开端；1792年，24名经纪人在华尔街的一棵梧桐树下聚会，约定每日在梧桐树下聚会从事证券交易，并制定了交易佣金的最低标准及其他交易条款。这是纽约证券交易所的雏形。又比如，大规模生产流水线在汽车行业的应用。美国克莱斯勒汽车公司濒临倒闭时，出现了传奇的李·艾柯卡，挽救了克莱斯勒，奔驰与克莱斯勒合并、分拆，菲亚特与克莱斯勒重组。再比如，马云创建的阿里巴巴没有重大的科学发现，却创造了新的商业模式和商业奇迹。

比尔·盖茨多次被人讥讽没有自己的原创产品：比尔·盖茨靠之起家的BASIC语言并非他自己发明，为他带来滚滚财源的当家产品DOS是从其他公司所购，Windows借用了施乐公司和苹果公司的技术，IE浏览器源于网景公司的创意，Office办公系统的多数软件均出自微软收购的公司。微软公司虽然没有自己的创造，但其善于"再次发现"别人的创造，更重要的是将它们"重新组合"为新的产品，终于成为知识经济时代的创新典范。

企业家的核心职能不是从事繁杂的经营管理，而是能够发现和实现"新组合"。只有实现了某种"新组合"，或者说实现了某种"创新"的企业家，才能被称为名副其实的企业家。

第三节　技术创新与政府干预

技术创新是一个过程，一方面是指技术创新包含新技术及其市场化进程，另一方面，不可忽视的是，仅按技术的分类，技术创新的过程就充满了不确定性因素。从这个角度来理解技术创新过程中的市场失灵，将会十分有益。

一、技术创新过程中的市场失灵

在第一章中，我们已经大致介绍了技术创新过程的风险或不确定性及其溢出效应和准公共物品属性。事实上，技术创新过程中存在多方面的市场失灵，主要有准公共物品属性、

---

① 王永杰，张略，冷伟. 知识经济与创新[M]. 成都:西南交通大学出版社，2014:149.

溢出效应、技术和市场风险等方面。

（一） 技术知识的准公共物品属性

技术知识的准公共物品属性体现在两个方面：第一方面是部分技术知识具有非排他性，这种说法与保罗·罗默在1986年所说技术知识具有部分非排他性的意思不同。众所周知，在传统的增长模型中，技术是被当作一个同质的整体的。索洛模型中，技术是外生的，或者可以这样理解，技术是一种纯公共物品，只由政府来提供，因此可以作为一种外生变量。而在内生增长模型中，技术完全由私人经济决定，这事实上还是把技术作为一个整体，只不过对技术的认识更进了一步，他们把技术看作是一种具有部分非排他性和非竞争性的准公共物品。而现实情况是，技术的属性其实是与技术种类有关的，三种技术即专有技术、基础技术和通用技术中，排他成本依次增加，所以，非排他性也依次上升。通用技术知识的公共物品属性是最强的，其次是基础技术，而越是专有的技术，其私人物品属性就越强。但如果专有技术不能得到应有的"专有"，那么，"公地悲剧"不可避免就会产生，即由于企业都企图从技术池中获益却不愿为此投入更多，从而使得总体技术水平停滞，技术知识的非排他属性使得企业研发动力下降，这成为通用技术和基础技术的研发动力下降的一个重要原因。

技术的准公共物品属性的第二方面是，技术知识具有非竞争性。无论是专有技术、基础技术还是通用技术，一个企业的使用都不能减少其他企业的使用。对于整个社会来说，越多企业拥有高技术，社会福利水平也会越高。在这个角度下，技术知识与科学知识的性质是相同的。如果没有其他约束机制，很多技术使用者可以同时使用这些技术，只要不达到拥挤状态，他们之间也不会有影响，这就导致了研发投入的"公共品效应"，即过多的研发投资是重复性和低效率的。

需要注意的是，技术的公共物品属性并不意味着知识的交流是不需要成本的。技术知识的交流只对那些具有相应的能力，从而能够理解新技术信息重要性的人开放。从使用的非竞争性角度来看，知识虽然是一种公共物品，但它并不必然是一种免费物品，这正表明技术知识是一种复杂的准公共物品。与这种属性相对应的观点是，如果你想从别人所提供的信息中受益，那么你必须在技术能力上进行大量的投资。

（二） 技术的溢出效应

在通用技术和技术基础领域，因为它们的公共物品属性，溢出效应的结果都不会特别严重，甚至正好相反，它们正是被大力推广来提高社会整体技术水平的。然而，由于专有技术的排他属性，技术溢出就常常带来研发主体的效率损失。申请专利也好，技术秘密也好，专有技术总需要一些方法保证其专有。如果一个企业的专有技术也很容易被其他人使用，而研发主体却不能要求因为外溢而获得受益单位的补偿，或者当创新者认识到自己的研发努力会使竞争者更加受益时，其研发动力自然会减少。迈克尔·卡茨在1986年指出，即使没有研发溢出，创新者不能采用具有完全差异性的价格也会导致市场失灵。没有完全差异性的价格，进行研发的企业就不能独占由研发许可产生的剩余价值，企业只能以较低的价格出售其研发成果，导致企业对研发成果的有效利用不足。并且，这种市场失灵会导致竞争企业的重复研究，造成企业研发的无效率。

（三） 技术创新过程的高风险性

一般来说，风险是指由于事物的不确定性而导致人们发生损失的可能性。大多数经济学家赞同富兰克·奈特在1965年把风险区分为可度量的风险和不可度量的风险，并把技术创新列入第二类风险的观点。尽管近期一些学者认为与创新有关的风险可以准确地计算，并且在保险精算中使用期望成本和收益来估算创新的风险，但罗伯特·梅特卡夫在2007年指出，这种做法极端不切实际，因为创新是一种独特的事件，概率计算对它来说并不合适。许多有关技术创新的决策从根本上说是一种信念行动，在知识创造和应用之间必然存在时间上的延误。然后由于信息的不对称，企业和潜在的资本供应商之间，以及研发经理和企业董事会之间会存在部分信息的不对称。潜在的资本供应商不能够准确评估一个企业所做出的声明的信用等级，而董事会通常也不能完全准确地评估技术人员的声明，这样，可能的结果是产生逆向选择与道德风险，而这两者都会导致资源的无效配置。在某种程度上，这的确说明大企业具有一定的优势，至少它们可以通过其规模和已有的声誉帮助自己获得潜在的支持和信任，而小企业为了获取这种优势可能需要更多的证明，或者与其他企业或研发声誉更好的大学合作以建立这种技术知识上的优势。

在技术创新过程中，所面临的风险不仅包含技术风险，也包含市场风险。按照前面分析的技术的种类，在不同的发展阶段，风险的种类也不同。在科学知识转化为通用技术时，或者说是在基础研究阶段，更丰富的科学知识有助于减少技术风险，然而，在基础技术基础上研发出新的专有技术，不仅会存在技术风险，还会存在与技术市场潜力有关的更大的风险，这种风险会影响研发决策。埃德温·曼斯菲尔德1991年对美国三家大公司自主创新的调查分析表明，60%的创新项目通过研究开发能获得技术上的成功，只有30%的项目获得了商业上的成功，而只有12%的项目给企业带来经济收益。正因为技术创新的高风险，很多企业倾向于"短平快"地开发项目，重大科技成果不足且市场开发也不足。

技术创新的高风险并不意味着技术创新动力一定缺乏，因为风险与回报往往是正相关的，相对于技术市场的高预期回报来说，一定范围内的风险是可以接受的，然而，如果在风险与回报之间存在严重的障碍，比如研发投入很大而专有技术的知识溢出很大，对于创新者来说显然会形成一种障碍，不仅承担技术风险、市场风险，还要承担技术溢出性风险，在可预见的风险相当大的时候，就很可能导致研发不足。另外，罗伯特·梅特卡夫在2007年指出，在知识生产和扩散过程中，可能会存在开发利用的收益递减规律：一项知识的使用范围越广泛，生产它的平均成本就会越低。由于通常情况下人们不可能在一项技术的局部基础上进行创新，那么在创造创新的知识的过程中存在成本的不可分性。这种固定成本导致对知识的事前估价事实上是不可能的，这也意味着创新的边际成本定价会导致创造知识的成本无法得到弥补。解决这个问题的唯一方法是让公共实验室来开发技术，或者所有私人研发支出都能够完全得到公共支出的支持。显然，这种解决方法是不可能实现的。因此，防范和分散技术创新过程中的风险，便成为解决技术创新问题的关键环节。

综上所述，技术创新过程中存在着明显的市场失灵的情形，而解决市场失灵有赖于政府的干预。

二、技术创新与政府干预

经济学解决市场失灵的主要办法是通过政府干预来弥补市场机制的不足。在这一方面，大量制度经济学著述已有颇多描述。

在技术创新过程中的市场失灵,也仍然需要依靠政府干预。一是建立有效的供给机制。如前所述,通用技术是最具有公共物品属性的,因此在多数情况下由政府提供,这也成为政府向企业提供技术机会最好的选择。而专有技术是最具私人物品属性的,因此,一般是由企业作为供给主体;而产业基础技术介于两者之间,它的供给主体应该是多元的,既可以是政府,也可以是企业、研究机构或高校。二是解决溢出效应。从理论上来看,专利政策、税收与补贴政策都是可选择的。但税收与补贴政策因为难以监测溢出的具体数值,所以事实上可操作性很差,而专利制度能够尽可能地减少溢出。专利立法不仅直接影响着产业间竞争程度及模仿的容易程度,而且通过结构效应,即对行业间技术差距的分配和对增量租金,尤其是达到技术同步时的相应分配,影响着企业的创新动力。因此,专利制度是克服技术知识溢出的重要解决途径。只有在专利制度下,鼓励技术变革和将创新的私人收益率提高到接近社会收益率的一整套机制才能形成。三是建立一整套政策与制度体系,用于减少技术演进过程中的巨大风险。专利制度只是其中的一种,要增强研发动力,还需要有多种政策和制度的协调一致,如财税、金融、立法等促进技术成果加速转化。

按照罗伯特·梅特卡夫2007年的分析,技术政策可以清楚地分为两个类别,一类政策主要关心资源和激励机制,将技术可能性和企业能力视为给定的,这些政策通过改变净的边际收益来发展技术。研发的税收优惠,具体的创新补贴,创新产品的公共采购,专利保护的条款和期限,处理诸如健康和安全之类因素的管制政策等,都是这类政策的最常见的例子。第二类政策的目的是通过提高企业接触知识的能力和改善管理能力来改变和提高企业的创新机会。通过使企业接触现有知识的更多方面和提高它们使用现有知识的能力,这些政策改变了创新机会边界。这种政策的核心特征在于,它们的注意力放在对一种特殊技术的支持系统上,即支持企业的技术开发活动的制度和关系。

在现实中,政府对技术创新领域进行干预的主要做法有对通用技术的直接投资,通过科技计划等项目激励产学研合作,通过立法保护及政策制定来引导创新,建立中介服务机构培育创新型企业,建立合理有效的人才流动机制,等等。

（一） 政府对通用技术的直接投资

如前所述,通用技术是最具公共物品属性的一类技术,因此在市场中厂商私人投资的可能性很小,很明显会受到投资不足的影响,然而,没有通用技术,专有技术又很难顺利实现。因此,对通用技术的投资是政府研发投资的重点。世界各国的发展历程表明,在市场经济条件下,通用技术的开发、应用和普及不同于企业内部的技术创新,政府在中间可以起到关键性的作用。对于溢出效应强、强关联性、有一定的适应性收益递增和路径依赖、需要大量启动资金的产业共性技术,政府的作用也很重要。

在许多工业化国家,政府进行的研发直接资助已经实行几十年了,国防、空间探测、环境保护等非市场性的研发任务是得到资助最多的。以1996年为例,美国国家标准与技术研究院（National Institute of Standards and Technology, NIST）对共性技术的投资约为2.2亿美元,日本通商产业省（Ministry of International Trade and Industry, MITI）对共性技术的投资约为2.3亿美元。在韩国,20世纪70年代,政府对研发机构的投资占所有研发投资的80%,企业投资占所有研发投资的20%;而到了90年代,这一比例正好相反。政府投资比例之所以出现这么大的差距,是与不同时期企业的技术创新能力有关的。在企业技术创新能力还比较弱的时候,政府加大对企业研发的资助力度,是希望能够出现"乘数效应",使得企业自主投资数倍增长,美国政府正是这样成功地引导企业跨过技术创新自主投资阈值,使企业从传统型企业转型进入创新型企业之列。

OECD1997年的一项研究表明,那些有着强大的研发基础设施的国家,其企业在创新和提高生产率上也具有相对较大的竞争优势。而在企业自主创新能力增强的情况下,政府对企业技术创新活动的支持相对减弱,政府投资在企业研发经费中的比重也会逐渐下降。这并不是说政府逐渐退出技术创新活动,相反,政府可能会更多参与到技术创新活动中,只是政府不再进行直接的研发活动而转向提供公共技术基础设施或其他的引导和激励政策来促进企业进行研发和技术使用,而那些竞争性强的、更专用的技术留给企业由市场提供。世界上一些主要的工业化国家,尽管其企业具有较强的研发能力,已经成为研发活动的主体,但政府的直接资助对这些企业的研究开发活动仍然发挥着重要作用,特别是在技术创新活动的上游,即研究与发展活动、产学研合作活动、技术开发机构建设等方面。

2008年金融危机之后,许多发达国家更加重视政府对基础科学研究的投入。例如,美国在2009年出台了《美国创新战略:推动可持续增长和高质量就业》的文件,强调"科学对我们的繁荣、安全、健康、环境和生活质量比以往任何时候都更加重要",把约3%的GDP投入到研究与开发中,并计划在之后的10年将基础研究经费的投入翻一番。欧盟在2008年12月召开的欧盟科研基础设施大会上,一次性增加了10个新的大型科研基础设施,建设项目共有7大类44项,建设总经费达169.51亿欧元。

（二）　政府通过科技计划等项目激励产学研合作

1.概述

一般来讲,市场失灵越严重,就需要越多的以成本分担为基础的企业联盟。这类联盟一般有两种形式:垂直的联盟和平行的联盟。垂直的联盟在一个供应链中代表了两个或更多的层次,因此同时包括了目标技术的开发使用者,参与者彼此之间不存在竞争。平行联盟由处于一个供应链或技术相关的供应链的相同环节的企业组成,因此它们之间会有现实的或潜在的竞争。虽然日后可能成为竞争对手,但合作可以使他们在国际市场上获得竞争优势,超过他们共同的竞争者。

产学研合作的概念最早由英国的克利斯·弗里曼于1987年提出,其后,本特·阿克·伦德瓦尔理查德·R.纳尔逊等学者和OECD发展了这一概念和理论。产学研联合的本质是企业、大学、科研机构、政府、风险投资基金等参与创新的各种组织机构形成的紧密联系、互相合作和协调的网络,包括产学研合作网络、企业之间形成的战略技术联盟、供方与用户之间的网络等。目前,产学研合作已经成为各国加快科技成果转化,增强企业竞争力,促进经济技术发展的首要战略手段。

2.德国的激励政策

德国化学行业能够在19世纪70年代到20世纪20年代之间取得行业领导地位,不能不说产业研发与大学研究的紧密结合起到了至关重要的作用。19世纪70年代,德国的工业公司已经创建了实验室,并且拥有一定数量的科学家来解决一些特定的问题,特别是德国的化学公司注重发展与大学的联系,为大学研究工作提供资金。

3.美国的激励政果

美国能够在新经济领域取得主导地位,也与政府资助的研究机构、世界一流的私立大学、新兴的私立公司及充满活力的资本市场这些因素的共同作用分不开。从理论上说,虽然专有技术最好由企业以市场方式来提供,但一些耗资大、风险大的通用和基础的技术领域,私人资本是不愿意投入的,因为这些研究具有广泛和深远的社会价值,此时政府的资助显得特别有价值。

通过科技计划形式支持企业、科研院所已经成为不少国家的普遍做法。理查德·J.斯蒂尔曼等人2006年认为,公共研究机构除了对研发进行资助,在其他两个方面对创新过程也有着重要影响:一是培养人,包括早期教育,会对劳动力的素质及创新的潜力有着很大的影响;二是公共机构本身也常常是新产品的大市场,它们能够通过自己的购买习惯影响创新。科技计划根据不同的目标,往往有不同的资助对象,如美国的先进技术计划(ATP)一般专注于投资风险大但前景好的关键性技术开发项目。值得一提的是,ATP研究开发的优先领域是由产业界确定而非政府确定,根据技术创新性、对国家经济的潜在贡献性和商业化可能性的大小来确定ATP项目。ATP不直接支持企业的产品开发,而是支持企业在产品开发以前必须解决的关键技术的研究与开发。然后按照费用分担的原则,承担单位至少负担项目总费用的一半,企业必须承担后续的产品开发、生产和销售等过程的所有费用。ATP计划的目的就是向企业或企业与科研机构的联合体提供启动资金,进行高新技术的应用研究与产业化开发。由于创新型小企业在起步之时,只具备一些具有市场开发潜力的高新技术及产品原型,虽然有诱人的市场前景,但距离产业化却还有很长的距离,有很多的技术问题需要克服,存在着很大的风险,还不足以吸引风险投资的关注。因此,这时政府的支持特别重要。美国的ATP项目帮助了很多具有潜力的研发项目实现了技术突破并得以产业化。

在ATP计划之外,美国还有一些科技计划也是激励产学研结合的政府资助项目。如小企业技术转移(Small Business Technology Transfer, STTR)计划要求资金支持中小企业的技术转移,试图把中小企业的经营技能与研究机构的开发优势有机地结合起来,使技术成果能更有效地从实验室转移到市场。还有成立于1950年的美国国家科学基金会(NSF)也是代表美国政府对产学研合作进行有效干预的途径。在NSF的规划与资助下,大学陆续建立了大学—工业合作研究中心(Industrial-University Cooperation Research Center, UICRC)、工程研究中心(Engineering Research Center, ERC)和科学技术中心(The Science Technology Centers, STCS),这些中心都负担着交叉学科研究开发和人才培养的双重任务,它们依次配置在基础研究、应用研究和技术开发三个层面上,试图将科技成果的产生直到实现商品化的过程形成前后衔接、环环相扣的有机"链条",从而对美国工业的近期、中期和长期发展提供源源不断的动力。

4.英国的激励政策

在英国,政府科学办公室(GO-Science)由英国贸工部(The Department of Trade and Industry, DTI)下属的科学技术办公室(Office of Science and Technology, OST)更名而来,主要负责支持和推动公共领域的科学研究,将维持英国雄厚的科研基础,促进研究成果的利用,帮助和监督英国学术界参与国际科技交流合作作为主要职责。每个财政年度,英国政府科学办公室都要根据当年的科学预算(Science Budget),将公共科研基金拨给下属的七个研究理事会及其他研究机构。然后再由各理事会和研究机构以课题经费、项目基金、研究津贴、奖学金或研究生助学金等形式划拨给研究人员、下属研究院所或其他研究中心。

高等教育创新基金是知识转移方面最大的资助项目，英国通过向高校提供种子基金和在高校设立企业中心的方式推动科研人员把研究成果商业化，旨在将高校的潜能转化为知识经济时代增长的驱动力。

除此之外，高校科学研究基础设施项目也是知识转移的主要资助方向，政府从2004年开始，每年投资5亿英镑用于解决大学基础设施投资不足的问题。其中3亿英镑由英国的科学预算提供，其余2亿英镑仅由英格兰的教育技能部（The Depantment for Education and Skills, DfES）提供。高校科学研究基础设施计划又包括联合基础设施基金（Joint Infrastructure Fund, JIF）和科学研究投资基金（Science Research Investment Fund, SRIF）。通过建立对研究团体的实际需要做出灵活反应的方案，不断更新英国的科学与工程基础设施，使英国保持其世界科研领域的领先地位。

5.法国的激励政策

法国的"科技协作行动计划"支持由一个单位牵头，组织公共研究机构、大学实验室或与私营研究机构合作，或与大型企业的科研中心联合从而组成"无墙隔离"的科研结构。德国的"促进创新网络计划"主要是促进竞争前的研究合作，至少要有四家企业和两个研究机构参与，其目的是促进知识向中小企业的转移，同时鼓励德国研究机构和高校的研究工作更多地面向中小型企业的需求。

（三）政府通过立法保护及政策制定来引导创新

制度创新与技术创新是相辅相成的两个方面。为了促进企业技术创新及产学研之间的合作，政府制定和颁布了一系列法律法规。美国是世界上技术创新立法最为完善的国家，日本、法国等发达国家在技术创新立法及政策支持方面也提供了比较成功的经验。

1.在技术及资金方面提供有利于企业技术创新的法律制度

日本汽车产业的发展离不开政府为了民族产业自主创新发展而提供的种种政策支持，尤其是在20世纪五六十年代日本汽车产业的摇篮期，日本政府将汽车产业作为经济复兴大目标下的重要产业和支柱产业，通过制定有关法律法规，促进汽车企业积累资本。如《企业合理化促进法》《税租特别措施法》《日本机械工业振兴临时措施法》等不仅在资金层面，而且在技术层面对汽车产业进行了多项政策支持。如企业购买机械设备享受购买价格50%的特别折扣优惠，给予企业用于试验研究的补助费，试验研究用机械设备适用特别折旧限额；进口税、固定资产税享受减免；享受银行的长期融资，为企业建设必要的道路、港湾；等等。而在20世纪60年代后半期的汽车普及期，日本政府在国内国外的一系列政策也是非常有效的，如给予国内汽车低税率优惠、相关汽车行业低价获得土地、对小型车进口征收高关税，为培育国内汽车产业的发展提供了有利的市场环境。正是由于国家和地方政府的大力支持，以丰田为代表的日本汽车公司才得以在20世纪60年代后期构建了大规模生产的体系，奠定了日本汽车产业强势国际竞争力的技术和市场基础。另外，日本1998年颁布的《大学技术转移促进法》支持大学成立科技中介机构，允许大学教师兼职从事技术转移工作，也可以技术入股或投资企业。日本1998年颁布的《研究交流促进法》鼓励国家研究机构的研究人员到民间企业参与共同研究,国立研究机构的设施设备向民间企业研究人员开放,接受他们协作参与研究项目,促进产、学、官各机构在人、物及信息方面相互交流与协作。

法国1999年的《技术创新和科研法》的宗旨是促进公共研究机构与企业界的合作与交流,加快科研成果转化,鼓励科研人员创建高技术企业,营造有利于技术创新的政策环境。这些国家通过制度的建立和完善为产学研合作创新营造了良好的法治环境,在明确了产学研合作在国家创新体系中的地位的基础上,确保产学研合作主要政策措施的落实。

2.提供税收抵扣、减免制度以促进技术创新

税收抵扣主要是用来激励研发早期高风险阶段的一项制度。从1981年开始,美国国会就为产业资助的研发提供税收抵扣。1981—1994年,联邦政府以税收抵扣形式间接资助研发活动,使递增的"研究与实验"(research & experiment)支出累计达到240亿美元左右,约为这段时期联邦政府直接研发资助的3%。澳大利亚为了改变国内产业研发投资过低的现象,采用了一个非常有效的税收激励措施。公司可从应纳税的公司所得中扣除研发支出的150%,按照这种税收模式,澳大利亚企业的研发成本减少了一半。这促使在过去10年中,澳大利亚企业的研发投入戏剧性地增长了一倍。

为了鼓励企业设备更新和采用新技术,很多国家政府在社会的不同发展阶段为企业更新和购置先进设备提供了一系列的税收优惠措施,如税额减免、加速折旧等。美国允许企业进行加速折旧,缩短固定资产的法定使用年限(科研设备的法定使用年限缩短为3年,机器设备使用年限缩短为5年,厂房、建筑物使用年限缩短到10年,风力发电设备可分5年折旧)。对于中小企业投资购买新的设备,若法定使用年限在5年以上的,其购入价格的10%可直接抵扣当年的应纳税款;若法定使用年限为3年,抵免额为购入价格的6%。如果一个企业的应税金额少于2500美元,这部分应税金额可100%用于投资的税收抵免;对于超过2500美元的应税金额部分,超出部分金额最高可有85%用于税收抵免;如果企业当年的应税金额不足以抵免时,可以比照亏损处理的办法,不足部分可往前追溯3年,往后结转7年。这些政策都是为了鼓励企业设备更新和采用新技术。

日本政府也有类似的规定,为了提高企业的现代化水平,日本政府在2003年出台了《IT投资促进税制》,对企业投资IT软硬件实行加速折旧或税额扣除二选一的措施,而对达不到要求的企业,则采取加征特别税额的处罚措施,如环保指标的设置上就有几种不同的税收标准。这种措施也促使企业尽可能采用新技术与新设备,改造现有企业的装备水平和生产更加环保的产品。法国的科研税收信贷政策规定,企业第一年用于研究与发展开支的50%可以免税,以后每年增加投资的50%可享受免税。根据这一政策,凡是研究开发经费年增长率为50%的企业均可享受科研税收信贷。

3.建立健全知识产权制度以促进技术创新

知识产权日益成为创新型企业生存发展、克敌制胜的法宝之一,在技术创新过程中的作用也越发重要。总体来说,各国在利用知识产权制度促进企业技术创新方面大致有以下几个特点:不断完善知识产权制度,激励企业拥有知识产权,加大产权保护力度等。

美国在1979年就已经将知识产权提升到国家战略的层面,国会先后颁布了一系列法案,其中1980年颁布的著名的《拜杜法案》规定,联邦政府资助取得的研究成果归承担单位所有;承担单位可以以专有或者非专有方式授权给企业,进行技术转移,从而激励企业进行技

术研发。1984年颁布的《国家合作研究法》允许两家以上的公司共同合作从事同一个竞争研发项目，而不受《反托拉斯法》的限制。之后，1986年颁布的《联邦技术转移法》、1998颁布年的《技术转让商业化法案》、1999年颁布的《美国发明家保护法令》，以及2000年颁布的《技术转移商业化法案》，都对知识产权保护提出了相应措施。所以说，美国是世界上知识产权立法最为完善的国家。这一系列法律法规成为保护企业技术创新成果及促进创新成果生产力转化的坚实后盾。

日本为了加大本国企业创新的动力，也建立了类似美国《拜杜法案》的法律制度，如《专利法》规定，职务发明专利的原始权属于发明人，雇主自动享有非独占实施权，当雇员将职务发明专利权转让给雇主时，发明人有权从雇主处获得合理报酬，这一规定使企业雇员具有很高的创新积极性和责任感。另外，日本还规定，对大学及其技术转让机构在国内及国外申请专利给予经费支持，以鼓励研究成果产业化。英国近年来也对知识产权归属问题进行了改革，把过去政府资助的研究项目所得知识产权一般归国家所有，改为归项目研究机构所有，这使得研究机构成为知识产权的管理者和经营者，政府则从知识产权保护第一线退出，成为服务的提供者。德国中小企业首次申请专利或距首次申请专利5年以上的，专利申报过程中发生的费用的50%可申请政府资助。

即使对于美国这样一个一直对政府干预市场抱着怀疑态度的国家来说，也不得不承认，美国的技术进步与政府的政策有着紧密的联系。研究表明，第二次世界大战后，美国在制药业和生物医学业取得领先地位和国家的公共卫生政策有很大的关系。国防研究的需要和政府的扶持政策帮助美国在半导体、计算机软硬件开发、生物技术和互联网等领域取得领先地位。因此，政府政策对于产业技术进步的影响，无疑应该得到重视。

（四）建立中介服务机构培育创新型企业

在发达国家推进产学研合作的过程中，中介服务机构的功能和作用越来越得到重视和发挥。例如，英国的"法拉第伙伴关系计划"要求产学研合作中必须有中介机构参与。除了传统的技术市场、行业协会等中介机构继续在推进产学研合作中发挥作用外，孵化器、技术转移网络及信息平台等各种丰富多彩的中介形式不断涌现，并起到了良好的效果。据美国企业孵化器协会统计，凡未经孵化器孵化的小企业，50%在创办的头5年内垮台；而经过孵化的小企业，80%都在激烈的竞争中生存下来并得到发展，成功率大大提高。在企业孵化器诞生前的20年中，美国年平均新增9000家企业，在企业孵化器诞生之后的5年中，年平均新增7.4万家企业。美国企业孵化器可分为四种类型：第一类由地方政府或非营利组织主办，约占孵化器总数的51%。创办这类孵化器的主要目的是创造就业机会，推动本地区经济的多样化发展，扩大税收来源。第二类由大学和研究机构主办，约占孵化器总数的18%。如美国佐治亚理工学院于1980年成立了孵化性质的"最新技术开发中心"，该中心成立以来已有近50家企业"毕业"。这类孵化器除了有增加项目收入的考虑外，主办者还想通过办孵化器吸引更多的科研项目和高科技人员。第三类由私营企业主办，这类孵化器一般由风险投资公司、种子基金投资公司主办，也有大企业和房地产经营者合办的，约占孵化器总数的22%。目的是通过给加入孵化器的企业投资而获得利益，同时通过开发商业性与工业性房地产使其产生增值作用。第四类是公私合营的孵化器，由政府、非营利机构和私人合股兴办，约占孵化器总数的9%。主办这类孵化器既能得到政府的支持，也能得到私营部门的专业知识帮助与经费资助。

（五） 建立合理有效的人才流动机制

技术人员的有序流动,包括跨国界的流动,是从根本上保障创新体系效率的关键。日本、丹麦、法国、德国等国家均出台了详尽的措施促进产学研之间的人员流动。例如,法国鼓励公共研究机构的科研人员向企业流动。根据《创新与科研法》,研究人员、教师研究员、工程师、年轻的博士、技术人员或行政人员都可以参与转化其研究成果的企业的创办工作。他们可以毫无风险地以协作者、经营者或领导者的身份进入新的企业。在企业工作一段时间以后,他们可以自由地选择回到原公共研究单位或留在企业工作。研究人员离岗或借调,原单位仍保留公职,在企业工作的期限最长可达6年。在创办企业初期,企业创办者的原单位仍负担其工资。

第三章

技术创新战略选择

目前经济全球化进程和技术进步速度的加快,使企业面对日益激烈的市场竞争,技术创新已经成为企业面对竞争的一种战略性的工具。企业能否正确选择并贯彻实施良好的创新战略,是其能否顺利推进技术创新、赢得创新利益的先决条件。企业技术创新战略的模式类型没有统一的分类。本章介绍企业技术创新战略的几种类型,分析各种创新战略的特点,最后介绍创新战略的选择及其实施。

第一节　企业技术创新战略的类型

企业在确定技术创新战略时,都面临着一个基本的问题——选择什么样的战略模式。战略模式的适当性关系到企业技术创新战略的有效性。而企业技术创新模式可从不同的角度进行划分,但直到现在,仍没有一个统一的分类。

一、从技术来源的角度分类

从技术来源的角度而言,企业技术创新分为自主创新、模仿创新和合作创新等三种基本战略类型。

（一）自主创新战略

这种战略主要是由企业通过市场调研,预测市场需求和技术发展趋势,建立自己的研究开发机构,系统地开展有关新技术、新材料、新工艺的研究,探讨新产品的原理与机构,从而研制出本企业独特的新产品和新加工方法。这一技术创新过程一般要经历基础研究、应用研究和开发研究等三个阶段,所以,企业采用自主创新战略需要的基本条件是:企业具有强大或独特的研发能力和雄厚的资金能力,一般只有大型企业和科技型企业才具备这种能力。企业需要独自承担风险,一旦成功,也能够独享创新成果,获得超额利润。

（二）模仿创新战略

模仿创新战略是指企业自己不进行新技术的研究与开发,而是通过仿制或购买技术专利的合法手段取得新技术,在此基础上加以消化吸收和进一步改进,从而完成技术创新工作。这是技术后进企业的一条有效途径。这种战略的关键是在引进技术后对技术加以消化吸收与创新,不能停留于单纯使用技术的层面,否则,企业就会陷入恶性循环,无法具备国际竞争力。由于采用这种战略投资少、获得技术的速度快,故其比较适合那些技术开发力量薄弱而制造能力相对较强的企业。

（三） 合作创新战略

合作创新是以企业为主导，企业之间、企业与科研机构、企业与高等院校形成合作或联盟关系，共同推动创新的组织形式。合作既是联盟之间的供需关系，也可以是竞争关系。建立合作创新的前提是双方共享成果，共同发展，实现双赢或多赢。通过合作创新，可以把竞争关系和具有一定利益冲突的企业联合在一起以谋求发展。

二、从行为方式的角度分类

（一） 进攻型战略

进攻型战略是指企业致力于抢在竞争对手之前不断推出新的产品和生产工艺来占领市场，以进入新的或扩大原有的技术领域或市场领域。这种战略要求企业不断投入大量资源，以开展研究开发工作，同时还要能将研发成果转化成商品，扩大市场份额。因此，运用进攻型战略的企业，应该对R&D有准确的商业化定位。

（二） 防御型战略

防御型战略是指这些它拥有先进的技术，但在技术开发和世界性市场上并不领先，而是以低成本、高性能、高质量来占领市场。这类企业不喜欢尝试风险，而重视技术创新的转移和改进。这种战略重视对顾客的技术支持和引导服务，适用于供不应求、注重产品细化的市场状况。

（三） 游击型战略

游击型战略是指处于技术和市场劣势的企业，通过分析竞争者的弱势和自己的相对优势，推出一种新的技术来取代现有的主导技术，打破现有的技术和市场竞争格局，以求重分市场。一旦目的达到，就转变为其他战略。因此，这是一种特定时期采取的短期性战略。

三、从技术竞争态势的角度分类

（一） 领先技术创新战略

采用领先技术创新战略的企业致力于在同行竞争中处于技术领先地位，在所在产业的技术创新过程中扮演创新"发动机"的角色，采用最先进的技术，推动整个产业的技术进步。

采取领先技术创新战略，往往不断探索新的技术及新的应用领域，完全进行开创性的研究和开发，从而在引入创新产品和创新工艺方面领先于其他竞争者，以获得技术主导地位。成功的领先技术创新战略可获得技术的独占性或垄断优势，能较好地取得排他性的创新收益。但也有很大的失败风险，这要求企业有雄厚的研究与开发力量，有充足的研究与开发资本。

（二） 跟随和模仿型技术创新战略

跟随和模仿型技术创新战略并不试图率先开发、采用新技术，而是在新技术被开发、采用后立即跟上或进行模仿。采用跟随战略往往是在对率先采用的新技术进行改进后将其推向市场，甚至只利用这些新技术的原理而开发独特的技术。一般来讲，采用领先技术创新战略的企业只是少数，大部分企业采用的是跟随和模仿型技术创新战略。

竞争的模仿战略与前述技术来源的模仿战略有相同之处也有差别，相同之处在于技术来源于模仿；不同之处在于竞争模仿不仅模仿技术，而且常常模仿技术推向市场的过程、市场目标和行为。

四、从市场竞争策略的角度分类

（一）市场最大化战略

市场最大化战略追求最大的市场占有率，其在技术上的体现是，或以领先的技术抢先占领市场，巩固和扩大市场阵地，或以优势的（但不一定是领先的）技术辅以优势的配套资源开拓和扩大市场份额。

（二）市场细分化战略

在主要市场已被占领的情况下，新进入企业往往采取这种战略，这种战略强调应用基本技术服务于特别应用的小块需求。因此这种战略常表现出一种"填空"策略，其在技术上的体现是在制造技术上有较高的柔性，有较强的工程设计能力。

（三）成本最小化战略

这种战略利用规模经济和制造技术的优势，大力降低成本以取得价格竞争优势，其技术上的体现是优化产品设计，在生产系统采用优势制造技术，实现专业化，并降低管理费用。为便于比较，我们对上述战略类型列表进行比较（见表3-1）。

表3-1 各种战略类型的比较

战略类型	优势	不足	适用范围
自主创新战略	有利于建立自己的核心能力和优势	开发投资大，周期长，风险大	技术开发能力强、经济实力强或掌握了独特技术的垄断型企业
模仿创新战略	风险小，周期短，投资少	技术上处于被动地位，竞争力弱	与先进技术有差距，技术、经济实力较弱，但有一定开发能力的企业
合作创新战略	减少开发投资，缩短开发周期，分散风险	不能独占技术，合作方有时会成为竞争对手	开发难度大、投资大、风险大的技术领域，合作条件好的企业
进攻型战略	处于竞争的主动地位，可能争取新的领地	往往要付出很大代价，风险大	掌握了某种技术优势，具有开拓新市场的能力的企业
防御型战略	风险小，代价小	往往处于竞争的被动地位	技术、市场地位较高而且稳固的企业
游击型战略	往往可以出奇制胜	具有较大的冒险性	技术、市场领域已被占领，后进者机会已较少，但又出现了某种机会或优势时的企业
领先技术创新战略	可领先占领市场，取得垄断利润	投资大，风险大	技术开发能力强，经济实力强的企业
跟随和模仿型技术创新战略	风险较小，投资较少，若实施得当也可超过领先者	处于竞争劣势地位，市场份额一般较领先者小	有较强的消化吸收能力，有一定开发能力的企业
市场最大化战略	市场占有率高，一般利润高，长期发展余地大	对技术及其他资源需求大，易受到攻击	技术实力强，配套资源雄厚的企业，或新兴技术领域中领先的企业

续　表

战略类型	优势	不足	适用范围
市场细分化战略	避开与优势企业的正面冲突，可获得一定的竞争地位	机会相对较少，市场规模小	掌握一定技术，具有柔性制造能力的后进入市场的企业
成本最小化战略	可取得价格竞争优势，产品研究开发费用较低	对生产系统的技术和管理系统水平要求高，当原材料成本比重大时总成本难以控制	生产制造工艺技术能力强、管理水平高的企业

第二节　自主创新、模仿创新与合作创新

自主创新、模仿创新和合作创新这三种战略是企业、产业、国家都最为熟悉的三种战略。

我们可以通过分析这三种创新战略及各创新战略的优势和风险，更深入地了解企业应该如何选择创新战略。

■ 自主创新、模仿创新与合作创新

一、自主创新战略

自主创新是最具创新性的创新战略，对企业的要求最高，风险最大，但是，通常回报也最高。在国家创新体系建设中，企业应该成为创新的主体，因此，在自主创新方面，中国企业被寄予厚望。但是，现实告诉我们，自主创新绝不是一朝一夕能够实现的。

（一）　自主创新的特点

自主创新具有如下一些基本特点。

1. 技术突破的内生性

自主创新所需的核心技术来源于企业内部的技术突破，是企业依靠自身力量，通过独立的研究开发活动而获得的，这是自主创新的本质特点，也是自主创新战略与其他创新战略的本质区别，自主创新的许多优势及缺陷也都是由此决定的。需要指出的是，要完成一项技术创新，所需要的专门技术是多种多样的，其中有关键性核心技术，也有辅助性外围技术，复杂的创新更是如此。对某一企业而言，自主创新并不意味着要独立研究开发其中的所有技术，只要企业独立开发了其中的关键性核心技术，打通了创新中最困难的技术环节，独自掌握了核心技术原理即可，辅助性技术研究与开发既可自己进行，也可委托其他企业和组织进行，或通过技术购买解决。

2. 技术与市场方面的率先性

率先性虽然不是自主创新的本质特点，但却是自主创新努力追求的目标。新技术成果是具有独占性的，在技术开发的竞争中，真正法律上的成功者只能有一个，其他晚于率先注册专利者的同类成果不仅不能受到专利保护，而且不能够被合法使用。因此，在同一市场中，非率先性的自主创新是没有意义的，自主创新企业必须将技术上的率先性作为努力追求的目标才有望获得成功。技术上的率先性必然要求和带动市场开发方面的率先性。技术开发成果只有尽快商品化，才能为企业带来丰厚的利润，因此，自主创新企业还应将市场领先作为努力追求的目标，以防止跟随者抢占市场，侵蚀其技术开发的成果。

3. 知识和能力支持的内在性

知识和能力支持是创新成功的内在基础和必要条件,在研究、开发、设计、生产制造、销售等创新的每一环节,都需要相应的知识和能力的支持。自主创新不仅技术突破是内生的,且创新的后续过程也主要是依靠自身的力量推进的。在自主创新过程中,除了一些辅助性工作或零配件通过委托加工或转包生产让其他企业承担外,技术创新的主体工作及主要过程都是通过企业自身知识和能力支持实现的。此点与合作创新有根本性区别,合作创新中,创新的推进是通过合作双方(或多方)的共同努力进行的;合作群体中的任何一方都没有能力独自推动创新的进程。

因此,自主创新在知识和能力支持方面具有内在性。另外,自主创新过程本身也为企业提供了独特的知识与能力积累的良好环境。如自主开发活动能够十分有效地提高企业的研究开发能力,许多落后企业为加深对先进技术原理的理解,提高自身的研究开发能力,不惜投入大量人力物力,对成功者的先进技术进行重复性开发,其道理正在于此。

(二) 自主创新战略的优势

自主创新战略的优势主要就是企业的先发优势,具体来说可以分为技术垄断优势、产业优势和产品竞争优势等。

1. 技术垄断优势

技术突破的内生性有助于企业形成技术标准和较强技术壁垒。自主创新企业的产品率先进入市场,领导本行业或相关行业的技术标准和技术规范,对跟进者形成技术锁定,从而能够稳固其在行业中的核心地位。跟进者对新技术的解密、消化、模仿需要一定的时间,从投资到形成生产能力,发展成率先创新者的竞争对手也需要一定时间,在此时间内必然会形成自主创新者对新技术的自然垄断。同时,率先者的技术壁垒还可通过专利保护的形式加以巩固,进一步从法律上确定自主创新者技术垄断地位。借助专利保护,自主创新企业可自己确定是否转让其核心技术,以及向谁转让、何时转让、转让到何种程度等,自主创新使企业在激烈的市场竞争中占据十分有利的地位。

2. 产业优势

自主创新成功后可以带动一批在技术上与之相关的新产品的诞生。自主创新常常在全新技术领域实现技术突破,从而引起一系列的技术创新,形成创新的集群,带动一大批新产品的诞生,推动新兴产业的发展。这有利于促进自主创新企业多元化投资,获取丰厚的利润。而且,在一定程度上将控制多个技术领域或全产业的发展,奠定自身的领袖地位。

3. 产品竞争优势

率先进入市场者将使企业处于竞争的优势地位。自主创新的产品,使企业在市场上具有完全独占性垄断地位,可获得大量的超额利润。通过转让新技术专利和技术诀窍,自主创新企业亦可获得相当可观的收入,其产品的标准和技术规范很可能先入为主,演变为本行业或相关行业统一认定的标准。统一标准的确定将奠定自主创新企业在行业中的稳固核心地位。通过其产品先入为主而对用户产生的影响,使得用户在使用技术和产品过程中的经验技能积累专门化,这样,用户为了避免废弃掉已经熟练掌握的经验技能,往往会选择继续使用率先者推出的产品系列。另外,自主创新企业是新市场的开拓者,可能比其他企业较早建立起原料供应和产品销售网,从而获得竞争优势。

（三） 自主创新战略的不足之处

尽管自主创新战略具有无可比拟的独占性优势和市场地位,但是,企业承担的风险及可能遭遇的困难也不容忽视。

在技术方面,新技术领域的探索具有较高的复杂性。为了获得有效的技术突破,企业必须具备雄厚的研究开发实力,甚至需要拥有一定的基础研究力量,为此,企业不仅要投巨资于技术研究与开发,而且必须保有一支实力雄厚的科研人员队伍,不断提高R&D能力。这对企业而言,一方面固然是一种人力资源储备的优势,但另一方面也是一种较为沉重的财务负担。新技术领域的探索又具有较高的不确定性,能否产生技术突破,何时产生技术突破,往往都是企业难以预料的。事实上,自主研究开发的成功率是相当低的。据统计,在美国,基础性研究的成功率为5%,技术开发的成功率一般为50%左右,而开发产出在时间上又是高度不确定的,短则数月、数年,长则十几年。为了有效降低这种率先探索的风险和产出的不确定性,自主创新企业往往需要进行多方位、多项目的复合投资,因此,自主创新研究开发投资的负担和风险都是很高的。

在生产方面,自主创新企业一般较难在社会上招聘到现成的熟练技术工人,而必须由企业投资对生产操作人员进行必要的特殊培训,并帮助相关生产协作单位提高生产技术能力。此外,新工艺、新设备可靠性的风险也必须由自主创新企业承担,这在一定程度上增加了自主创新的生产成本和质量控制风险。

在市场营销方面,自主创新企业需要在市场开发、广告宣传、用户使用知识普及方面投入大量的资金,努力挖掘有效需求,打开产品销售的局面。由于这种广告宣传对用户所起的作用在很大程度上是一种新产品概念和消费观念的导入,因此,其投入具有很强的外溢效果,即相当部分的投资收益将由模仿跟进者无偿占有。此外,市场开发有时具有较强的迟滞性,如曾经风靡全球的3M"报事贴"便条纸,在投放市场的初期备受冷落,直到十多年后才转变为畅销的产品。

上述几方面可以看出,自主创新的风险性是很高的。根据埃德温·曼斯菲尔德对美国三家大公司自主创新的调查分析, 60%的创新项目通过研究开发能获得技术上的拓展,但只有30%的项目获得了商业上的成功,而最终只有12%的项目给企业带来经济效益。当然,自主创新一旦获得成功,其盈利又是巨大的。有时一项自主创新成功所带来的收益能够足以抵消企业在其他创新项目上的投资损失。

二、模仿创新战略

（一） 模仿创新战略的特点

模仿创新从本质上看是一种创新行为,但这种创新是以模仿为基础的,因而具有不同于自主创新的一些特点。模仿创新主要有以下三个方面的特点。

1. 模仿的跟随性

模仿创新的重要特点在于最大限度地吸取率先者成功的经验与失败的教训,吸收与继承率先创新者的成果。在技术方面,模仿创新不做新技术的开拓探索者和率先使用者,而是做有价值的新技术的积极追随学习者;在市场方面,模仿创新者也不是独自开辟新市场,而是充分利用并进一步发展率先者所开辟的市场。模仿创新这方面的特点与自主创新及合作创新具有鲜明的区别,模仿创新战略是不以率先取胜为目的的战略,而是巧妙地利用跟随和延迟所带来的优势,化被动为主动,变不利为有利的一种战略。在某些情况下,这种跟随和延迟是自然形成的,如在研究开发能力方面落后于率先者,对市场需求信息不敏感等,致使模仿创新企业在起步阶段落后于率先创新者,而不得不扮演追赶者的角色。许多模仿创新企业都属于这种类型。如佳能公司对复印机新产品的开发,IBM公司对个人计算机的开发等。在某些情况下这种跟随和延迟是模仿创新企业为回避风险而故意发生或者造成的。如摩托罗拉公司在RISC芯片开发方面就故意延缓了其开发行动,待仙童公司、MIPS公司、AMD公司等率先开发的RISC芯片产品推向市场,用户需求不断增长,市场风险和技术风险大幅下降后,才推出自己开发的RISC芯片。当然,模仿跟随肯定存在被动性,这是模仿创新战略的弱点。

2. 研究开发的针对性

模仿创新并不是单纯的模仿,而是一种渐进性创新行为。模仿创新并不照搬照抄率先者的技术,它同样需要投入足够的研究开发力量,从事其特有的研究开发活动。模仿创新的研究开发不仅仅包括对率先者技术的反求,还包括对率先者技术的完善或进一步开发。从数量上看,模仿创新企业的研究开发投入并不一定低,如日本许多以模仿创新著称的著名企业每年的研究开发经费投入均占销售收入的5%以上。与自主创新或合作创新不同的是:模仿创新的R&D投入具有高度的针对性,对能够免费获得的公开技术或能够以合理价格引进购买到的技术不再重复开发,其R&D活动主要偏重于破译无法获得的关键技术和技术秘密,并对产品的功能与生产工艺进行改进。相比较而言,模仿创新的研究开发更偏重于工艺的研究开发。

3. 资源投入的中间聚积性

模仿创新在资源投入方面,与率先创新有较大的区别。率先创新面临着艰巨的新技术和新市场开发的任务,必然要在创新链的前期(即研究开发阶段)和后期(即市场开发阶段)投入足够的人力物力,因此,率先创新在创新链上的资源分布较为均衡。在某些情况下,为了集中资源进行强势投入,率先创新甚至会牺牲在创新链中段的投入,如美国的许多公司已将生产制造环节转包给国外企业,在本国只保留研究开发和销售部门。由于模仿创新省去了新技术探索性开发的大量早期投入和新市场开发建设的大量风险投入,因而能够集中力量在创新链的中游环节投入较多的人力物力,即在产品设计、工艺制造、装备等方面投入大量的人力和物力,使得创新链上的资源分布向中部聚积。

(二) 模仿创新战略的优势

纵观世界上市场竞争的格局,我们会发现在许多产品领域中,当今的市场领袖大都并非原来的率先创新者,而恰恰是后来的模仿创新者,这方面的情况在以模仿创新为主导战略的日本企业和以率先创新为主导战略的美国企业之间表现尤为突出,许多率先创新的美国产品最终都未能赢过模仿创新的日本产品而在竞争中失利。模仿创新战略的优势主要体现在以下几方面。

第一,模仿创新企业及其产品的成功率更高。皮特·格尔德和杰拉德·泰勒斯对第二次世界大战前及第二次世界大战以来50种创新产品的率先市场进入者及后来的成功者进行了细致的历史性追踪,结果发现率先创新者的失败率约为47%,在市场份额方面,率先创新者的长期市场份额约为10%,其中第二次世界大战后的率先创新产品平均市场份额仅为7%。在市场领导性方面,率先创新者保持市场领袖位置的只占11%,第二次世界大战后的数据则更低,能够保持市场份额和领袖地位、长期不败的少数企业大都是一些国际知名的大企业。大多数竞争中的胜利者都是后来居上的模仿跟进者。因而模仿创新产品更具竞争力。加里·黎里安和恩桑·佑恩对法国7个行业112种工业品创新情况的调查显示,第三和第四家进入市场的生产企业其产品的成功率较第一和第二家进入市场的企业的成功率要高。

第二,模仿创新产品具有较强的市场竞争优势。模仿创新企业由于不能够在研究开发方面占优势,只能将竞争取胜的希望后移到生产制造等环节。因而其对产品性能的改进、工艺的进步、产品质量的提高、生产成本的降低、生产效率的提高等方面予以极高的关注,在生产制造等方面注意培植自己的能力。能够细致而充分地研究市场需求,根据市场需求的反馈信息迅速调整产品生产,改进产品工艺设计,使自己的产品更具竞争力。从客观上看,由于模仿创新免除了研究开发探索的大量投资,企业能够在生产制造等方面投入较多的技术力量和资金,在产品质量、性能、价格等方面建立自己的竞争优势。日本许多企业成功的秘诀正在于此,日本的许多产品引入市场晚于欧美国家,如照相机、复印机、汽车等,但在质量、性能、价格方面都有着欧美国家产品难以匹敌的优势,正是这种优势使得日本产品在国际市场上拥有很强的竞争力。

第三,模仿创新产品具有较大的成本优势。埃德温·曼斯菲尔德等人1981年对美国东北部化工、医药、电子和机械四个行业中的主要企业的创新进行了随机抽样,选择了48项率先创新产品进行研究,结果发现模仿者的平均成本是率先创新成本的65%,而从开发到模仿性产品投放市场的耗时只及率先创新者的70%,在个别例子中,相对成本和耗时则要低得多,如有9项模仿产品的成本低于率先创新成本的40%。

模仿创新不仅成本下降的空间比较大,而且,在成本下降的速度上也要比自主创新更快一些,原因有三:其一,率先创新企业的生产操作人员只能从自身的生产实践中探索摸索,总结经验教训,增加操作的熟练程度和班组间的管理协调水平,其中不可避免地要发生许多探索中的失误和挫折,因此,率先创新企业"干中学"的效率是较低的,而模仿创新不仅可以从自身的实践中学习总结,而且可以向率先创新者学习,从率先创新者的经验和教训中总结经验,避免同样的失误,大大提高学习效果和效率。因此,模仿创新产品单位成本随产量扩大而下降的速度一般较率先者快。其二,模仿创新企业还可通过雇佣用率先创新企业中的熟练工人,移植率先创新企业的生产积累经验,加快产品成本的下降。其三,模仿创新企业一般更注重成本的控制和工艺的改进,这种控制和改进有时能够大幅度降低企业的生产成本,使单位成本曲线急速下降,因此,成功的模仿创新可望在较短的一段追赶期后,使产品成本能够低于率先创新企业。

第四,消费者的消费偏好有时对模仿创新产品也是十分有利的。由于消费者的消费心理、消费习惯、消费能力千差万别,消费者并非千篇一律地对率先创新产品更感兴趣。在许多情况下,相当一部分消费者往往会等待一段时间,等市场上出现价格较低、性能完善、质量趋于稳定、设计相对定形的产品后再加以购买,这部分消费群体的存在,为模仿创新产品创造了良好的需求。此外,由于地域、文化等因素造成的市场分隔,也会向模仿创新产品提供特定的需求机会,如在家用电器购置方面,同样条件下,消费者往往愿意购买本地区的产品,这样模仿创新产品在本地区必拥有较高的市场需求。

（三）　模仿创新战略的不足之处

模仿创新战略的主要缺点是被动性。由于模仿创新者不做研究开发方面的广泛探索和超前投资，而是做先进技术的跟进者，因此，在技术方面有时只能被动适应，在技术积累方面难以进行长远的规划。在市场方面，被动跟随和市场定位经常性的变换也不利于营销渠道的巩固和发展。

模仿创新战略有时会受进入壁垒的制约而影响实施的效果。这种壁垒一方面是自然壁垒，如核心技术信息被封锁，反求困难，模仿创新难以进行，率先企业先期建立的完备的营销网难以突破等；另一方面，是法律保护壁垒，模仿创新有时会和率先者在知识产权上发生矛盾，产品技术受专利保护的率先创新企业会通过法律保护自身的利益，阻碍模仿创新的发生。这方面的原因也使得模仿创新战略的实施受到一定程度的影响。

需要特别注意的一点是，模仿创新虽然是以模仿为基础的，但它与单纯机械模仿有着根本的区别，从本质上看，它应属于一种类型的创新活动。模仿创新并不降低一国的经济地位和政治地位，更不是丢人现眼的事。对发展中国家而言，致力于模仿创新，能加速一国的经济发展，进而逐步提高该国的政治地位和经济地位。对企业而言，模仿创新也绝非是一件简单的事情，有时，甚至单纯地模仿都不是一件容易的事情，更何况还要在此基础之上有所创新。模仿创新在经济发展和技术扩散中起着重要的作用。模仿创新是从单纯模仿向自主创新过渡的桥梁，具有单纯模仿所难以比拟的作用。

三、合作创新战略

（一）　合作创新战略的内涵

合作创新，有狭义和广义之分。狭义的合作创新，指的是产学研合作创新，也就是企业、高校、研究院所之间的合作研发与创新；广义的合作创新，合作中的合作伙伴是多种多样的，包括供应商、客户、竞争对手、配套产品制造商，还包括在不同市场提供类似产品的企业、在类似的市场提供不同产品的企业、非营利组织、政府部门、大学等。也就是说，只要是与企业有合作关系，共同进行创新的，都可以称为合作创新。

据统计，我国2013—2014年开展合作创新的企业达13.0万家，占全部企业的20.1%。在合作创新企业中，与客户结成合作关系的企业达45.4%，与供应商结成合作关系的企业占36.1%，两者分居前两位，表明上下游主体构成企业最为频繁的合作对象；有29.2%、29.1%的企业分别与高等学校、集团内其他企业结成合作关系；与行业协会、研究机构、竞争对手或同行业企业结成合作关系的企业占比分别为20.2%、19.6%、18.9%；与此同时，分别有近11%的企业与市场咨询机构及政府部门有过创新合作；与风险投资机构进行合作创新的企业占比最低，仅为1.5%[①]。

（二）　合作创新战略的优势

合作进行项目开发能给企业带来许多好处。

首先，合作使企业能够获取必需的技术和资源，并且这样的获取方式比独自开发要快得多。在企业把某种技术性知识转化为成功的商业化产品的技术产业化过程中，缺少某种

---

① 　数据来源于中国科技部网站创新调查。

必需的配套资产是很常见的。假如没有时间限制,企业总能自主开发出配套资产。但是,这样做延长了新产品开发周期。一种取而代之的方案是通过建立战略联盟或者签署许可协议,企业可以借此迅速获取重要的配套资产。举例来说,当苹果公司开发它的一种高端激光打印机—Laser Writer的时候,它并不具备制造打印机的机械装置的专业技术,而且独立开发这种技术需要花费相当长的时间。苹果公司说服了打印机市场的技术领先者——佳能公司,两家合作开发这个项目。在佳能公司的帮助下,苹果公司很快向市场推出了高质量的激光打印机。

第二,与其一切都自力更生,还不如从合作伙伴那里获取一些必要的能力或资源,这样能帮助企业降低资产负债率并提高其资产的灵活性。这在以技术迅速更新为特征的市场中显得尤为重要。迅速的技术变化导致产品市场的迅速变化。产品的生命周期缩短了,同时技术创新成为竞争的首要动力。当技术进步速度很快的时候,企业往往力求避免被过多的固定资产所束缚,因为它们很快就会过时。这时企业往往希望变得更专业化,并通过与其他专业化企业的合作来获取自身不具备的资源。

第三,与合作伙伴的合作,是企业的一种重要的学习来源。与其他企业的密切联系能促进企业间的知识转移,并且能够促进那些单个企业无法开发成功的新技术的产生。通过共享技术资源和能力,企业能够扩展其知识基础,并且比不合作的时候要快得多。

第四,企业选择合作进行项目开发的主要原因之一是分担项目的成本和风险。当项目需要大量的投资,而未来的产出具有高度不确定性时,这就显得尤为重要。

（三）合作创新战略的不足

与独立自主创新相比,合作创新经常能够使企业以较少的成本、较低的风险和较快的速度实现更多的技术创新。但是,合作也使得企业往往不得不在某种程度上放弃对开发过程的控制权,合作也使得技术创新能给自身企业带来的预期回报由于与合作伙伴分享而降低,而且合作使得企业会面临着其合作伙伴在研发过程中渎职的风险。

目前文献中合作研发及其绩效主要体现在两个方面:一是企业与企业的合作研发,二是企业与大学的合作研发。

迈克尔·卡茨1986年研究了企业与企业的合作行为,他认为,合作研发是解决研发低效率及研发溢出的最好的办法。这种问题有三种解决方法,一种方法是利用专利或版权政策,第二种方法是采用税收或补贴,第三种方法就是合作研发。因为合作研发允许企业分享研究成果,提高了研发效率,减少了研发的浪费。而且由于有合作协议,可以规定成本与收益分享,至少提供了更多的投资储备,更有利于研发的顺利进行。这时,合作研发相当于一个将外部性内部化的合理机制,保证企业间有效地分享信息。这可以叫作"激励效应"。另一方面,合作研发也可能带来负面的效应,当合作研发的结果降低了一个企业的生产成本,那竞争的合作者的利润可能会减少了,因此,也会出现合作企业利用集体利益限制企业研发水平的可能,这也可以称作"限制效应"。限制效应与前面的激励效应方向相反。迈克尔·卡茨用了一个四阶段博弈模型来分析合作研发的效应,发现产品市场竞争水平及溢出程度都会影响合作研发的效应。企业间竞争越激烈,研发成果用于降低产品成本的收益就越多地给予了消费者,合作协议的限制效应就越强。而溢出程度越大,激励效应就越强。在基础研究领域,研发分享较为容易,溢出程度也较大,这时激励效应就有比较大的作用。

布朗温·霍尔、艾伯特·林克和约翰·斯柯特研究了大学与企业的合作研发。他们指出，大学与企业合作是因为它们彼此合作可以受到激励。企业进行合作的动力主要体现在两个方面：一是能够进入复杂的研究活动并能够获得研究成果，二是能够接近一些关键的学者，对于提高企业的研发能力有重要帮助。而大学合作的主要动力就是获得资金支持。因为就管理层而言，缺乏可供使用的投入商业研究中的资金成为日益增加的压力，而且，与企业合作可能产生的收益也是其兴趣所在。他们以ATP项目为例，说明大学与企业合作在美国的普遍性。在从1991开始获得资助的352项ATP项目中，有234个单独申请者和118个合作申请者。在234个单独申请者的项目中，54.7%的项目有大学作为转包人，而在118个合作申请者中，60.2%的项目有大学作为合作申请者或者转包人。这充分说明了大学在美国研发及创新体系中的重要作用。而且，从结果上看，大学也比其他合作者更有效率。汉斯·洛夫和马格努斯·布洛斯特罗姆的研究也表明，企业与大学研究机构的合作对于大型制造企业的创新活动有显著的正向作用。

第三节　企业技术创新战略的选择

技术创新战略要回答技术创新的一些基本问题：在将来的一段时间内，企业在技术创新方面需要做什么、可能做什么、应该做什么、能够做什么等。

技术创新战略是按照企业实际情况制定的，因企业具体情况不同而不同。因此，不存在普遍适用的企业技术创新战略。以下仅是企业技术创新战略涉及的一些共性内容，各企业要根据自身情况进行取舍、补充。

一、制定技术创新战略的基本依据

制定企业技术创新战略的主要依据有：技术、经济和社会环境（技术和市场机会），企业目标和战略，竞争态势和压力，企业技术能力和条件等。

（一）市场、技术和社会环境

技术创新来自两种基本力量：一是需求拉动技术创新，二是技术推动技术创新。对人的需要和欲望的研究，是创新管理的出发点之一。研究表明，在一些行业，80%左右的创新构思来自需要。需要是构成市场的基础，所以进行技术创新首先应研究市场到底有哪些潜在的真实需要。当然，新技术的发现也可能会创造出一系列的需要，例如计算机技术的出现，创造出无数新的生产、工作方式和需求，给生产方式和生活方式带来了巨大的变化。研究和关注每一项新技术的出现及其潜在的应用领域，给企业技术创新提供了想象和实现的空间。现有的技术群及其发展动态也为企业特定的技术创新提供了基本的技术背景和条件。

目前，世界范围内对自然资源和环境保护的呼声越来越高，世界各国陆续推出相应的法规和标准，对企业的要求越来越苛刻。这种背景无疑也为企业技术创新提出了新的途径和更高的要求。

世界发达国家的政府都十分注意制定科技与产业政策，以支持和鼓励企业的技术创新活动。我国政府近年来也制定了国家鼓励企业研究与开发活动的法律与政策，并在产业政策方面做出了相应的规定。国家对企业技术创新的政策引导和支持，已成为企业进行技术创新的一个重要保证。政府政策主要是为现代企业的技术创新活动提供良好的环境，起到引导和鼓励作用。企业可以在政策指导下选择相应的技术创新战略,取得政府的支持和帮助,成功地进行技术创新。

（二） 企业的宗旨与发展目标

现代企业都必须确定自己生存和发展的宗旨,它规定了组织的目的和存在的意义,从根本上回答了"我们从事什么"的基本问题。实质上是要企业主为整个企业定下发展基调的,即"我们的企业将成为什么样的企业"这一问题。由此,企业才可以确立自己的产品和服务范围,从而决定企业技术创新的基本方向和方式。

企业的发展目标则是企业在其宗旨指导下形成的,在一定时期内应完成的相关任务,主要包括社会责任目标、利益目标和市场目标等。它们直接或间接地影响着企业技术创新战略的选择。比如中国长虹电器股份有限公司确定自己所要实现的基本目标是成为中国最大、世界前列的家用电器制造商,因此该公司技术创新战略也主要以扩大电视机生产能力为主,通过形成"大而全"的自我配套系统而降低生产成本。这使得该公司能以比竞争对手想象的还要低的价格拓展市场。

（三） 企业的总体经营战略

在企业宗旨和目标指导下形成企业战略,对企业生存与发展的全局性的、长期性的谋划,规定着企业整体资源配置和使用的方向与方式。这为相关的技术创新战略规定了基本方向与方式,只有明确了企业战略的类型,才能决定技术创新战略的基本方式,因而企业战略是技术创新战略的前提。企业总体经营战略只能有三种类型:成本领先战略、别具一格战略和集中一点战略。而企业在上述三者之中只能选择一种,而不能犹豫不决。通常情形下,企业如果选择成本领先战略,在技术创新方面必须以工艺创新为重点,着重解决降低成本和扩大规模方面的流程改善问题;如果选择别具一格战略,则要以产品创新为技术创新战略的基本目标,积极开发新产品,使产品系列化、多样化;而如果选择集中一点战略,其技术创新战略的重点是针对目标市场形成自己独特的技术优势和产品专利。

（四） 企业技术能力

企业技术能力是指企业拥有技术资源的数量、质量及其对资源管理的能力。企业技术能力对企业创新战略的影响很大。一般而言,企业技术能力越大,技术创新能力越强,有利于选择领先技术创新战略或自主创新战略。反之,企业技术能力越小,技术创新能力也较差,则选择跟随和模仿型技术创新战略较为合适。企业技术能力分为以下三个层次。

1. 现有技术能力

企业具备的现有技术能力水平,主要指同行业中的技术地位和与国际先进水平的差距等。

2. 可挖掘的技术潜力

可挖掘的技术潜力是指在不增加或少量增加投入的条件下,经过内部调整可增加的技术能力。

3. 可获得的新的技术能力

可获得的新的技术能力是指通过技术硬件的投资,人力资源的引入,新技术的引进,通过合作、联合、兼并等方式获得的开发、生产的整体性能力。

4. 企业技术能力的本质

企业技术能力的本质是创造新的技术并把它运用到经济现实中的能力,反映在以下三个方面。

（1）技术监测能力

技术监测能力是指了解、掌握技术发展动态，并对其评价和获取的能力。

（2）技术学习能力

技术学习能力是指理解与利用技术机会，尽快掌握与获得创新所需技术，并将其转化成实际创新结果的能力。

（3）创造能力

创造能力是指从技术上创造性地解决问题及提出技术新构思的能力。

对于技术创新能力较差或落后的企业，技术引进是其获得技术能力的主要手段之一，其创新活动通常是一种逆向式创新过程。

（五）竞争态势

市场竞争是企业进行技术创新的一个重要推动力，企业取得竞争优势的一个基本手段就是进行技术创新——创造新产品、提高质量、降低成本、减少上市时间等。因此技术创新战略的制定与竞争势态直接相关。

竞争者主要来自产业内的其他企业，竞争也主要是产业内企业之间的竞争。竞争势态是指产业内现有竞争者数量、战略利益、产业增长空间，以及进入或退出壁垒状况。一般说来，竞争者数量越多、战略利益越有诱惑、产业增长空间越小、进入壁垒越低和退出壁垒越高，企业之间的竞争越激烈，企业技术创新的压力也就越大。

当竞争者数量多，进入壁垒低，产品较为成熟，产业增长空间较大时，企业可以选择以降低成本为中心的成本最小化战略或选择跟随和模仿型技术创新战略。

当竞争者数量多，进入壁垒低，产品已成熟，产业增长空间小，市场利益诱惑小，企业可以选择自主创新战略，以向市场提供全新的产品。

当竞争者数量少，进入壁垒高，市场利益诱惑大，产业增长空间大，企业要在竞争中长期获得有利地位，就必须努力提高企业产品或服务的差异化程度，以形成市场垄断。同时，企业还想获得产品或服务方面的专有技术和知识产权，取得主导设计的地位，以形成技术垄断。为此，企业应更多地采用领先技术创新战略。

（六）国家政策

国家对企业技术创新的政策引导和支持，已成为各国经济增长与发展不可或缺的推动力。在欧美、日本等市场经济国家，政府都十分注意制定科技与产业政策，以鼓励和管理企业的技术创新活动，并取得了不少成功的经验。如美国政府对高新技术产业化十分重视，支持创办硅谷等开发区，大力建设基础设施以保证高新技术的研究与开发，每年斥巨资扶持企业的技术创新活动。日本则制定了"技术立国"战略，对企业的技术创新进行了宏观规划。我国也制定了国家鼓励企业研究与开发活动的法律与政策，并在产业政策方面做出了相应的规定。

政府政策主要是为现代企业的技术创新活动提供良好的环境。企业在政府政策的鼓励和引导下选择相应的技术创新战略。正如美国企业在自主创新和主导型创新方面始终走在世界前列，这与美国政府一向注重对企业自主创新的支持是分不开的。日本政府过去一直重视在技术引进基础上的"二次创新"，所以日本企业在制造技术的工艺创新方面一直傲视全球，但在高新技术的研究与开发方面却无法超越美国。

二、制定技术创新战略的基本步骤

（一） 分析企业外部环境和内部条件

企业内外部环境、条件是制定技术创新战略的前提和出发点。分析企业外部环境和内部条件关系到企业技术创新战略的成功与失败，所以，企业必须细致周全地进行信息调查、预测分析。调查、预测的内容主要是：技术发展、经济和社会发展趋势及机遇、挑战；竞争者的情况和竞争压力；企业战略对技术创新战略提出的要求，企业技术能力等。

在调查和预测的基础上，还必须进行机会分析，为企业创新战略提供依据。机会分析包括优势分析和劣势分析。

1. 优势分析

优势分析即分析本企业在开拓新的技术领域时的有利条件。分析本企业在一定时期内可以形成何种技术优势，或者可以在多大程度上保持技术优势。把握住本企业的优势，就能在一定程度上把握本企业最有可能的发展方向。当然，要用发展的眼光看问题，优势都是暂时的、变化的。有些方面可能现在正处于优势，但这种优势正在丧失，我们称之为虚假优势。还有一些方面可能现在尚不是优势，甚至是劣势，但短期内有可能形成优势，我们称之为潜在优势。忽略潜在优势，往往会贻误时机，人为减少本企业的选择空间。而忽略虚假优势的问题，后果可能更为严重。因为一味寄希望于虚假优势，往往会将企业发展的前景建立在并不存在的空中楼阁上。

2. 劣势分析

劣势分析即是对本企业的不利条件及今后发展进程中的制约因素进行分析。进行这一分析的基本目的是避开本企业的短处，减少战略决策的风险。这一分析需要注意企业劣势发展变化的趋势，有些劣势可能逐渐转化，甚至变成优势，有些劣势可能在一定时期内不会发生变化，也可能会变得更糟。对劣势估计不足，则容易头脑发热、盲目冒进。相反，对劣势估计过高，则容易束缚决策者的手脚，使企业丧失有利的发展机会。

（二） 确定技术创新战略目标

在进行前述分析之后，就需要权衡利弊，初步确定本企业技术创新战略的目标。企业技术创新战略目标规定了企业技术创新活动的长期任务和阶段任务的要求及应达到的水平。技术创新战略目标是企业创新活动的方向，也是企业技术创新活动对内外部环境变化所做出的恰当反应。目标不宜定得太高、也不宜定得过低。

技术创新战略首先应有一个长期的目标，即须经过长期努力才能实现的目标，指出企业长期奋斗的技术创新方向，激励企业不断努力去达到一个崭新的技术境界；其次还应有若干阶段战略目标，它们是长期目标按战略阶段分解的具体目标，是企业在某个阶段要达到的目标，具有较强的可操作性。长期战略目标通常包括在未来10年或更长时间内要在世界或某个范围内成为技术领先者，拥有一流的技术开发能力、先进的制造技术和手段、高技能的技术开发队伍，等等。阶段战略目标通常包括：在预定期限内要达到的技术能力和技术水平，要进入的产业，要开发或制造出的新产品的种类、规模、成本水平，等等。

（三） 初步制定战略

1. 拟定技术创新战略的基本过程

技术创新战略方案是在战略目标指导下的技术创新行动方案或实现技术创新目标的途

径。拟定技术创新战略方案的基本过程如下。

（1）探索可能的技术创新方案。

（2）比较分析和评价技术创新方案。

（3）选择合适的技术创新方案。

对战略方案进行分析论证是其中一个非常重要的环节，应广泛征求意见，以便及时修改与完善。对战略方案的论证应通过以下两种方式：一是向有关方面的专家、学者咨询，将初步制定的战略方案交给相关专家学者，征求他们的意见。因为专家学者往往在本专业范围内具有渊博的知识和丰富的经验，对本专业的发展趋势有较多的了解，请他们论证可以使技术创新战略方案更严密、更合理、更科学化。二是将技术创新战略交给本企业各职能部门以征求意见。企业技术创新战略最终要靠各职能部门付诸实施，并且各职能部门对本企业的基本情况也更为了解，更有能力判断初步战略方案是否适合本企业的实际状况和未来趋势。有时一个技术创新战略方案往往本身不存在什么问题，但是与本企业的现有基础不匹配，这样的技术创新战略也不是好的战略。为了便于征求各职能部门的意见，最好能在征求意见的战略方案中，明确该方案的实施要求及各有关部门需要提供的支持，这样，职能部门的意见可以更具体，更明确。

2. 技术创新方案的基本内容

一个技术创新方案应具有以下基本内容。

（1）采用的技术创新战略模式。

（2）技术性质、重点、主要技术发展方向。

（3）对相关资源（人力、物力、财力）的需求性质、数量和时间。

（4）职责分配、组织形式。

（5）人员素质要求、培训计划。

（6）支持体系等。

（四）实施技术创新战略方案

技术创新战略实施就是执行选定的技术创新战略方案。首先，必须把技术创新战略方案分解为具体的分战略、战术和作业，形成行动计划，才具操作性，最终才能组织实施。其次，具体落实技术创新的任务，确保资源的到位，在实施活动中予以正确的领导和控制。

具体内容如下。

（1）把战略目标层层分解为各相关部门、各时间段的具体分目标。

（2）根据分目标确定分战略和行动计划。

（3）根据战略要求分配所需的人力、物力和财力。

（4）加强领导，实行及时和合理的激励，调动创新人员的积极性。

（5）及时根据新的情况，对创新活动进行适当控制，保证技术创新战略的最终完成。

另外，在实施企业技术创新战略过程中，随时注意收集反馈信息和外部环境信息，还要对目前正在实施的战略目标及方案的适当性或有效性做出判断。审时度势，对企业技术创新战略进行必要的调整、补充，以保证企业创新战略的有效性。

第四章

外部技术获取

企业技术的来源有两种：一种是外部获取，也就是采用各种可能的方式，将企业以外已有或将来可能产生的新技术以某种恰当的方式引入企业内部并加以利用以取得一定的效果的技术获取方式。另一种是内部产生，也就是通过创意的开发，使得企业内部研究开发产生新的技术，并在本企业中得到应用，生产出新的产品，使企业的技术资源基础得以加强，技术竞争力得以提高。本章主要讲述外部技术的获取方式。技术市场交易、合作与联盟、技术并购是企业从外部获取技术常用的三种方式。三种方式各有特色，适用对象也不同。

第一节　技术市场交易

从技术市场中获取技术，一般认为是最方便快捷的一种技术获取方式。从我国技术市场成交额年年攀升的情形来看，企业的技术需求量非常大。

■ 交易获取外部技术

一、技术商品的交易方式

按国际技术贸易的标准划分，主要的贸易形式有6种：成套技术设备转让，技术(咨询)服务，专利、专有技术与商标的许可证贸易，技术工程承包，与合作生产有关的技术转让，与投资有关的技术转让。

在这六种形式中，成套技术设备转让与普通机械设备买卖相似，只是增加了某些技术服务的内容；技术(咨询)服务是侧重于工程技术的咨询服务和劳务；技术工程承包、与合作生产的技术转让及与投资有关的技术转让是合同条款的一小部分；在商标许可证贸易中，商标反映的主要是技术信誉。因此，只有专利、专有技术最能代表技术贸易的形式。

二、技术市场的功能和经营范围

（一）技术市场的基本功能

技术市场是技术交换关系的总和，是各种形式的技术交易的概括。技术市场作为市场的一种类型，具有一般市场的共有功能，同时由于其特殊性，又有其特殊功能。技术市场的主要功能如下。

1. 所有权转换功能

与一般的交易行为相同，技术交易可以是技术供应方放弃技术所有权、技术接受方放弃货币所有权的双向所有权易手形式，但技术交易还存在单向所有权让渡的形式，即技术供应方有条件让渡使用权,技术接受方放弃一定数量的货币所有权,如普通许可、独家许可交易形式。

2. 使用权让渡功能

在技术市场中,相当数量的技术交易买卖交换的是技术使用权。由于技术接受方担心技术所有者继续向他人转让技术使用权而影响技术的使用效益,技术接受方往往要求技术供应方对技术的再转让有某种限制,并在技术产生实际经济效益后才付款。这与一般的市场交易也是不同的。

3. 实物技术的移位功能

以物化技术形式表现的机器设备等,在交易实现后,将由供应方移向接受方。技术市场在这一移位中提供支持与服务。

4. 服务功能

服务在技术贸易中具有特殊重要的地位。技术供应方往往需要从交易过程到使用过程都向技术接受方提供服务。在技术交易中,技术供需双方常常是经过中介方的介绍实现交易的,有些甚至由中介方代理技术的买卖。技术实施过程中的咨询服务也可由专门的技术咨询机构来完成。技术交易常伴随着大量法律事务处理,如合同的认证、争议与纠纷的处理等,需要技术市场提供谈判、招投标、合同等一系列服务。可见,技术市场提供的服务功能具有广泛性和延续性。

5. 信息传输功能

技术贸易首先是信息交流,软技术本身实质就是一种信息,因此信息传输在技术贸易中特别重要。由于技术的复杂性使其表达和传输比一般信息要困难得多。各种技术千差万别,对信息的传输提出了更高的要求。技术市场提供多种方式为传输技术交易的技术、经济信息提供条件。

（二） 技术市场的经营范围

我国技术市场的主要经营范围如下。

1. 技术开发

技术开发包括新产品、新工艺、新材料开发,新的技术系统开发及其他新技术开发。

2. 技术转让

技术转让包括各行业技术及环境保护、国防建设技术的转让。

3. 技术服务

技术服务包括传播技术经验,提供技术信息,进行技术诊断,改进工艺流程和产品结构,从事非常规性的设计、计算分析、检测、计量、安装、调试等。

4. 技术咨询

技术咨询包括技术预测、评价,方案拟订与选择论证,市场调查等。

5. 技术培训

技术培训包括对特定项目的技术指导和对专业业务人员的技术培训。

6. 技术中介

技术中介包括提供信息、协助评价、组织交易洽谈、辅助项目实施与经营等。

7. 技术承包

技术承包包括研究、开发、设计直至生产应用的一揽子承包及引进消化承包等。

8. 技术入股

技术入股包括技术开发的技术入股和技术转让的技术入股。

9. 技术引进

技术引进包括购买专利及专有技术、进口技术设备、聘请技术专家等。

10. 技术出口

技术出口包括专利及专有技术、技术服务、成套设备及关键设备出口,合作生产、合作设计、合作开发等。

三、我国技术市场交易情况

1984年11月16日,国务院常务会议做出了"加速技术成果商品化,开放技术市场"的决定,确定以技术市场为突破口改革科技体制。1985年3月,中共中央做出关于科学技术体制改革的决定,最重要的内容就是改革拨款制度,开拓技术市场。30多年来,我国技术市场的法律政策、监督管理和技术转移服务体系日趋完善,成为国家创新体系和社会主义市场经济体系的重要组成部分。截至2013年年底,我国已建立国家、省、市(地)、县四级1000多个技术市场管理机构和800多个技术合同认定登记机构,全国共有技术或技术产权交易所40个,技术交易机构2万家,国家技术转移示范机构369家,覆盖26个省(区、市)的跨区域技术转移网络——中国创新驿站站点共83个,从业人员达50万人,全国技术市场合同成交总额连年攀升。

2014年是中国技术市场开放30周年。我国技术市场合同成交总金额从1984年的7亿元增长到2013年的7469亿元,占全社会R&D支出的63%。近十几年来呈现出年均增速15%以上的高增长态势,每年20多万项技术实现转移转化。

2014年全国技术交易得到快速发展,技术合同成交额首次突破8000亿元,达到8577.18亿元,较2013年增长14.84%;全国技术合同交易额占全国GDP的比重继续上升,较2013年提升了0.04百分点(见图4-1)。如果将技术交易进行领域细分就会发现,电子信息领域技术交易额遥遥领先于其他各类技术领域,其合同成交额达到2182.63亿元,占到了全国技术成交额的25.45%。紧随其后的是先进制造技术,但其技术合同成交额仅占到电子信息领域的57%左右。

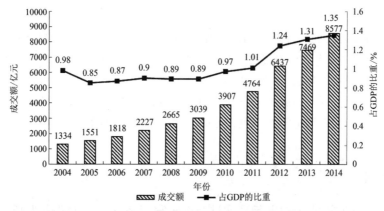

图4-1　2004—2014年中国技术合同成交金额及其占GDP的比重

数据来源:中国技术市场管理创新中心.2015全国技术市场统计年度报告[R]. 北京:中国科技部创新发展司,2015.

据全国技术市场统计，截至2017年年底，全国共签订技术合同367586项，成交金额为13424.22亿元，同比增长14.71%和17.68%。全国技术市场继续保持中高速增长势头。

按合同类型统计，四类技术合同中技术服务合同仍位居首位，成交额为6826.17亿元，同比增长16.66%；技术开发合同成交额大幅增长，达到4748.54亿元，居第二位，涨幅36.47%；技术转让合同有所下降，成交额为1400.28亿元，降幅为12.91%；技术咨询合同成交额小幅下降4.08%，成交额为449.23亿元。

按技术领域统计，成交额居前三位的是电子信息、城市建设与社会发展和现代交通领域。其中，电子信息技术领域成交额为3860.72亿元，同比增长16.53%，持续保持领先地位；城市建设与社会发展领域增长快速，成交额为1928.48亿元，同比增长34.7%，位居第二；现代交通领域较上年有所下降但仍位居第三位，成交额为1665.32亿元。各技术领域中，航空航天领域增幅明显，成交额为425.41亿元，同比增长58.97%；新能源与高效节能技术、先进制造、农业、环境保护、生物、医药和医疗器械技术领域都有所增长。核应用、新材料及其应用领域成交额较上年有所下降，其中核应用领域技术交易下降明显，降幅达61.78%。

按交易主体统计，企业法人输出技术250126项，成交额为11875.28亿元，同比增长20.18%，占全国技术合同成交总额的88.46%；吸纳技术250016项，成交额为10312.70亿元，占全国技术合同成交总额的76.82%。高校和科研机构输出技术项数较上年大幅提升，共输出技术104836项，同比增长15.75%；成交额为1222.59亿元，同比增长14.77%。其中，高校输出技术成交额为355.83亿元，小幅下降1.16%；科研院所输出技术成交额为866.76亿元，同比增长22.91%。

按知识产权类型统计，涉及各类知识产权的技术合同153040项，成交额为5550.67亿元，同比增长9.78%，占全国技术合同成交总额的41.35%。技术秘密合同80258项，成交额为2991.27亿元，同比增长12.56%；生物、医药新品种合同2653项，成交额为119.70亿元，同比增长62.94%；计算机软件合同51026项，成交额为852.67亿元，同比增长2.06%；专利合同15229项，成交额为1420.47亿元，同比增长9.49%，其中，发明专利成交额为870.69亿元，较上年增长19.15%[①]。

第二节　合作与联盟

联盟获取外部技术

企业可以通过结成战略联盟获取自己不具备又急需的技术或能力，或者在参与其他企业的开发活动的过程中，通过杠杆效应，使自身的能力得到更充分的利用。在开发一项新技术或者开拓一个新市场的时候，各个企业都具备一些能力，但并不全面，这些可以组成联盟来共享它们的能力和资源，从而能够以更快的速度、更低的成本来开发这项技术或者开拓这个市场。即使某个企业并不欠缺能力，仍然可能选择以合作的方式进行开发，目的是分散项目的风险，或者加快市场开拓和渗透速度。

一、技术联盟

大企业与小企业之间的联盟，旨在通过合作研发，大企业可以获得开发项目的部分成果；与此同时，小企业可以利用大企业强大的资本、分销和市场能力，或者利用大企业的信

---

① 数据来源于历年《中国科技统计数据》。

誉来提升自己的业绩。举例来说,为了共同的利益,已经有许多大的制药企业和小的生物技术企业建立了联盟;制药企业获得生物技术企业的药物开发成果,生物技术企业获得制药企业的资本、制造、分销能力和资源。当企业间建立合作关系的时候,他们就在彼此间构建了一套联系的路径网络,这种网络就可以成为信息和资源流通的渠道。通过向联盟中的成员企业提供获取更广泛信息和其他资源的渠道,企业间的网络使企业能做成的事情要比其在独立状态下多得多。

1980—2000年的20年间,世界范围内,技术的使用联盟或研究联盟的数量大为增加,仅在2000年,就成立了574个新的技术联盟或研究联盟。它们主要集中在6个领域:信息技术、生物技术、先进材料、航天和国防、自动化及化学。

合作的成员是多种多样的,包括供应商、客户、竞争对手、配套产品制造商,也包括在不同市场提供类似产品的企业、在类似的市场提供不同产品的企业、非营利组织、政府、大学等。合作的目的也有很多种,包括以生产、服务、营销、技术等为目的的合作。在北美,有23%的联盟是以研发为目的的,同类的联盟在西欧和亚洲的比例分别为14%和12%。[①]

联盟可以提高企业整体的灵活性。通过联盟,企业可以在一个风险性项目中只持一定比例的股份,这样,随后企业既可以提高其股份比例,也可以卖掉股份,将自己的资源转投其他机会,这就保持了其灵活性。对于一个企业很感兴趣的商机,在机会还在成型期的时候,企业可以通过联盟尽早介入。联盟还能使企业迅速调整其要获取的能力的类型和规模,这在快速变化的市场中是非常重要的。

联盟还能够使企业通过相互学习来发展新的能力。联盟中的企业可以寄希望于企业间的知识转移,或者将各个企业的技术和资源联合起来,共同创造新的知识。但是,联盟关系通常缺乏共同的语言、惯例和相互间的协调,而这些都是有助于知识转移的——尤其是对于那些复杂的隐性的知识,而这些知识很可能使企业获得持续的竞争优势。

通过联盟获得机会和灵活性是需要付出代价的。由于共同责任是有限的,这会导致联盟中每一个成员都会存在潜在的机会主义和利己主义。企业必须始终保持警惕,以确保联盟不会一不小心就向潜在的竞争者泄露太多。按照加里·哈默尔的观点,尽管合作伙伴间的分权原则有利于建立相互信任和交流,但是权力的过分分散也可能是一个危险的信号,使得企业内会对信息保密放松警惕。应该定期告知企业内各个级别的雇员,哪些信息和资源是对合作伙伴完全开放的,并且企业应当密切关注合作伙伴需要什么信息,以及获取了什么信息。

二、合资企业

合资企业是一种特殊的战略联盟形式,有着明确的结构和责任。虽然战略联盟可以是两个或者多个企业之间的任何一种正式或者非正式的关系,但一个合资企业要求联盟的任何一方都有相当数量的股权投资,并最终形成一个独立的实体企业。联盟各方对合资企业所投入的资本和其他资源,以及从合资企业得到的分红,都事先以契约的形式做了详细的说明。

事实上,在1986年以前合资企业是中国吸引外商直接投资的唯一途径。中外合资企业在20多年的发展过程中,确实也体现了其自身的优势和特点。对于外方投资者来说,合资经营减少或避免了政治风险和投资风险,可以享受优惠待遇,尤其是优惠税率,外方可以通过

① 梅丽莎·A.希林.技术创新的战略管理:第4版[M].王毅,谢伟,段勇倩,等译.北京:清华大学出版社,2015:127.

合营者了解中国的政治、社会、经济、文化等情况，有利于增长商业及经营知识，提高商业信誉，还可以通过当地渠道，取得财政信贷、资金融通、物资供应、产品销售等方便。

对于中方投资者来说，合资经营可以引进先进技术和设备，发展新技术，促进企业的技术改进和产品升级换代，可以利用外国投资者的国际销售网，开拓国际市场，扩大出口创汇，可以学习国外先进的管理经验，提高国内管理人员的管理水平。但合资企业又是一种内部冲突水平比较高的特殊的企业形式，由于中外合作双方可能来自不同的国家和地区，其社会政治法律制度不同，文化背景不同，由此而形成的经营理念、管理决策思维、企业行为方式等也有着很大的差异，因此在合作过程中出现管理冲突是不可避免的。

数据表明，中国的合资企业里，中外方合作顺利的不足30%，有超过70%的合资企业因为这样或那样的原因"婚姻不和谐"。外国公司已对被迫与效率低下的中国国有公司分享运营控制权感到厌倦，因此越来越多的外国公司摒弃合资企业模式，而倾向于独资运营业务。举例如下。

【例4-1】 1980年，瑞士Shindler（迅达集团）在中国建立了第一家以生产和销售优质电梯为主的工业合资企业。2002年2月，迅达集团收购了其合资企业的合作伙伴，使历史悠久的中国迅达电梯有限公司成为其全资拥有的子公司。

【例4-2】 2000年9月10日，北京日化二厂向外界正式宣布：已经与宝洁（中国)有限公司达成协议，提前终止"熊猫"商标的使用合同，收回合资使用6年的"熊猫"品牌。而在此之前的2000年6月，这家拥有"熊猫"品牌50年使用权的跨国公司已经提前终止了与北京日化二厂的合资合作—— 一家合资企业变成了一家外商独资企业。

【例4-3】 有媒体报道，日用化工业巨头——宝洁集团下属的多家合资企业的控股比例最近发生了急剧变化，外方投资者极力想把中方的股份降到最低。在宝洁的一家合资厂，中方股份从最初的50%降到了目前的1%，而且这1%也是在中方的再三要求下被象征性地保留下来的。

如果我们把合资企业在未达到预期目标之前即被收购或者解散认为是一种失败的话，那么，合资企业的"失败率"上升逐渐成为一种趋势。《商业周刊》在1986年就曾援引麦肯锡公司和库柏·里布兰公司的独立研究并指出，70%的合资企业没有达到预期的目标或者被解散。合资企业的平均寿命还不到协议约定时间的一半。

1993年，麦肯锡公司对49例跨境战略联盟(Cross Border Strategy Alliance, CBSA)合作成功的案例进行了研究，这些跨境战略联盟企业是从欧洲、美国和日本最大的150家企业中随机挑选的。跨境战略联盟成功的衡量标准是资产或权益的回报，以及回报是否超过资本成本。结果表明，在调查的49个样本中，51%的跨境战略联盟被合作双方认为是成功的，33%则被合作双方认为是失败的，其余16%则被认为对某一方合作者来说是失败的。此外，67%的跨境战略联盟在头两年陷入了困境。韩国管理学会会长、中欧商学院教授朴胜虎的研究表明，在合资企业开始经营的头两年，合作失败率并不高。但在合作的2.5至5年期间，失败率明显上升。而5年之后，失败率又开始下降。朴胜虎教授发现大多数合资企业都有一个"蜜月期"，在"蜜月期"内合作双方都会以利益为重，虽然也存在一些经营管理方面的困难，但他们的合作会很开心。但是当企业越做越大，合作越来越紧密的时候，他们会面临很多冲突和问题。度过"蜜月期"，他们会经历一个很长的不稳定期，跨越这个阶段后，双方了解进一步加深,就会有更好的合作。但是众多企业无法跨越这个不稳定期。

以上分析表明,虽然从全球范围来看成功率较低是合资企业的一种普遍现象,但是成功率低并不能说明合资企业没有发展的空间,在特定的环境和时期内,合资经营仍然是许多企业包括跨国企业和国内企业最理想的经营方式。

三、许可证

许可交易是外部技术获取的一种主要方式,它是技术供应方(许可方)和技术接受方(受权方)之间通过签订许可合同,许可方在一定条件下允许受权方拥有技术使用权和产品的制造权及销售权。许可交易的标的可能是工业产权(专利、商标)的使用权,也可以是非工业产权(专有技术)的使用权,许可合同按交易标的不同也可分为专利许可合同、专有技术许可合同和商标许可合同。

许可合同按可授权范围的不同可分为5类:①独占许可(exclusive licensing)。许可方允许受权方在合同有效期内,在规定的地区内,对所许可的技术享有独占的使用权,许可方不得在该地区内使用该项转让技术制造和销售产品,更不得将该技术转让给第三者。独占许可合同所规定的地区范围,实质上是转让双方就该项技术所制造的产品的销售市场进行国际划分。②排他许可(sole licensing)。许可方允许受权人在规定地区内在一定条件下享有使用该项技术制造和销售产品的权利,并允诺不得再将该项技术转让给第三者,而许可方仍保留在该地区内使用该项技术制造和销售产品的权利。③普通许可(single licensing)。授权人在合同有效期内在规定地区内享有使用技术、制造和销售产品的权利,但许可方保留在该地区内使用该技术及把该技术转让给第三者的权利。④分许可或可转售的许可(sub-licensing)。受权人有权在规定的地区内,将其所获得的技术使用权转售给任何第三者。⑤交换许可(cross licensing)。交易双方以各自所拥有的技术(专利或专有技术)进行互惠交换。因此一般是互不收费的,双方的权利可能是独占的,也可能是非独占的。

许可证是一种契约式协议,组织或个人(许可证持有者)可以借此获得使用其他组织或个人(许可证颁发者)的私有技术(或者商标、版权等)的权利。许可证使企业能够迅速获取自己没有的技术(或者是其他的资源或能力)。对于许可证颁发者来说,许可证能使企业的技术渗透到更大范围的市场,而这单凭自己的力量是做不到的。对许可证购买者而言,从其他企业获得一项技术许可证的成本一般要比自己独立开发该技术低得多。通过许可证,企业可以获得一项在技术上或者商业应用上已经成熟的技术,但是,技术许可证往往会被颁发给许多用户,所以通过许可证获取的技术不太可能成为企业持续竞争优势的来源。

许可证协议通常会对许可证购买者强加许多严格的限制,以便许可证颁发者能够对技术的使用保持控制权。但是,随着时间的推移,许可证购买者能够从授权技术的使用过程中获取有价值的知识,随后利用这些知识开发出自己的私有技术。最后,许可证颁发者对技术的控制可能渐渐消失。

四、外包

在进行技术创新开发的过程中,如果要有效并且高效率地完成创新整个价值链上的各个部分,对企业能力、设备或者企业规模往往有很高的要求,单个企业可能不具备所有的资源。这时候企业可能会将某些部分外包给其他企业来完成。

一种常见的外包形式是利用合同制造商（contract manufacturers）。合同制造商使企业不需要进行长期投资或增加劳动力就能达到市场需求的生产规模,因此给企业提供了更大的灵活性,还使企业能够以其竞争优势为中心,进行专业化经营活动,至于那些自身不具备的资源,则让其他企业提供所需的支持。合同制造商的外包方式还能使企业进一步扩大规模经济效益,利用专业制造商更高的生产效率能够降低成本,提高企业对环境变化的反应速度。例如,耐克公司所有产品都不由自己生产制造,而是全部外包给其他的生产厂家加工。其将公司的所有人才、物力、财力等资源集中起来,投入产品设计和市场营销中,培植公司的产品设计和市场营销能力。

其他的经营活动,例如产品设计、工艺设计、营销、企业信息技术或者产品分销也都可以外包给外部的其他供应商。例如,IBM和西门子能够给企业提供一套完整的信息技术解决方案,联合包裹速递服务公司（UPS）考虑到企业在后勤和分销上的需要并为之设计了相应的服务方案。

外包可能也有很多的弊端。例如,对外包服务的依赖导致企业丧失了重要的学习机会,并最终可能造成企业在学习能力上的劣势。因为缺乏对发展自身能力的投资,企业就可能无法开发与产品相关的许多技术和资源,而这可能影响到企业未来对产品平台的开发。过分依赖外包使企业面临外强中干的风险。

在技术创新的过程中,企业是否选择合作方式,受许多因素的影响。其中有些因素至关重要,包括企业是否需要某些能力或者资源,合作导致私有技术被潜在的竞争者窃取的可能性,开发过程或者创新成果的控制权对企业的重要程度,以及开发项目在企业建立自身能力或者获取其他企业能力的过程中扮演什么角色等。

第三节　技术并购

一、企业并购的概念

■ 并购获取外部技术

企业并购(merger and acquisition, M&A, 或takeovers and mergers, T&A),指的是企业兼并与企业收购。这两者既有联系又有区别,虽然常被连用,但有必要分别加以界定和阐述。

（一）　企业兼并

企业兼并(merger of enterprise),通常是指在市场机制作用下,经过产权交易转移企业所有权的方式,即一个或多个企业的全部或部分产权转归另一个企业所有。企业兼并的结果,是被兼并企业的法人资格不需要经过清算便不复存在,兼并企业继续保持其法人地位;或者兼并与被兼并双方或多方的法人资格均不复存在,重新组成的一个新企业拥有法人地位。从这个角度观察企业兼并,其显然应包含企业吸收合并(存续合并)和新设合并(创立合并)等形式。

（二） 企业收购

企业收购(acquisition or takeover)则是单指一个企业经由收买股票或股份等方式，取得另一个或多个企业的控制权或管理权。企业收购的形式，可以是收购企业拥有目标企业全部的股票或股份，而将其吞并；也可以是只获得目标企业较大部分股票或股份，从而达到控制目标企业的目的；还可以是仅拥有目标企业少部分股票或股份，只成为目标企业的股东之一。企业收购的结果，是收购企业取得目标企业的经营控制权，但目标企业法人地位并不消失。

企业收购因其不必使另一实体(目标企业)消失，从而较之企业兼并有如下优点：①不必因新设一个企业而带来操作程序上的烦琐等；②不会因整体接管而带来企业的动荡或导致员工的情绪不稳定，如雇员的解雇与安置等；③不会因更换或重新明确原有的债权债务，而产生对原有股票、债券、附带权利(如可转换股票权、期权、随时赎回权、后续财产分享权等)和雇员计划另做处理的麻烦等。

（三） 企业兼并与企业收购的比较

企业兼并与收购常常被连用，被称为企业并购。企业并购被泛指在市场机制作用下，企业为成功地进入新的产品市场或新的区域市场，以现金、债券、股票或其他有价证券，通过收购债权、直接出资、控股及其他多种手段，购买其他企业的股票或资产，取得其他企业资产的实际控制权，使其他企业失去法人地位或对其他企业拥有控制权的产权交易活动。人们通常把主并购企业称为并购企业、进攻企业、出价企业、标购企业或接管企业等；把被并购企业称为目标企业、标的企业、被出价企业、被标购企业或被接管企业等。在一宗并购事件中，被并购企业可以不止一家。

事实上，企业兼并与企业收购确实存在着很大区别，主要区别如下。

第一，兼并发生在两个或两个以上的企业之间，是企业之间协商交易的结果，即兼并行为应完全出于企业间的真实意愿，不许有丝毫强迫或欺诈，是企业间平等协商、自愿合作的结果；收购则是一企业或个人与另一企业的股东之间的外在交易。也就是说，收购者和被收购者的关系不尽相同，有时被收购公司管理层响应收购并积极合作，有时则会拒绝被收购，拒购时双方则表现为一种强迫与抗争、收购与反收购的不合作关系。

第二，兼并是特定的当事人各方通过合同的方式进行交易，各方的权利义务通过协议的形式规定下来，主要受公司法调整；收购则是通过特定的一方向不特定的股票持有人发出要约并接受承诺的方式，从各股东手中直接购得有表决权的股票，所以主要受证券法或证券交易法等调整。

第三，兼并是全部资产或股权的转让，被兼并企业作为一个法律实体消失；而收购则有部分收购与全面收购的区别。在部分收购的情形中，被收购企业仅仅是控股权的转移，其作为一个法律实体的地位不变，并可持续经营下去，其与第三人的关系可以照常维系。

二、横向并购、纵向并购和混合并购

按行业相互关系划分，企业并购可分为横向并购、纵向并购和混合并购。

（一） 横向并购

横向并购(horizontal merger)是指具有竞争关系的、经营领域相同的、生产产品相同的同行业之间的并购。横向并购的目的在于扩大经营规模,实现规模经济；减少竞争对手,提高行业的集中程度,增强产品在同行业中的竞争能力,控制或影响同类产品市场；消除重复设施,提供系列产品,有效地实现节约。横向并购的缺点是,易于出现行业垄断,限制市场竞争。在一定的技术条件下,根据利润最大化的原则,各产业部门都存在最优的生产规模,企业只有达到或接近这个最优生产规模才能实现利润最大化。

（二）纵向并购

纵向并购(vertical merger)是指生产和销售的连续性阶段中互为购买者和销售者关系的企业间的并购,即生产和经营上互为上下游关系的企业之间的并购。纵向并购的结果就是纵向一体化或垂直一体化。当纵向并购沿着原有生产的投入或原材料供应链方向发生时称为后向并购；当纵向并购沿着产出链方向发生时,称为前向并购。纵向并购的实质在于以企业内部分工替代社会分工,从而上下游两个环节之间的关系不再是原先的市场交易关系,而是转变为企业内部关系。并购企业与被并购企业之间在发生并购之前是市场交易关系,在并购之后则成为企业的内部交易关系。

（三）混合并购

混合并购（conglomerate merger）是指具有不相关经营活动的企业之间的并购行为。混合并购又可分为产品扩张型、市场扩张型和纯混合型三种形式。产品扩张型并购是指在生产或销售方面具有联系,但其产品又没有直接的相互竞争关系的企业之间的并购。市场扩张型并购是指生产同种产品,但产品销售市场不同的企业之间的并购。纯混合型并购是指在生产和市场方面没有任何联系,并且处于不同行业的企业之间的并购。进行这类并购的主要目的是谋求生产经营多样化、降低经营风险。

三、技术并购的含义及分类

技术并购越来越引起人们的关注,常见的并购企业(进攻企业)为大企业,并购对象(目标企业)为高新技术的中小企业,并购的主要和直接动机是为了获取并购对象的技术能力。技术并购是战略型并购,与其他并购相比,其动机不同：一般并购往往是为了扩大生产或市场规模,获得规模经济(横向并购),或者是为了减少交易费用(纵向并购),无论是横向还是纵向并购都是为了获取现实可见的经济利益(现金流),而技术并购则是出于战略的考虑,以获取目标企业的技术能力为主要动机。技术并购是大企业可以采用的重要战略工具,在并购企业的发展中可以起到特殊的作用。

一宗技术并购的完成意味着并购企业实现了某种战略目标。通过技术并购可以达到的战略目标主要有：进入新的行业领域；获取技术能力及该能力拥有者(目标企业)的成长力,实现企业的快速成长；在现有市场中取得竞争优势,实现市场或产品的扩张；降低风险。像所有其他企业战略行为一样,技术并购的最终目的应是为企业或者说企业拥有者赚取最多利润。

技术并购可以分为进入新领域型、技术升级型、技术完善型、技术互补型4类。不同类型的技术并购在并购企业的发展战略中发挥不同的作用。

（一）进入新领域型技术并购

一个企业出于战略考虑,打算进入一个全新的或关联不大的领域时,可采用技术并购。将被并购企业及其拥有的技术、市场、人员全部接受下来,可以较为容易地突破新领域通常存在的壁垒,顺利实现多元化经营战略;通过进一步发展,可以把所并购的企业发展成为原企业的替换企业,从而实现企业重心从原领域转向新领域、在新领域成长的战略构想。这一方式,特别适合我国现阶段传统产业领域的企业转入自己原来不熟悉的高新技术产业时采用。例如,某上市的饮食企业并购中关村一家小型品牌电脑公司的行动即属这种类型技术并购,一家钢铁公司并购一家家电企业也是进入新领域型技术并购。本类型与传统并购中的混合型并购相似,但所不同的是,技术并购考虑的中心要素是技术,特别是技术能力,是并购双方优势动力互补机制的充分体现,而混合并购考虑的关键因素往往是市场。

（二） 技术升级型技术并购

某大企业从事某产品的生产经营,另有技术型中小企业在该大企业同类产品生产的关键(核心)技术上有了突破,使产品技术有了全面升级,提高了档次。大企业若不拥有这一技术,势必在该领域处于竞争劣势,甚至被淘汰出局,但该类产品是大企业的支柱产品之一,必须保住原有的优势。经"收益—成本"分析,大企业并购技术型中小企业,这就是技术升级型技术并购。例如,电冰箱企业的核心技术主要有制冷和微电子控制技术,这两方面技术的重大突破,都会对冰箱生产经营企业产生巨大的影响,恰逢此时,电子信息产业中一家小企业开发生产了一种与现在市场通行技术相比具有突破性的微电子控制技术,在此情况下,哪家冰箱企业能够率先并购这家电子企业,就不但使本企业的核心技术得以突破,而且在一定时期内还可以垄断该项技术,使自己在竞争中处于十分有利的位置。

（三） 技术完善型技术并购

如果企业生产经营的重要产品的一项或多项重要技术仍掌握在他人手里,这不但使自己的产品研发设计受制于人,而且由于他人对技术的垄断,企业的利润率会大打折扣。若此时某中小企业恰有这样的技术并已投入相应产品的生产经营中,大企业便可将其并购之,以使产品的关键技术能掌握在自己手里。同时,全面并购后使企业能力得到极大提升,也为后续发展打下了良好基础。例如,我国某大型冰箱生产企业为了掌握关键性制冷技术,就不惜重金对某日资压缩机制造厂实施了并购,此举对冰箱企业产生了十分积极的影响,使其产品竞争力得到了很大的提高。

（四）技术互补型技术并购

技术互补型并购发生在两家拥有互补技术的企业之间,特别是各自拥有某产品的关键技术时更可能发生。一旦实施并购,将使原来生产的产品发生突破性技术进步。仍以上面提到的冰箱生产为例,一家企业拥有先进制冷技术,而另一家拥有特殊的微电子控制技术,若二者实现并购,由于技术的互补性,新企业生产的新产品就会从功能、外观、节能降耗等方面取得突破性进展,使自己在竞争中获胜。

并购实施后中小企业可以继续独立经营,也可以整合到大企业里去。但无论以何种方式整合,只要并购付诸实施,技术传输和其他资源的转移就都是在企业内部进行,转移的效率和频率都是可以根据需要决定的。技术完善型和技术互补型两类也可以说是同一类型的技术并购,所不同的是技术完善型技术并购是以大企业拥有的技术为主,并购是为了弥补不足;而技术互补型技术并购则不存在以谁为主的问题,双方拥有的技术是互补的。

四、我国企业跨国技术并购与风险规避

我国很多企业对技术并购已经开始关注，一些企业甚至已经开始实施跨国技术并购。跨国技术并购是我国企业提高技术能力的新途径。技术并购过程中应该注意以下三个方面。

（一）追求技术，兼顾经济效益

并购的经济效益是指并购活动所带来的价值增值，价值增值来源于并购产生的协同效应。企业并购时，应该充分考虑企业并购的成本和效益。为企业导入先进技术和研发队伍的最终目的是为了获得效益，忽视经济效益而一味求规模的并购是失败的。对比思科和TCL的多起并购，可以看出很明显的区别：在并购对象的选取上，思科选择的对象大多是规模相对较小、技术新且成长性好的企业；而TCL所选择的企业都是规模大且亏损的企业。虽然施耐德、汤姆逊、阿尔卡特在西方发达国家有着较好的销售渠道或相当的市场份额有助于TCL拓展国际业务，但对其效益增长却起到了负面作用。在中国，不乏与TCL相似的并购案例，它们大多数并购目标选择的是国外经营业绩不佳甚至亏损倒闭的企业。企业亏损或业绩不佳，往往会导致其在产品研发方面的投入过少。因此，为了获取技术而并购亏损企业，即使并购的技术是急需的，也必须考虑被收购企业扭亏的可能性及难度，否则其国外业务的长期亏损只能使并购企业背上沉重的包袱。

（二）留住人才，同时培养人才

对于以技术导入为主要目标的并购，看重的就是目标企业的技术价值。技术人员的流失，自然会导致对已有技术理解与运用成本的增加，同时也损害了企业潜在的未来价值。从思科可以清楚地看到留住人才的意义。对于中国企业而言，一方面，并购外国企业所要担负的成本之一就是高昂的劳动力成本，要保留被并购企业原有技术人员无疑会给中国企业带来沉重压力。另一方面，如果完全依靠原有的技术队伍来进行进一步的技术开发，就失去了利用技术并购培养自己研发力量的初衷。因此，对于我国企业来说，除了保留这些人才，还有一项重要的工作就是在保留原有人才的同时，注重培养自己的开发人才。

（三）规避风险，提高成功概率

企业并购本身就是一项充满风险的具体投资行为，主要有政治法律风险、决策风险、金融财务风险、资产评估风险、技术风险和整合风险等。而跨国并购与国内并购相比，实务操作程序更复杂，受不确定性因素的干扰更大。实践证明，一般并购的平均成功率只有40%，跨国并购的成功率只有20% ～ 30%，而大多数中国企业都低估了在全球市场运营的风险，最终导致并购的失败。因此，开展跨国并购必须先要建立规避跨国并购风险的机制。思科在这方面的做法值得借鉴：首先，设有一个部门专门负责企业并购，培养一支专业的并购队伍；其次，规模不大的并购目标有利于消化和吸收，同时也可以降低风险，保证较高的成功率；再次，在并购前经过充分的调研，然后制订详细的并购计划；最后，由于思科并购目标都是要符合企业发展需要的，且企业文化与思科文化相近的企业，在极大程度上降低了并购后的整合风险。可以说，思科的风险规避，体现在每一个环节上，将每一个可能的风险降到最低，就是对风险最好的控制。

第四节 外部技术获取的障碍及对策

一、外部技术获取的障碍

总体来说,外部技术获取,主要有信息障碍、能力障碍和动力障碍。

(一) 信息障碍

信息障碍主要表现在以下三方面。

1. 组织障碍

技术供给方和需求方分别处于各自不同的组织之中,各自的组织具有严密性和相对封闭性,因此,各自的信息(供给、需求信息)不易被外界所知。另外,地缘、行业也会造成信息障碍。同时,在当今"信息爆炸"的时代,搜索所需要的信息也不容易。

2. 特性障碍

技术信息不同于一般信息,它具有两个重要特性:一是知识含量高,往往不易被理解,即接受信息者不易全部接收(吸收)信息,复杂技术尤其如此;二是信息不易完全用图形、文字等载体表达,工艺技术尤其如此。技术信息的这两个特性导致了技术信息流动性差的问题。按需方生产条件、用户特点等因素对供方技术进行改造时,还需要供方提供一系列咨询服务,如果供方缺乏这些能力,也会使技术转移受阻。

3. 人为障碍

人为因素在两个方面造成技术信息传递障碍:第一,技术拥有者缺乏出让技术的意识,如果他们开发技术是为了自己用,就无意向外界介绍其技术,使外界无从知晓其有什么技术;第二,技术拥有者出于竞争的考虑,有意保守秘密,即使在向需求方转让技术时,也常常"留一手"。

(二) 能力障碍

能力障碍,主要指的是技术需求方的能力障碍,主要体现在以下三方面。

1. 硬件能力

当引进的技术需要相应的设备、仪器、工具等硬件条件,而需方尚不具备时,技术转移就会受阻。

2. 技术基础

当引进方不具备理解、掌握新技术的知识、技能时,新技术将难以吸收,或者将延缓吸收的速度。

3. 配套能力

当与引进的核心技术相配套的技术、生产能力和营销能力不能满足新技术要求时,技术转移就会受阻或效率下降。

(三) 动力障碍

动力障碍,既可能体现在技术供给方,也可能体现在技术需求方,环境因素也可能诱发动力障碍。

1. 技术供给方的动力障碍

大学、专业研究开发机构及其研究开发人员目标定位常常是为了出科研成果,不是或不完全是为了商业化,在这种情况下,他们缺乏向企业推广技术的积极性。这些研究机构和人员也存在另一种倾向,即自行将研究开发成果商业化而不愿转让,而实际上大多数研究开发机构和科研人员并不适于从事企业经营。

企业拥有的技术向外转移的障碍表现在:一是担心失去竞争优势,竞争者获得技术后会生产同类产品或降低生产成本,从而对技术输出企业不利;二是怕影响企业的"主业",技术转让会牵扯企业的精力,谈判、咨询服务、纠纷处理往往费时费力。

无论是企业还是专业研究开发机构在出让技术的过程中和出让技术之后,往往都缺乏服务动力和服务精神,把出让技术当作"副业",缺乏经营思想和观念是造成这种现象的重要原因。

2. 技术需求方的动力障碍

企业缺乏竞争压力,从而缺乏采用新技术取得竞争优势的动力,这在我国改革前的企业是普遍现象,改革中的国有企业也尚未完全摆脱这种状况。

激励不足是企业缺乏采用新技术动力的另一个重要原因。在亏损靠政府补贴、盈利大部分上缴的条件下,激励力度很弱;改革中的企业,激励仍未到位。

3. 环境因素诱发的动力障碍

在经济高速发展、市场经济制度尚未完善的情况下,企业首先采用的是比引进新技术更省力的竞争手段。争取政府支持和地方保护等手段成了采用新技术的替代方式。

知识产权保护不力会影响企业转移技术的积极性,主要体现在两个方面:一方面,企业企图无偿使用他人的技术,这种非正式渠道严重影响了技术转移的速度;另一方面,因为知识产权得不到有力保护,企业缺乏开发新技术的动力。

政府政策,如技术政策、产业政策、金融政策、税收政策等对引导企业技术进步有重要作用,当这些政策制定不当时,会导致企业采用新技术动力的下降。

二、克服技术转移障碍的对策

(一) 树立技术营销意识,制定技术营销策略

在市场经济条件下企业已树立商品营销意识,相比之下,其技术营销观念则要淡薄得多。在技术进步日益加速、技术含量日趋提高、技术作为竞争手段日渐强化的新时代,技术输出和引入越来越频繁,以传统的观念看待、处理技术转移已不能适应新形势的要求,主要表现在以下两个方面。

1. 会造成技术资源的浪费

以研究开发为己任的研究院所、大学若不能将技术推向应用,则其研究开发价值得不到最终实现,导致技术成果的沉淀与浪费,随无形损耗而逐渐失效,以致完全丧失价值。以生产、销售产品为己任的企业若不能将技术转让出去,也会失去可能的收入。本企业拥有但不用的技术,对其他企业可能有用;对本企业有用的技术,其他企业可能也有用而且对本企业无害;企业研究开发机构可能有余力开发非本企业使用的技术,可能产生"副产品"技术;等等,这些技术均可转让出去。把"多角化"作为企业经营策略的企业,完全可能也应该把技术营销作为企业经营的"一角"。

2. 会导致技术服务不足

如果说商品售后服务是营销的重要一环的话，那么，由于技术的复杂性、后效性特点，技术的售后服务就更为重要。然而普遍存在的现象是，由于缺乏技术营销意识，技术转让中和转让后的技术服务往往不能满足引进技术企业的需要。

为此，研究机构和企业要建立或重塑技术营销意识，真正把技术作为一种特殊的商品来经营。在树立技术营销意识的基础上，要制定技术营销策略，包括技术开发策略、销售策略、服务策略、价格策略、谈判策略等。

（二） 强化技术信息的流动

针对技术供需双方沟通不足、技术信息黏滞问题，可从以下几方面着手解决。

1. 加强技术信息渠道建设

（1）提高大众媒体（如广播、电视、报刊等）传播技术信息的密度和强度。

（2）强化专业技术信息渠道的功能。行业协会、行业技术协会、专业会议、展览、洽谈会等在行业技术信息传播中发挥了主渠道作用，须进一步加强。

（3）改善专利信息的传播手段，专利信息是一个巨大的信息宝库，目前信息传播渠道较狭窄，需要拓宽。

（4）加强技术市场和技术中介的建设，充分发挥这些技术转移专业机构的信息纽带作用。

2. 提高技术信息的利用率

一方面技术信息渠道不足，另一方面已有技术信息利用不充分，这两种现象并存。解决利用率问题，一是要提高企业信息接收能力，二是要提高技术出让者扩散技术信息的能力。

3. 增加技术信息的流动性

减少技术信息的"黏滞度"，对技术供给方来说，要增加技术的可表达性，提高技术咨询服务水平；对技术需求方来说，要提高技术信息挖掘能力。

（三） 加强技术学习，培育技术能力

企业引进技术、消化吸收的过程就是学习过程。企业的技术学习包括引进前的知识准备、引进中的技术模仿，引进后的技术消化吸收与改进。技术学习的内容，不仅包括引进的核心技术，同时也包括管理技术和技术体系。企业要通过技术学习，全面提高自身的技术吸收、改进及创新能力。

（四） 改善制度环境，加快机制改革

制度环境对于技术的引进、消化和吸收都有影响，因此，应该改善制度环境，加快相关体制机制的改革。可以从以下几方面着手。

1.完善知识产权制度

知识产权制度保护发明创造，为技术的生产提供法律保障和动力基础，又为技术转移扩散提供了规范的信息和法律环境，总体上是有利于技术转移、扩散的。我国要在知识产权制度建设和执行上，尤其是执行上做出巨大的努力。

2. 制定恰当的政策

政府在税收、金融、技术政策、产业政策等方面要制定促进技术进步和科技成果转化、推动技术转移扩散的政策。

3. 加快企业体制改革和现代企业制度建设

这是企业建立技术进步机制和科学管理体系的基础,也是建立技术转移"拉动"机制的基础。

4. 加快科技体制改革

科技体制改革应引导科研机构和科技人员面向经济建设主战场,促进科技与经济的结合,这是建立技术转移"推动"机制的基础。

第五章

创意的开发

第四章讲述了企业从外部获取技术的几种方式。本章将从企业内部的角度,讲述如何进行创意的开发。众所周知,创意是创新之源,也是企业新产品开发的源泉。本章就创意的源泉、创意开发的方法及影响创意开发的因素等方面进行分析,为企业寻求有价值的创意提供思路借鉴。

第一节　创意的源泉

一、创意的内涵

创意与人类思想紧密相连。斯坦福大学经济学家保罗·罗默认为,能否提供和使用更多的创意或知识产品,将直接关系到一国或地区经济能否保持长期增长。伟大的进步总是来源于思想。思想不是从天上掉下来的,它们来自人的头脑。编写软件的是人,设计产品的是人,进行文学创作的是人,从事音乐和绘画的是人,而当他们进行这些创造性活动的时候,为他们提供工具的还是人。人们的创意活动为人类带来了便捷和快乐。尤其是近几十年来,各种类型的创造性工作呈现爆发式的增长,展现了创意前所未有的强大动力。

创意的
源泉

被誉为创意产业之父的英国学者约翰·霍金斯在其《创意经济》一书中界定了"创意"概念。他认为,创意就是催生某种新事物的能力,它代表了一人或多人创意和发明的产生,而这种创意和发明必须是个人的、原创的、具有深远意义的。换句话说,创意就是才能和智慧,创意无时不在,无处不在,它既在思想中萌发出来,更在行动中表现出来。

二、创造性思维

（一）概述

创意开发的核心是创造性思维,创造性思维的表现形态是创意。创造性思维是人类智能活动的最高表现,一切创造成果都是创造性思维的外现和物化。同时创造性思维是一个极为复杂的多因素交互作用过程,没有单一的、静止不变的模式。

创造性思维具有以下几个特点。

第一,独创性。即思维不受传统习惯的影响,在工作中对所做的事情不局限于原有的经验和知识,能够突破常规思维定式提出独特的观点或想法,实现认识和实践的新飞跃。

第二,灵活性。即思维敢于突破原有的定式、模式、规范等条条框框的束缚,借助于直觉和灵感，具体问题具体分析，思维灵活多变。

第三，联想性。通过某一事物的现象联想到与之具有某种联系的另一事物的现象，然后由此及彼，由表及里，融会贯通，从而启发出具有创造性的思维。

（二）创造性思维的四个阶段

格雷厄姆·沃拉斯提出了创造性思维的四阶段理论，即准备阶段、酝酿阶段、启发阶段和验证阶段。这四个阶段是创造性思维产生的统一过程。

1. 准备阶段

准备阶段包括掌握问题和搜集资料。它是外界信息的输入环节。对于有意识的创意开发活动来讲，准备阶段是十分必要的。在创意开发活动开展之前，需要对前人在同类问题上所积累的经验有所了解，对前人在该问题上已经解决的程度、已解决和未解决的问题，进行深入的分析。这样可以避免重复前人的劳动，可以使自己站在新的起点上从事创造性工作。这一阶段的状态是：高度紧张，全神贯注，努力对对象进行深入的探究。

2. 酝酿阶段

酝酿阶段也称"孵化阶段""潜伏阶段""孕育阶段"，这在本质上是一个深入理解问题、细致分析、对准备期收集的信息进行"消化"的时期，这个时期可能是短暂的，也可能是漫长的，有时会延续很多年。

3. 启发阶段

启发阶段又叫"顿悟阶段""明朗阶段"，经过酝酿阶段之后，由于创意开发者对问题经过周密的甚至长时间的思考，创造性的新想法、新概念可能会突然出现，思考者大有豁然开朗的感觉，"众里寻她千百度，蓦然回首，那人却在灯火阑珊处"大概就是对此最形象的描述。也有学者称这种现象为灵感来临。这一阶段的心理状态可能是高度兴奋甚至感到惊愕。像阿基米德那样，因在入浴时获得灵感而裸身狂奔，欣喜呼喊："我发现了！我发现了！"这样的情形虽不多见，但完全可以理解。

4. 验证阶段

思考豁然开朗之后，创意开发者还要对形成的新观念加以验证，这是对整个创造过程进行反思，检验解决方法是否正确的"验收期"，也是对创造成果的总结，以便在此基础上形成更科学、更合理的创造途径。

三、创意的源泉

（一）创意源于用户

创意的信息来源广泛，但主要来自于企业外部，因此，闭门造车去创新是最不可取的一种方式。美国经济学家萨纳姆·迈尔斯和唐纳德·马奎斯对157个创新案例调查表明，有62%的创新构思来源于企业外部的信息。对西欧的一项研究表明，用户对需求信息的反馈是产品创新的基本依据：全新、首创新思路，100%来自用户需求反馈；重大革新思路中有58%来自用户需求反馈，30%来自企业生产需求，12%来自其他推动因素。清华大学经济管理学院陈国权等对北京中关村地区37家高技术企业53项创新产品的调查表明，新产品设想31%来源于用户，28%来源于企业，23%来源于竞争者，9%来源于经销商或供应商，9%来源于高校的科研成果和购买的技术专利。

创意源于用户,并不意味着用户会直接向企业提供信息,它只是说明,用户的想法、意见,甚至是抱怨,很多时候都指出了一种产品的切实需求,很有可能会形成企业的新产品开发方向。因此,创意形成的关键在于激发创新人员的创新性,将来自用户的信息最大程度变成对企业有用的信息。

海尔善于从用户这里收集信息已经是公开的秘密。1996年,四川成都的一位农民投诉海尔洗衣机排水管老是被堵,服务人员上门维修时发现,这位农民用洗衣机洗地瓜,泥土多,当然容易堵塞。服务人员帮顾客加粗了排水管。顾客感激之余,说如果能有洗地瓜的洗衣机,就不用劳烦海尔员工上门了。农民兄弟的一句话,被海尔人记在了心上。后来海尔发明一种洗地瓜的洗衣机。1998年,首次生产了1万台投放农村,立刻被一抢而空。有了这种创意和思路,海尔不仅研发了能洗地瓜、土豆的洗衣机,而且后来又生产出了"洗龙虾机""打酥油机"。事实上,海尔的很多创意案例告诉我们,一个认真考虑用户意见的企业,才有可能创造市场需求和满足市场需求。

（二）　创意源于意料之外的事件

在德鲁克撰写的《创新与企业家精神》一书中,他将意料之外的事件作为可能的创新之源。本文认为,这更是一种创意之源。因为这些意料之外的事件大部分被人忽略,只有极少数人认真对待,也只有这些少数人的创造性思维产生的创意,推动了全社会的创新。

杜邦公司现在是全世界著名的跨国公司。但其实,在长达130年的时间里,杜邦公司把自己的业务局限于军火和炸药制造领域,是一些特别的事件的发生和一些特别有创新精神的人集合在一起,成就了这家企业。举例来说,1928年,一位研究助理回家前忘了将炉子关掉,炉火烧了整整一个周末。到了周一早晨,公司负责研究的化学家华莱士·H.卡罗瑟斯发现,壶里的东西已经凝结成纤维。随后,杜邦公司又花了10年时间,才发现了制造尼龙的方法。这个故事的要点在于,同样的意外在德国大型化学公司的实验室里也发生过好几次,而且发生的时间要早得多。那时,德国人正在寻找聚合纤维,他们本可以得到它,而且比杜邦公司早10年制造出尼龙,并因此获得全球化学工业领域里的领导地位。但是,由于德国人没有计划这项实验,所以他们放弃了这个实验结果,将意外产生的纤维倒掉,随后又从头开始。

这一事例告诉我们,意料之外的事件,可能隐藏着潜力巨大的商机,只是,更多人选择了视而不见。

（三）　创意源于观察

许多创意都源自生活中的仔细观察。那些急中生智或灵光一现的奇思妙想,有些已经成为创意中的经典。

哈姆威原是一名糕点小贩,1904年在美国路易斯安那州举行世界博览会期间,他被允许在会场外面出售甜脆薄饼。他的旁边是一位卖冰激凌的小贩。夏日炎炎,冰激凌卖得很快,不一会儿盛冰激凌的小碟便不够用了。忙乱之际,哈姆威把自己的热薄煎饼卷成锥形,来当作小碟用。结果冷的冰激凌和热的薄饼巧妙地结合在一起,受到了出乎意外的欢迎,被誉为"世界博览会的真正明星",获得了前所未有的成功。这种产品就是今天的蛋卷冰淇淋[①]。

陈永全,一个初中肄业的台湾小摊主,凭借一个创意,拿到了2005年德国纽伦堡发明展上的金奖。他做了什么呢?原来,有一天午休时,他坐在路边看着一辆辆汽车从眼前驶过。

---

① 罗盘. 受益一生的哈佛财商课[M]. 上海:立信会计出版社,2015:225.

看着看着，他的目光落到了高速运转的车轮上。爱动脑筋的他好奇地思索着："轮圈为什么一定要跟着轮胎转动？"年轻时就对机械原理很熟悉的他，花了一个多月时间，亲自动手做出了固定式钢圈，也就是这个发明，让轮胎中心的汽车商标，即使汽车在高速行驶时，仍然可以看得很清楚。这就让轮胎一下子变成了户外广告的载具。这个创意取得了7个国家的专利，甚至连福特汽车公司都来跟他洽谈技术授权问题①。

创意源于观察，其实，生活中的现实需求就是企业创新的方向，所以，并非只有企业需要学会观察，事实上，所有人都有观察的视角和观察的能力，关键是，要能够把创意用于实践，创造出有价值的新产品。

（四）创意源于科学实验

科学出真知，而实践是检验真理的唯一标准。人类历史上一些重大的发明成果，几乎都源于科学实验。20世纪人类最伟大的发明之一，青霉素，正是在科学实验的基础上产生的。

青霉素的发现者亚历山大·弗莱明（以下简称弗莱明）是英国细菌学家。1922年，他发现人的眼泪、唾沫及感冒后的鼻涕里都含有一种能溶解细菌的物质，并为它取名为溶菌酶。弗莱明认为，溶菌酶可用作抗生素。为了进一步研究溶菌酶的抗菌效果，他需要纯化的细菌。在当时的情况下，他只能用琼脂培养皿培养分离不同的细菌。一切都有条不紊地进行着，直到1928年夏天，弗莱明发现其中一只培养皿内的霉菌有点特别，霉菌周围没有细菌生长，但远处的细菌却正常生长。弗莱明对这一现象百思不得其解，但多年形成的科学素养让他觉得不该将这个奇怪的现象随便放过。敏锐细心的弗莱明不仅保留了原始的培养皿，而且还拍了照，并就此进行深入的研究。他将这种奇特的霉菌孢子取出，单独培养，并在其周围划分扇形区，接种上不同的细菌，结果发现有的细菌生长，有的则不生长。他又将该霉菌种入液体培养基中，也发现有的细菌生长，有的不生长。分析后发现，该霉菌能杀死炭疽杆菌、白喉杆菌、葡萄球菌、链球菌等凶猛的革兰阳性菌，而革兰阴性菌如痢疾杆菌、流感杆菌、伤寒杆菌等都不受影响。根据长期研究溶菌酶的经验，弗莱明推断这种霉菌一定是产生了一种抗菌物质，而这种抗菌物质有可能成为击败细菌的有效药物。弗莱明将这种抗生素命名为青霉素。

同样，电话的发明也是与科学实验分不开的。虽然电话由谁发明，似乎还存在争议，但大部分人都认为是贝尔发明了电话。亚历山大·格雷厄姆·贝尔，1847年生于英国苏格兰，他的祖父亲毕生都从事聋哑人的教育事业，由于家庭的影响，他从小就对声学和语言学有浓厚的兴趣。开始，他的兴趣是在研究电报上。有一次，当他在做电报实验时，偶然发现了一块铁片在磁铁前振动会发出微弱声音的现象，而且他还发现这种声音能通过导线传向远方。这给贝尔以很大的启发。他想，如果对着铁片讲话，不也可以引起铁片的振动吗？这就是贝尔关于电话的最初构想。贝尔还自学电学知识，不断进行传声实验。在一次实验中，贝尔一不小心把瓶内的硫酸溅到了自己的腿上，他疼痛得喊叫起来："沃森先生，快来帮我啊！"想不到，这一句极普通的话，竟成了人类通过电话传送的第一句话。正在另一个房间工作的贝尔先生的助手沃森闻讯赶来，而他也成为第一个从电话里听到声音的人。

总体来说，创意的来源非常广泛，但无论是企业还是个人，只要你善于观察生活，善于总结实践，善于获取信息，就总能捕捉到一些与创意有关的知识和元素，再加以科学实验，或许一项有价值的创意产品就能够成功问世了。

---

① 罗盘. 受益一生的哈佛财商课[M]. 上海：立信会计出版社，2015:226.

第二节　创意开发的方法

一、创意开发的内涵和特点

（一）　创意开发的内涵

创意开发是一种社会生产活动。可以从两个维度——个人与组织、结果与过程来分析创意开发。创意开发应当包含以下内容：在个人层面上，创意开发指提高个人的创造性思维能力、开拓个人创造力及提高个人产生创造性想法的能力；在组织层面上，创意开发指提升组织创造性解决问题的能力，提高组织对问题的分析解决能力及产生创造性的解决方案的能力；从结果上来看，创意开发指产生解决问题的创造性方案；从过程上来看，创意开发指创造性解决问题的过程管理。

创意开发的方法

（二）　创意开发的特点

创意开发的本质特征在于它特定的目的性、新颖性和主观能动性。

1. 目的性

任何创意开发活动都有着特定的目的，人类的创造开发活动就是一种有特定目的的生产实践。例如，科学家进行塑料导电性的研究，目的在于发现塑料世界的奥秘，提高认识材料性能的能力；导电塑料的发明，目的在于首创前所未有的人工事物，用新的导电材料来促进材料工业的发展，提高人类改造自然的能力；企业家将导电塑料用来开发生产新产品，目的是拓宽市场，满足人们生活的新需要。

2. 新颖性

创造成果的新颖性是指创意开发主体能产生出相对于其他的创意开发主体来说具有新意的成果。比如，相对于现实的个人来说，只要他产生的设想和成果是自身历史上前所未有的，同时又不是按照书本或别人教的方法产生的，而是自己独立想出来的或研究成功的成果，就算是相对新颖的创造，即使别人事先已经有类似设想也无妨。

3. 主观能动性

创意开发活动的主体是人。虽然人人都有创造潜力，但是并不见得人人都有创造成果；或者说虽然许多人在实践中都可以获得创造成果，但是创造成果所表现出来的创造性水平是很不相同的。例如，众所周知，塑料导电性极差，常被用来制作导线的绝缘外套，但已有研究人员发现，当将一层极薄的金属膜覆盖至一层塑料层之上，并借助离子束将其混入高分子聚合体表面，将可以生成一种价格低、强度高、韧性好且可导电的塑料膜。为什么有些人能进行这样大胆的假设和尝试呢？这种差别，除了环境因素之外，更重要的还是创意开发主体的主观能动性上的差别。主观能动性发挥得好，才能克服塑料是绝缘体的思维定式，敢于"异想天开"地去研究塑料导电性问题。因此，主观能动性的发挥，也是创意开发的本质特征。

二、创意开发的几种方法

创意开发的方法很多,我们不能一一列举,只描述几种最为常见的开发方法。

（一）类比创意开发法

1. 概述

类比虽然是一种逻辑思维方法,但它并不像逻辑思维中的演绎推理那样,只要前提正确就能得出正确的结论。它的创造性,表现在发明创造活动中人们能够通过类比已有事物,开启创造未知事物的发明思路。正如英国近代著名哲学家弗兰西斯·培根所言：类比联想支配发明。

众所周知的英国医生爱德华·詹纳于1796年发明的牛痘接种法,也可以说是应用类比法而取得成功的。历史记载,中国古代医学史上预防天花的方法是人痘接种法。18世纪初传入英国,爱德华·詹纳学过并为英国人接种过人痘。这期间,他到牧场了解到受牛痘传染过的人就不再患天花,从人痘类比牛痘,詹纳创造性地发现了预防天花的新方法——牛痘接种法[①]。

2. 类型

根据类比的对象、方式等的不同,类比创意开发法大致有如下几种类型。

（1）直接类比

根据原型启发,直接将一类事物的现象或者规律搬到另一类事物上去。

（2）拟人类比

把自己或他人同问题对象进行类比。

（3）因果类比

把两事件的起因和结果联系起来进行类比。

（4）荒诞类比

把荒诞的创造性思维和实现愿望联系在一起进行类比。

（5）对称类比

利用自然界许多事物都存在着对称性的关系进行类比。

（6）象征类比

把表面看来不同而实际上有联系的要素结合起来进行类比。

（7）结构类比

利用结构上的某些相似性把已知事物和未知事物进行类比。

（8）综合类比

把两件事物进行全面的、综合的类比。

（二）移植创意开发法

移植创意开发法,是一种较为经济的创意开发方法,可以根据社会需求,将某种已经在运用的较为成熟的技术、方法或结构形式等移植到新的产品或系统中。移植创意开发法可以根据移植内容分为以下4种方法。

---

① 叶云岳. 科技发明与新产品开发[M]. 北京:机械工业出版社,2000:94.

1. **方法性移植**

这是指把某一领域的技术原理或方法有意识地移植到另一领域而形成创造性方法。如20世纪60年代中期,美国一位数学家把经典数学、统计理论的研究方法移植到对模糊现象的研究中,便创立了一门新的数学分支——模糊数学。再比如,发泡方法的移植也是很好的例子。面包发酵后变得松软多孔,这是司空见惯的小事,而一家橡胶厂老板,将面包发酵方法移植到橡胶新产品的开发中,发明出海绵橡胶,令整个橡胶工业为之一振。日本一家企业将发泡方法往水泥制品业移植,开发出质坚而轻的发泡水泥制品,这种多孔混凝土制品含有空气,是理想的隔热、隔声材料。于是又有人将发泡方法移植到化工业,发明了发泡香皂(可浮在水面);还有人则将发泡方法再移植到食品工业,发明了发泡冰淇淋等。

2. **结构性移植**

这是指把某一领域的独特结构移植到另一领域而形成具有新结构的事物。例如,蜂窝是一种强度相当高,但是只需耗用很少材料的结构,把这一结构移植到飞机设计和制造工艺上,就可以减轻飞机的重量而提高其强度;同样,将蜂窝结构移植到房屋建筑上,可制造出形状如同蜂窝的砖,使用这样的建材可以减轻墙体重量,同时还具有隔音、保暖的好处。

3. **功能性移植**

这是指把某一种技术所具有的独特功能以某种形式移植到另一领域。例如,超导技术具有的增强磁场、增大电流且无热耗的独特功能,就可以移植到许多领域。将超导技术的功能移植到计算机领域,就可以研制成无功耗的超导计算机;移植到交通领域,可研制磁悬浮列车;移植到航海领域,可制成超导轮船;移植到医疗领域,可制成高性能的核磁共振扫描仪等。

4. **材料移植**

通过材料的替换达到改变性能、节约材料、降低成本的目的。例如,随着现代科技的发展,人们发现陶瓷材料的应用价值越来越高,陶瓷也能用来取暖,用陶瓷作暖风机耗电量只有普通空调机的1/3。所以说材料的移植将会带来新的功能和使用价值。

(三) 模仿创意开发法

1. **功能性模仿**

功能性模仿是指从某一功能的要求出发来模仿类似的已知事物。比如,从方便、小巧这样的功能特征来看,既然有了傻瓜相机,为什么不可以有傻瓜汽车、傻瓜计算机呢?事实上,全智能化操作的汽车、计算机正处于研制阶段。

2. **结构性模仿**

结构性模仿是指从结构上模仿已有的事物的结构特点并为己所用。例如,近年来在城市中开始出现一种双层结构的公交车,方便舒适、载客多,这种双层公交车的构思来自对双层居室的模仿。结构性模仿是任何人都易于进行的最简单的模仿。

3. **形态性模仿**

形态性模仿是指对已知事物的形状或物态进行模仿而形成新事物的方法。例如,军人穿的迷彩服,就是对大自然色彩的模仿;淋浴的喷头中喷出的水柱是对雨天的模仿等。

4. **仿生性模仿**

仿生性模仿以自然界万事万物的形、色、音的功能、结构等为研究对象,有选择地将这些特征原理运用到创意开发中。仿生性模仿应用十分广泛，有许多人造物品都是利用仿生原理创造的结果。

5. 综合性模仿

这是一种全面的、系统的模仿。最典型的例子就是近年美国建造的生物圈Ⅱ号实验室。它是一个独立于地球而又与地球环境相仿的生态系统。在占地3英亩（约12141平方米）的巨大玻璃罩下，有5个野生群落（海洋、沙漠、沼泽、热带雨林、热带草原）和两个人工群落（集约农业区和居住区），还有8名靠这个系统提供食物和空气的科学家。尽管这个实验的最初结果并不理想，但确是一个大胆的综合性的模仿创造。

（四）组合创意开发法

组合创意开发的类型十分多样，几乎覆盖了我们人类生活的各个领域，以下列举几种基本的组合类型。

1. 材料组合

如在航空航天领域颇有应用前景的复合材料就是典型的材料组合创意开发的产物。

2. 结构组合

如在生物工程技术中已经达到实用化的细胞融合技术就是典型的结构组合创意开发的成果。

3. 方法组合

例如，为提高洗衣机的洗涤效率，各种方法都可以同时组合在一起使用，如将冲刷方法、揉搓方法、挤压方法、喷淋方法一起使用等。

4. 原理组合

如喷气发动机就是喷气推进原理与燃气轮机原理相结合的产物。

5. 技术组合

如激光照排出版系统可以看作是计算机技术、激光成像原理及印刷出版技术的多元技术组合。

（五）逆向创意开发法

逆向创意开发法是一种与原有事物、思路反向思考的思维方法。纵观世界上许多发明，亦有不少是利用逆向法获得成功的。例如，吸尘器的诞生，就是从吹灰器的吹尘逆向想到吸尘的；削铅笔的卷笔刀，也是从动刀削铅笔逆向想到动铅笔不动刀而产生的；从声音引起振动到逆向思考将振动还原成声音，爱迪生发明了留声机；从声音可转变为电信号到逆向思考将电信号还原成声音，贝尔发明了电话。从某一产品的原理、结构、造型和用途，思考出与之相反的原理、结构、造型、用途及其意义，这样，科技发明的设想就会源源不断地产生，这就是逆向创意开发法的优势。

逆向创意开发法不仅体现在一些科技发明上，在日常生活中也常常需要这种创新思维。例如，为了将盐碱地改造成可以耕种的良田，传统的做法是挖沟排水，让土地变干，但实践效果一直不佳。后来有人干脆反其道而行之，变排水为蓄水，并在大面积盐碱地上建成许多蓄水池用来养鱼养虾，不仅年年有水产品出售，而且，由于鱼虾的粪便及腐殖质的作用，几年后，池塘底就沉积了一层可耕种的良性土壤。

在美国的俄勒冈州，有一家餐馆的名字叫作"最糟糕餐馆"。事实上，这家餐馆的饭餐并非有多么糟糕,餐馆的建筑、布置、供应的食物及招待的方式均无特殊,只是名字独特。餐馆在对外宣传时,宣称餐馆食物奇劣、服务则更坏。墙上贴出的即日菜谱上还介绍"隔夜菜"。奇怪的是,尽管餐馆主人将自己的餐馆贬得一无是处,但开业十几年来,不论当地人还是外地游客,都慕"最糟糕餐馆"之名而来,亲自到餐馆坐一坐,点几个菜尝一尝,亲眼看看这家餐馆到底是怎么个"糟"法。其实餐馆老板正是利用了人们的逆反心理,赢得顾客,顾客也因为对"糟"好奇而来就餐[1]。

第三节　影响创意开发的因素

创意对于创新的产生有重要影响,但是,创意的开发是受很多因素影响的,例如,个体差异、人力资本存量、制度环境等因素已经是我们很熟悉的几种影响研发创新效率的因素,同样也是影响创意开发的因素。还有以下一些因素,并不被我们所熟知,但是,确实也深刻地影响着创意、创造与创新。

■ 影响创意
开发的因素

一、非正式沟通网络

正式沟通网络和非正式沟通网络对于信息和知识的传递有不同的途径,也有不同的效果。非正式沟通网络是指通过非正式沟通渠道建立起来的联系,或者说是指在正式组织系统以外进行的信息传递与交流。美国心理学家凯什·戴维斯将非正式沟通分为集群型、密语型、单线型及随机型4种类型。

在许多调查中都强调了个人之间交流渠道的重要性。美国国防部一项对情报和思想源的研究曾对20项成功的武器系统的发展起了重要作用。该项研究证明了在70%的场合下,情报传递到使用单位的途径是个人接触。索尔·赫纳在他对美国医学科学家的情报收集习惯的研究中发现,46%的医学科学家都是通过个人之间的交流渠道获得他们进行研究所需要的思想的[2]。

在科学团体中,优先使用的非正式沟通渠道情形主要有以下几种:①在直接工作环境中与同事进行的个人交流,②与本组织以外的成员进行的讨论(形式可涵盖从完全非正式的交谈到较正式的学术讨论会或假期培训等),③个人的信息联络,④向组织内或组织外成员介绍自己的研究成果,⑤在非正式信息沟通网络中交换联系方式,等等。尤其需要注意的是,在信息网络发达的当今中国,微博、微信、QQ等社交媒体已经成为非正式沟通的重要载体。我们完全不能够忽视这些媒介对于信息传播和快速交流起到的作用,特别是当不同专业、不同领域、不同层次的人汇聚在一起,这种思想的交流和碰撞时常会有令人意想不到的结果。一组来自不同领域的研究人员发现了解读猴脑思维的秘密;一位厨师把常理中不可能一起食用的食物混合在一起烹调,让厨艺界感到耳目一新;蚂蚁觅食行为让一位工程师得到启迪,发明了能够监控战争区域上空的无人驾驶飞机……

如果你熟悉文艺复兴的历史,你一定不会对美第奇家族感到陌生。美第奇家族是意大利佛罗伦萨的银行世家,曾出资帮助各种学科、众多领域里锐意创造的人。由于这个家庭及

① 罗盘. 受益一生的哈佛财商课[M]. 上海:立信会计出版社,2015:227.
② 沙布拉曼亚姆. 科技情报源[M]. 北京:科学技术文献出版社,1988:15.

几个有着相似背景的其他家族的鼎力资助，雕塑家、科学家、诗人、哲学家、金融家、画家、建筑家齐聚于佛罗伦萨。他们互相了解，彼此学习，从而打破了不同学科、不同文化之间的壁垒。他们一同用新的思想，开创了人类历史上的一个新的思想纪元，这便是后来被称为"文艺复兴"的时代。这也使得该城成为创造力的中心，这一时期也成为最具有创造力的历史时期之一。我们可以用"美第奇效应"来形容那种在思想、观念和文化的交叉点上爆发出来的非凡的创新思维。

二、创造的自由

创造的自由对于创造性思维的形成及创意的开发都具有重要意义。创造的自由，包含质疑的权利、思考的空间、行动的自由。即只有当人所处环境相对宽松和自由时，人的创造性思维活动才能更积极更主动。

硅谷世界闻名，但硅谷的历史估计并不被人所熟知，除了斯坦福、伯克利等大学基础研究的发展为硅谷的形成打下了重要的基础外，一个名叫仙童的公司也是硅谷创新文化形成的重要力量。1957年，8位科学家同时退出"晶体管"之父威廉·肖克利的公司，成立了仙童半导体公司(Fairchild Semiconductor)。他们用硅来取代传统的锗材料，设计了一种特殊的晶体管，成为整个芯片产业的核心，带动了硅谷第一波以半导体为基础的产业革命。这8位科学家自发为了追求一个独特的研发愿景而成立仙童半导体公司，这不但成为硅谷第一家由风险资本投资创业的公司，更造就了硅谷人为了创造和改变而自担风险、另立门户的氛围。仙童半导体公司成立之时，8个人分别在1美元的纸币上签字作为对彼此的契约，表明彼此之间不存在传统公司的等级关系，而是在平等的关系上共同追求前景，这也奠定了硅谷在创新人力结构上灵活和平等的姿态。可以说，仙童半导体公司的建立引发了业界的震动，带来了一种全新的可能性，技术领先、志同道合的开创者在资本的扶持下，创立自己的公司实现愿景。而这种精神一直延续到今日，这也成为硅谷能够在一波又一波的技术浪潮推动下不断创造新企业、不断自我更新的重要因素。其后仙童半导体公司又促进了包括今天雅虎、脸书在内的上百家企业的发展，硅谷中与仙童半导体公司有渊源的企业的总市值超过2万亿美元。

其实很早就有心理学家发现，对于成功的渴望和对于自我价值的实现，是人内在的动力。特瑞莎·阿玛拜尔访谈了120位来自不同公司的科学家，发现九项人格特质有助于问题解决者之创造力发展，这些人格特质包括拥有多项正面的人格特质、高度的自我动机、特殊的认知技能、冒险导向、丰富的专业经验、高水准的所属团体成员、广泛的经验、良好的社交技巧、聪颖及不为偏见及旧方法所束缚的处事态度。霍华德·加德纳亦指出，创意者较常人能以有效且变通、弹性的方法运用其认知历程。有创意的人沉浸于工作中是基于对工作本身的喜悦，是一种内在的强烈动机驱使人进行创意活动，而非相反。[①]

另有研究发现，当员工处于兼具复杂性及挑战性的工作情绪中，而且主管人员是抱着支持的态度时，员工最能产生创意思维。这九项环境因素是：自由、良好的负责人、充足的资源、鼓励、正面的组织特征、认同与回馈、充裕的时间、富挑战性及适当的压力。

由此可见，创造的自由及对创造性活动的支持和鼓励是激发员工创造性的重要影响因素。

① 俞文剑, 刘建荣. 创新与创造力：开发与培育[M]. 大连：东北财经大学出版社，2008:14.

三、对失败的宽容

失败是成功之母,我们常常听到这句话,然而,真正能够以宽容的心态面对失败者,并不被经常看到。尤其,在"成王败寇"的逻辑关联下,每个人都不想做失败者,更不具备承担失败的勇气和能力。而很多成功的案例告诉我们,无论是企业还是区域,只有具备对失败的宽容,才能成就创新型企业和创新型区域。

以大家熟知的蒸汽机发明为例来说明对失败的宽容有多重要。我们通常认为1789年是詹姆斯·瓦特发明了蒸汽机,因此我们把这个时间认定为蒸汽时代的元年。首先,不论是否一定是瓦特发明了蒸汽机,我们知道,在他之前已经有很多人进行了大量的创新型设计。我们只对这个时间点之前某些人因为特殊原因而放弃了的探索表示深深的遗憾,因为,如果能有一位稍许宽容的人出现,这个时间本来应该被提前许多,人类就极有可能在1689年便拥有初步实用化的蒸汽机技术。因为在这一年,法国人丹尼斯·巴本发明了可以进行演示的蒸汽机。这位谨慎而又贫困的先生虔诚地向英国皇家学会申请了区区10英镑的研究经费,用于改进和完善自己的发明。然而,刻薄的皇家学会则认为为一个天真的想法提供资金,简直是对经费的随意挥霍,于是提出了一个探索者无法接受的条件:实验必须保证成功。正是由于宽容精神的缺失,交流和沟通的机会失去了,失误甚至错误中蕴含着的潜在价值被无视,改进、完善进而成功的机会便被无情地剥夺。

从区域层面,我们以硅谷为例来说明宽容失败的重要性。硅谷长久以来成为创业者的天堂并不是没有道理的,其宽容的环境就是重要的吸引力之一。在硅谷,不论是媒体的报道、合作者的评价及风险投资家的判断,没有人会以创业的失败与否来判断创业者的能力。这样就会鼓励更多的人去创业,甚至在创业失败的时候也有勇气重新开始。这是世界上很多地方都难以见到的一种文化。硅谷文化对失败的态度是:同情失败,甚至是鼓励失败。在硅谷没有人歧视失败,一次、两次、三次失败,每次都可以从头再来,风险投资家们也不会因为你的失败而不再投钱给你。在他们看来,失败可以积累更多的经验教训,下一次创业成功的可能性会更大。

如果从国家层次来讨论创造力,就会发现一个国家特别值得关注。这个国家就是以色列。以色列的人均风险资本投资是美国的2.5倍,是欧洲国家的30余倍,是中国的80倍,是印度的350倍。以色列这个只有710万人口的国家吸引了近20亿美元的风险资本,相当于英国6600多万人口所吸引的风险资本或德国和法国合计1.5亿人口所引入的风险资本总额。1901—2017年,仅占全世界人口比例0.2%的犹太人,为世界贡献了超过180个诺贝尔奖获得者,占到获奖总人数的20%以上。在这100多年中,犹太人对世界文明的发展做出了巨大的贡献。

以色列强大的创造力是多种因素交织的结果,如不满足的传统、集群效应、个人主义倾向、企业家精神等,其鼓励创意、容忍失败的氛围更是创新创业成功的最佳氛围。

犹太人非常重视教育,教育也成为以色列建国时的首要任务。以色列第一任总理,戴维·本-古里安就说过,"没有教育,就没有未来",第三任总统扎尔曼·夏扎尔认为"教育是创造以色列新民族的希望所在"。以色列的义务教育范围从3岁一直到18岁。几十年来,以色列教育经费支出占GDP的比重始终维持在8%左右,在2011年甚至超过10%。

　　以色列的基础教育,注重培养开放式思维。以色列人认为,学生提出问题的能力比解决问题的能力更为重要,鼓励学生探究质疑、挑战权威,目的是培养有想法、能思辨的创新人才。历经如此的基础教育,才能打破思维定式、挑战约定成俗的原则,这也成为以色列年轻人的思维习惯。而以色列人也视学习为终身使命。以色列人爱读书、爱买书、也爱写书。以色列人均拥有图书馆和出版社的数量居全球前列。以色列25 ～ 60岁人口中,具有大学及以上学历的人口比重达到45%（法国、日本约为25%）,每万名就业人口中约有140名是科学家和工程师（美国为85名、日本为65名）。

　　以色列人富有质疑的精神。犹太民族具有怀疑和争论的文化传统,这是以色列人善于创新创业的文化根源。以色列强调提出问题的能力比解决问题的能力更为重要,经常在激烈争论中碰撞出创新的火花。最广为流传的一个说法是,以色列家庭经常问孩子的一个问题是,"你今天在学校有没有问出一个好问题",而不是"今天有没有不听话",这种家庭教育模式下,孩子的求知欲得到了张扬。伴随着同样张扬的讨论方式,以色列人常常被其他国家的人认为不懂礼貌,随意打断别人的讲话,但就是在这样一种文化下,以色列人不惧权威、勇于质疑的探索精神得到了传承和发扬,成就了今天以色列强大的创业精神和创新能力。

第六章

技术创新的组织管理

同其他经营活动一样,技术创新活动的开展也需要通过一定的组织结构进行,不同的组织区别很大,组织方式的选择直接影响技术创新活动的成败和效率的高低。创新组织不仅仅是一个结构,更是一整套完整的组成部分和机制构成的整体,包括组织结构、关键人员的角色、员工的培训和发展、组织形式(如团队合作、临时小组等)、员工参与创新的程度及组织内部的知识学习和共享等。这些组成部分和机制共同创造和强化了一种利于创新的环境。因此,选择和设计适宜的组织结构,对技术创新的成功意义重大。本章将从介绍组织管理的基础理论入手分析技术创新的界面管理、技术创新的人力资源管理等相关内容,并对企业规模与创新绩效的相关性进行探讨。

第一节 技术创新与组织的关系

企业的组织结构决定了信息流动方式,沟通途径,内部工作与协作的方式,与供应商、顾客接触与合作的方式等。企业组织结构不仅与企业的成败经历、企业生命周期所处阶段和企业战略远景有着紧密联系,组织结构甚至会影响员工的思想观念、工作态度、思维方式和工作效率。根据竞争环境需要不断改进创新的组织结构,不仅可以充分释放企业的潜力、支持企业的战略发展,而且,这种组织能力本身就是一种对手难以模仿的竞争优势。

一、技术创新活动对组织的要求

为保证技术创新活动顺利高效地进行,组织必须具有如下功能:第一,能有效激发员工的创造性和积极性;第二,对市场的响应灵敏;第三,各相关部门间的信息沟通顺畅;第四,组织结构利于各部门创新活动的协调;第五,具有能根据情况变化和需要做自我调整的机制。

为此,组织结构的演变出现了小型化、柔性化、分立化等趋势,以适应技术创新活动的要求。小型组织结构层次简单,机动灵活,等级制度不严,便于责权利的明确和落实到人,容易调动员工的积极性和创造性。企业组织的柔性化趋势是通过分散但相互链接的结构,增强动态性及反应的灵敏性,通常表现为临时团队、工作团队和项目小组等形式,以团队作为最基本的构成单位和学习单位,组织的所有目标都直接或间接地通过团队合作来完成。这可以发挥团队合作的优势,缩短产品研制与产品出货的时间,对消费者的需求迅速做出反应。

二、技术创新的组织设计

企业在组织设计时需要处理好如下几对关系。

1.正式组织和非正式组织

所谓正式组织,是指该组织形式有明确的组织界限,有正式的规章制度约束全体成员的行为,并有严格的职责分工与合作关系。正式程度越高,创新组织的专业化、规范化及集中化程度越高。团队就是一种全体成员认可的正式组织。反之,非正式组织没有严格的组织界限,虽也受企业内各种制度的制约,但受约束的程度较小。两者之间不存在绝对的界限,而是存在一个过渡带。

非正式组织的产生有两种原因,一是团队领导的故意行为,二是团队成员在价值观、性格、经历、互补性等出现某种一致时自发产生。前者是管理者强化自身管理职能的需要,可培养亲信,增强管理效力,客观上形成非正式组织。该组织形式虽然表面上能够很好地进行日常工作,提高团队精神,调解人际关系,基本上向有利于团队的方向发展,但长期而言,会降低管理的有效性,团队的精神、工作效率会低下,优秀团队成员会流失。这种非正式组织通常是松散型组织。后者则是紧密型非正式组织,当其愿景与团队愿景不一致、偏离团队的价值观时,会破坏团队文化、阻挠团队的创新精神和开拓精神,最终往往导致团队的瓦解。非正式组织若能适当运用,可对组织产生很大裨益:弥补正式组织政策与规章的不足;协助管理,提高工作效率;加强沟通,提供发泄渠道;促使管理者对某些问题做合理处置,产生制衡作用。

正式组织有助于控制创新活动,创新所需的资源也能得到保证。非正式组织的优点在于灵活性,利于激发创新人员的创造性和积极性。两类组织形式各有优势和缺陷,技术创新活动要根据创新活动的具体特点和性质,对正式组织和非正式组织加以合理运用。

2.专门组织和非专门组织

当企业准备开展一项技术创新活动时,可以在现有的组织内安排创新活动,让现有的职能部门分别完成各阶段的工作,而不专门另设一个机构;也可以设立一个专门的组织机构,如事业部、产品部等,由它全面完成各阶段工作。这两种方式各有优劣:前者容易产生整合与协调方面的问题,后者则容易职责不清。具体采用哪种形式,同样要根据实际情况和创新活动具体特点来确定。

3.集权和分权

集权有利于集中配置资源,而集中配置资源,尤其是关键资源,对创新的成功是很重要的。集权也有利于协调和整合。集权的缺点是灵活性差,不利于调动各方面的积极性。进行技术创新的组织设计时,要权衡集权和分权的利弊,恰当安排。

4.分工与合作

(1)分工的优缺点

分工的优点是利于提高专业水平,提高工作效率,有利于积累经验;分工的缺点是不利于协调整合,分工越细,协调与整合越难。

（2）奖励与薪酬

上述这些基本矛盾，为技术创新活动的组织设计提供了基本的原则。事实上，要处理好这些矛盾并不容易。要想避免因忽视而扼杀新事物的最好也是唯一的方法，就是在建立创新项目伊始，就将它作为一项独立的业务。将创新部门与现有业务分开的一个重要原因，就是关键人员的待遇问题。大企业最常用的薪酬方案，是根据资产或投资的回报来计算的，而对新企业而言，这样的薪酬方案是比较难实施的。

对于创新工作的薪酬和奖励问题，确定哪些不该做比确定哪些应该做要容易得多。创新工作与高薪酬之间存在一定的矛盾。一方面，新项目不应该肩负它无法承受的高薪酬支付，另一方面，公司又必须给予创新的人员以适当奖励，进而激励他们的创新努力。具体地说，负责新项目的人员应该享受中等水平的待遇，他们的报酬应该从他们现有的薪酬和福利起步。另外，如果创新失败，他们应该有权选择回到原来的工作职位，并享有原来的薪酬。诚然，他们由于失败而不可能得到奖励，但也不能因为尝试创新而遭受惩罚。

对于现有机构来说，"企业家管理"一词的核心是"企业家"；而对于新企业来说，核心则是"管理"。在现有企业中，既存的东西是企业家精神的主要障碍；而在新企业中，主要障碍是什么都缺乏。

（3）成功案例

当企业刚显露出成功的迹象时，企业创始人就必须深入思考"我究竟属于哪个领域"这个问题。事实上，在新企业还未启动时，创始人最好就开始仔细思考这个问题。

日本本田汽车公司创始人本田宗一郎决定创建一家小企业时，就深入思考了这个问题，他认为自己属于工程和生产领域，而不应该负责其他事务，所以，在尚未找到合适的合伙人来负责管理、财务、分销渠道、市场推广、销售和人事之前，他决定暂缓创办自己的企业，直到他找到合适的合伙人才开始创办企业。正是这一决策才成就了后来的本田汽车公司。

（4）失败案例

1903年，亨利·福特（以下简称福特）决定步入商界时，他的做法与本田宗一郎如出一辙：在开创企业之前，他先找到了一个合适的合伙人。福特与本田宗一郎一样，认为自己属于工程和生产领域。詹姆斯·卡曾斯（以下简称卡曾斯）就是他找的合伙人。卡曾斯为公司的成功所做出的贡献与福特一样大，许多归功于福特的著名政策和措施，如1913年著名的5美元日薪制和开辟分销渠道及服务等政策，都是卡曾斯的主意，一开始福特还反对这些政策。卡曾斯功高盖主，福特越来越忌妒他，卡曾斯被迫于1917年退出福特公司。福特汽车的成长和繁荣在卡曾斯退出之日起就停滞了。短短几个月以后，当福特一手包办了高层管理的所有职能，而忘记了他原本擅长的领域时，福特汽车公司就江河日下。固守T型车不放，整整10年未推出新车，直到该车型汽车无人问津为止。卡曾斯被解雇之后的30年里，公司的下滑趋势一直没被扭转过来，直到老福特过世，他的孙子接管时，公司已濒临破产。

三、几种常见的技术创新组织形式

如何保持变革和稳定的平衡，一直是组织结构领域的两难问题。技术创新活动的高度不确定性要求组织结构不断变化以保持其相对适应性，即具有高度的灵活性和可变性，而就创新活动所需的技术知识、技术能力、管理知识和经验而言，又要求企业组织结构具有相对稳定性即刚性,满足运作成本、专业化、标准化、规范化、相对简单化和流程化等方面的要求。常见的组织形式有内企业、新产品开发部、新事业发展部、创新项目小组、课题制工作模式等。

（一）内企业

企业根据特定技术开发的特点,允许或鼓励企业内员工在一定时间内离开本岗位,通过另外建立一个小企业,从事员工自己感兴趣的创新活动。该小企业隶属于大企业,并且可得到大企业的资金、设备、人员支持,创新风险和收益均在大企业内,但在经营管理上有很大独立性。这类从事创新活动的企业为内企业。

随着企业的发展,一些大公司中创新能力强的技术人员,或因想开拓自己的事业,或不满于企业现有条条框框对创新设想和行为的束缚,纷纷离开原来的公司开拓自己的事业。在这种情况下,企业可以通过设立内企业,变被动为主动,为员工开发新产品、新技术,提供可自由支配的时间、设备,甚至资金,风险由企业承担,若开发成功,成果由开发者和企业分享。这种做法能够大大激发员工的创新积极性。内企业内部基本上没有分工,很少受到部门或企业整体战略决策的影响,可以根据市场情况自主决策,自主开发,运作方式基本上是非正式的。所以,内企业是结构最为简单、行动最为灵活的创新组织形式,对激发创新意识、实现创新人员的成就感具有良好的促进作用。实践证明,这类模式较好地处理了企业制度约束和创新的自由运作这一矛盾,美国的硅谷和我国的高新技术产业开发区内的一些高新技术小公司就属于这一类模式。该模式的缺陷是难以规划和计划,可能对现有创新管理带来冲击,因此在管理上需要审时度势、灵活部署。

（二）新产品开发部

新产品开发部是指在企业内部专门建立一部门,负责产品的开发和中试过程,一旦新产品成熟就移交给其他事业部。

组建新产品开发部（或称委员会）是国外很多企业在推动技术创新工作时喜欢采用的方法。其一般由企业高层经理、关键研究开发人员和各职能部门代表组成,负责企业产品创新的全程管理,具体包括:负责产品创新策划、产品创新方案评价、协调新产品开发过程中的部门关系、组织新产品鉴定和试销、组织企业有关部门向市场推荐新产品,以及协调企业产品创新与常规经营的资源配置矛盾等。必要时开会,会议由企业总经理或常务副总经理主持,会后由一名专职负责人督办、协调会议决议的执行情况。

设立新产品开发部的好处是目标集中,一切工作围绕产品开展,与在U型和M型组织内进行创新的方式相比,创新活动的阻力小。但也存在投入大、占用资源多的缺陷,而且只有在新产品开发任务持续不断的情况下才适于组建新产品开发部。

（三）新事业发展部

新产品开发部与新事业发展部是有区别的。新产品开发部主要围绕新产品的开发,新产品成熟后就移交给其他事业部。而新事业发展部包含的范围更广,是大中型企业根据产品、技术、市场特点,针对一些有影响的创新,投入大量的人力、物力和财力组建的,涉及重大的产品创新或工艺创新,由各类人员组成的从事产品或工艺创新的部门,有时也称风险事业部。

这类部门的建立和发展,为企业开展多元化经营提供了组织支持,也为重大创新提供了一个组织环境。因为重大创新意味着巨大的风险,如果将它纳入某一事业部,就有可能使这个财务独立核算单位的收益受到影响，扰乱了正常的经营秩序，因而很容易受到排斥。

此外，重大创新活动在管理模式、协作关系甚至价值体系上都与现有体系有冲突，因此，重大创新在现有的体系中难以开展。如通用电气公司在1952年按事业部进行大规模改组时，每个事业部都同时承担两项任务：经营现有事业和开拓未来事业。事实证明，维持和发展现有事业都很艰难，更无暇顾及创新活动。经过10年左右，通用电气公司才开始把重大创新活动独立出来，单独在企业的发展部门中进行。这说明，创新不能一味地追求分权，重大创新活动需要集权，因为它在一定程度上意味着风险和利益的重新分配。因此，在设立新事业发展部以后应该充分授权，使它在创新过程中表现出高效率。

（四）创新项目小组

创新项目小组是指为完成某一创新项目，临时从各部门中抽取若干专业人员成立的一种创新组织。小组成员既可以是专职的，也可以是兼职的。项目小组具有明确的创新目标和任务，企业高层主管对项目小组充分授权。由创新小组成员自主决定工作方式，创新小组的职能一般比较完备。小组成员参与小组创新活动的决策，共同确定小组的工作目标，共同完成创新过程。

该组织结构与以往组织结构的显著不同是：创新小组在现有组织框架内运作，不改变组织结构，具有成本较低的优点，同时又是以创新为职能，具有便于从事创新活动的灵活性；它淡化了纵向和横向的直线权力制，变个人决策为小组成员共同决策。因此在创新过程中具有较高的效率。技术创新的不确定性，客观上需要一种信息交流更为开放、分权更为彻底、管理跨度更大、创新职能连接更为紧密的组织结构。项目小组作为一种自由联合体，充分发挥了小组成员的创新潜力，提高了创新效率。如杜邦、3M、摩托罗拉公司等都曾建立项目小组来激发企业的创新活力。

创新小组的缺点是，以任务定位，因项目而组建，随项目结束而解散，不便于经验积累；小组人员不固定，组建和管理难度较大。因此，采取这种模式要求企业组织有较大的弹性和灵活性，企业最高管理层对创新小组要给予较大的调配资源和协调行动的权力，要采取恰当的小组成员考核、管理方式。

（五）课题制

课题制是指以课题为对象，以课题组作为基本单位形成的以市场、法律、政府管理调配科技资源的一种以科研项目为主体的技术创新制度。一般来讲，课题的委托方通过招标的形式，委托专家学者对投标方进行技术、经济、财务等方面的全面论证。因此，课题制对于通过市场手段来合理、有效配置科技资源，用法律手段规范课题各方的责权利关系，具有很现实的意义：有利于保证课题的科学性、实用性和针对性，尤其是针对国家和行业的一些高新技术，能使项目的创新风险得到大幅降低，也提高了项目的可操作性。我国20世纪90年代以来国家及各省（区、市）的各种形式的科研基金制和课题制，对于提高科研效率、配置科技资源都起到了良好的作用。

四、技术创新过程的组织模式

（一）串行组织模式

串行组织模式即按照技术创新过程的不同阶段，循序渐进地依次安排技术创新活动。

其理论模型是"新设想产生—研究—开发—生产—营销"的线性模型,在组织结构上等同于职能式组织形式。

在串行组织模式下,技术创新分工明确,各个环节存在着前后相连的逻辑关系,任一环节的失败,都会导致整个创新活动的失败,而且前一环节的工作直接影响到后一环节的工作质量,必须保证前一环节的工作质量,因此较适合于基础性的、以科学原理为基础的技术创新项目。

由于串行组织模式下各部门独立地开展工作,特别是在设计中很少考虑到工艺和工装部门、采购、检测部门的要求及制造部门的生产能力等,因此常常造成设计返工,影响新产品(服务)的质量、成本和上市时间。随着市场竞争环境的复杂化和激烈化,这种循序渐进的阶段性开发模式越来越难以适应新的需要。

（二）并行—交叉组织模式

20世纪80年代后,技术创新的组织呈现出新的特征,出现了并行—交叉组织模式。这主要与并行工程（concurrent engineering）方法的应用有关。1982年,美国国防部高级研究项目局（Defense Advanced Research Projects Agency, DARPA）开始研究如何提高产品设计过程中各活动之间的"并行度"。4年后,美国防务分析研究所（The Institute for Defense Analyses, IDA）发表了R-338报告,第一次明确地对"并行工程"概念进行了界定:"并行工程是集成、并行地设计产品及其相关的各种过程（包括制造过程和支持过程）的系统性方法。"该方法要求产品开发人员从早期设计阶段就考虑产品整个生命周期内的所有因素（如功能、制造、装配、作业调度、质量、成本、维护与用户需求等）,并强调各部门的协同工作,通过建立各决策者之间的有效的信息交流与通信机制,综合考虑各相关因素的影响,使后续环节中可能出现的问题在设计的早期阶段就被发现,并得到解决,从而使产品在设计阶段便具有良好的可制造性、可装配性、可维护性及回收再生等方面的特性,最大限度地减少设计反复,缩短设计、生产准备和制造时间,如图6-1所示。

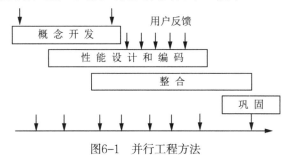

图6-1　并行工程方法

并行工程方法利于缩短开发周期,改进产品质量和降低开发成本;同时,不同专业间的合作与交流,也有利于激发新的创新思想。因此,自20世纪80年代提出以来,欧、美、日等发达国家均给予了高度重视,成立研究中心,实施了一系列以并行工程为核心的政府支持计划。很多大公司,如麦道、波音、西门子、IBM等也开展了并行工程实践,并取得了良好效果。

20世纪90年代以来,并行工程引起了我国学术界的高度重视,成为我国制造业和自动化领域的研究热点,一些研究院所和高等院校均开始进行一些有针对性的研究工作。1995年"并行工程"正式作为关键技术列入863/CIMS（computer integrated manufacturing system,计算机集成制造系统）研究计划,有关工业部门设立小型项目资助并行工程技术的预研工作。国内部分企业也开始运用并行工程的思想和方法来缩短产品开发周期、增强竞争能力。

并行工程的实施,在组织上要求成立一个小组,由来自不同学科和部门的成员组成,形成并行—交叉的组织模式。"并行"侧重指不同阶段、不同环节的工作同时开展,强调同时性;"交叉"指不同环节、不同职能部门的成员间的交流与合作,强调相互融通性。并行—交叉的组织模式应用于管理与过程控制、并行设计及快速制造领域。

（三）网络化组织模式

并行—交叉组织模式对串行组织模式的线性特征做了拓展,有明显的优越性。而随着互联网的发展,技术创新过程的组织在继续演变中显示出了网络化的特征。

任何不同部门、不同环节的人员,都有较高程度的互动,而不像并行—交叉组织模式仅限于前后部门之间;每个小组成员表达自己对技术创新的构想,同时也能及时地掌握全体创新人员的意见,及时得到自己工作的反馈,从而可以以最快的速度和最经济的手段完成技术创新工作。如图6-2所示。

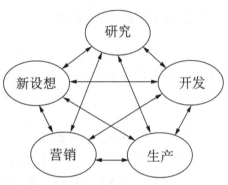

图6-2 技术创新组织的网络模式

当这些互动作用是通过计算机网络形成时,这种网络化模式就有了"虚拟组织"的特征。不同地区、不同部门的有关人员,通过计算机网络进行合作交流,来开展某项技术创新活动。

第二节 技术创新的界面管理

一、界面管理的概念

界面管理一词源于英语"interface management",意为交互作用的管理。在技术科学中,界面的概念由来已久,描述的是各种仪器、设备,尤其是计算机设备各部分之间的接口关系。企业经济学中的界面概念则是用来描述为完成同一任务或解决某一问题,组织单元之间（包括企业之间、企业内部各职能部门之间、各有关团体之间）在信息、物资、财务等要素交流方面的相互作用关系。界面管理的实质是对界面双方实行联结,将重要的界面关系纳入管理状态,以实现控制、协作和沟通,提高企业绩效。

创新型企业的界面管理

界面管理作为一种理论和方法在管理学中的应用,主要是对技术创新活动的组织管理。这是由于与一般经营活动相比,技术创新活动对组织单元之间的交流与合作的要求更高,通过对企业、职能部门或工作团体之间的交流与整合进行管理,来解决因为组织特性不同造成的沟通阻碍。

不论国外和国内企业,技术创新过程中都普遍存在着因不同组织、不同部门之间的沟通协调问题而影响创新效率乃至最终创新失败的现象。美国技术管理专家威廉·苏德和阿诺克·查克拉巴蒂在1978年的调查中发现，当R&D/市场营销存在界面问题时，68%的研发项目在商业上完全失败，21%局部失败。另一份1994年的研究表明，当R&D/生产界面上沟通不畅时，约有40%的研发项目在技术上不能成功，在技术上获得成功的项目中又有60%不能实现经济效益。

在我国，R&D活动与生产、市场化之间的脱节更为严重，成为导致我国科研成果转化率低的主要原因之一。这种脱节也是由企业在R&D、工艺设计、生产制造、市场营销诸环节之间存在较大的沟通障碍，信息流动不畅造成的。

因此，提高企业的界面管理水平，对技术创新的过程和最终成功有直接影响，是一个有重要现实意义的组织管理问题。

二、企业界面管理的层次

企业界面管理从大到小可以分为企业间的界面、职能部门间的界面、职能部门内部的界面层次，分别简称为界面Ⅰ、界面Ⅱ、界面Ⅲ管理，如图6-3所示。

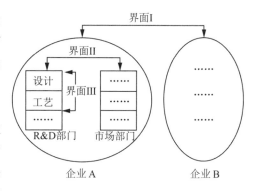

图6-3 界面的三个层次

（一）界面Ⅰ——企业间界面

企业层次上的界面主要是有交易关系的企业之间在宏观层次上的界面问题。该层次的界面管理，主要研究界面的有效性、影响因素及如何解决界面障碍、建立更好的合作关系等问题的措施和组织方法。这一层次的界面典型地体现为用户、制造商、供应商之间的界面，具体表现为制造商/用户界面和制造商/供应商界面两类，多数研究以制造商为主体。

供应商和用户是技术创新项目的重要信息来源。

在制造商/用户界面中，用户对创新过程的作用体现为几个方面：第一，通过与用户的有效联系与沟通，制造企业能保持对用户的吸引力，进而帮助企业保有和扩展自己的市场份额；第二，用户的信息反馈能使企业对现有产品进行有针对性的改进；第三，用户，尤其是领先用户的需求信息，能帮助制造企业开发出有市场竞争力或巨大市场潜力的新产品。在制造商/用户的界面管理中，存在一个重要的概念叫"界面单元"（interface unit），指企业为促进交流而专门设立的组织，如某些制造商设立的用户服务机构，用来处理用户信息或解决用户问题。

关于制造商/供应商界面，史蒂文·施雷德通过对印刷电路板技术信息交流活动的分析发现，制造企业通过交流，可根据自己需要让供应商对所供元器件的技术参数进行修改；而供应商也可通过与制造商的协商提高元器件的可制造性。企业间的交流能同时提高双方的绩效。

（二）界面Ⅱ——职能部门间界面

第二层次的界面管理，着眼于研究企业内部职能部门之间的界面有效性，以及战略、组织结构、技术等影响因素的作用途径等。这类界面主要集中于R&D、生产制造和市场营销等部门之间,包括R&D/生产制造界面、R&D/市场营销界面、生产制造/市场营销界面,多数研究以R&D为主体。

R&D/市场营销界面是受到关注最多的职能部门间的界面。许多基于美国和日本企业的实证研究已证实,新产品开发的成功关键在于有效的R&D/市场营销界面管理。成功的新产品开发需要企业将技术能力与市场需求结合起来,在新产品设计伊始就考虑用户的需要,以增加技术创新的成功率。但由于R&D人员与市场营销人员在时间定位、职业定位、职务定位、对技术水平或赢利性的要求方面都存在着一定的差异,导致了他们彼此对对方所要求的信息与自己所需信息在数量和水平上的差异,相互间的信息交流过程常常发生阻碍。例如,由于技术的复杂性及市场部人员不了解技术知识,来自用户的某些信息在经过市场部时常常被过滤或失真;设计或工程部门缺乏对市场细分的考虑,而过于注重技术细节;等等。彼此间不仅会产生沟通障碍,甚至常常导致冲突。

R&D/市场营销之间的有效整合,对技术创新过程的顺利进行具有重要意义,尤其是前期的规划和设计阶段,有助于降低产品概念的修改和试错成本,缩短开发周期,提高产品质量。前述的并行工程方法在某种意义上就是这个层次的一种界面管理方法。此外,有一类在企业/用户界面具有重要作用的人物是爱德华·罗伯茨所指出的"技术型市场桥梁人物"(technology-based market gatekeeper),他们处于R&D/用户界面,对关键用户现在和未来的需求有深入的了解,因而能为企业的新产品开发和产品创新活动提供重要的关键性用户信息,提高企业的R&D效率。

R&D/生产制造界面是另一类重要的职能间界面。爱德华·罗伯茨1995年的研究发现,日本企业正是因为重视对R&D/生产制造界面的有效管理,才使得其R&D部门比美国和欧洲企业能更好地满足制造部门的需求。这类界面产生的原因包括:R&D活动缺乏对制造可行性的考虑,如对现有制造工艺的限制缺乏了解;两者在企业中的地位差异引起的冲突等。可以通过让制造部门在早期介入研究与开发,并构建有效的交流沟通系统来对这类界面加以管理。

（三）界面Ⅲ——职能部门内部的界面

职能部门内部的界面,主要包括R&D/R&D界面、研究/开发界面、设计/工艺界面几类。该层次的界面研究关注的是同一个职能部门内部不同小组或任务团体之间的界面问题。

不同R&D部门之间的界面,或不同R&D项目之间的界面的问题,主要是R&D内部不同小组或任务团体之间因缺乏沟通或协调,导致不同R&D部门之间或不同R&D项目之间在技术和财务资源的分配上存在冲突,或R&D研究方向与企业总体技术战略不一致,或对技术创新链而言前后环节之间存在不协调。提高R&D部门之间的界面有效性,与前类似,对加快产品开发过程有决定性作用;从创新项目组合的角度,而不是单个R&D项目角度来管理项目界面,站在全局高度合理组合,将提高企业的创新效率和整体竞争力。

研究/开发界面位于R&D内部,也需要有效管理和沟通。研究人员对所研究的项目在开发环节中的应用必须有一定的了解,其研究出来的技术必须有可制造性。例如,公司在开发某些装置和硬件时,要求研究部门至少提出一种可能的制造方案,交由开发和制造工程化部门选择和进一步改进。因此,提高界面有效性的可行措施是使研究与开发环节之间保持密切交流,开发人员可参与研究工作或研究人员参与开发工作,或者设立某种研究人员与开发人员之间的协同机制。

设计/工艺界面对于降低生产成本、解决可制造性问题也有重要影响,设计环节必须考虑现有的工艺流程、设备和工艺能力,否则会增加制造成本、降低生产效率。解决的方案包括:将设计与工艺人员整合在一起,以消除组织界限;对设计人员开展工艺知识培训,以提高交流的有效性;等等。

三、界面管理的基本方法

总的来说,管理各类界面的基本原则都是一样的,即建立联结,或增加双方的互动程度。具体地看,体现在以下3个层面。

（一）组织结构层面

在组织结构方面,缓解界面问题的方式,一是建立中介机制,如设立专职联结部门或指定联结人员,架起界面双方之间的桥梁;二是适度分权,高层管理将权力高度集中,会迫使下级部门之间无法形成有效的协商,而需要寻求高层来解决,因此适度分权可以有效促进部门之间的协商和沟通。

（二）组织方式层面

在组织技术创新活动时,可以适当采用工作轮换制（job rotation）,使员工可以感受不同岗位的工作从而增进对同事的理解,增加双向互动、介入的程度,减少因不理解产生的界面障碍。

（三）组织文化层面

努力营造团结合作的企业文化,推行基于团队的绩效考核机制,鼓励合作,增强凝聚力,同样有利于提高界面交流过程的有效性。

第三节　企业规模与创新绩效的关系

大企业创新能力更强吗?

企业规模是产业组织和市场结构的主要内容之一。从宏观角度来讲,宏观层次上企业规模的合理调整和结构重组,有利于加快企业技术创新的速度,进而提高企业的创新能力和技术水平。

从企业微观角度来讲,企业规模的大小,也会直接影响企业的创新能力。通常,在规模经济显著的情况下,企业规模的扩大有利于技术创新能力的提高,因为规模的扩大可以使企业的成本水平大大下降而收益水平提高,这样就为企业的技术创新积累了一定的动力和实力。

一、企业规模与创新绩效：理论的视角

对于什么样的企业规模更有利于实现技术创新的分析,最早可追溯到熊彼特晚期的著作和制度学派代表人物约翰·肯尼思·加尔布雷斯的著作。熊彼特认为,创新活动难以预知结果,具有极大的风险,但创新活动能够获取垄断利润,正是对创新活动的期望,激励了企业的创新活动。大企业具有承担创新风险的能力,而且具有雄厚的科研开发资金,所以,大

企业更有利于技术创新。同时他还具体指出大企业在创新方面的优势,如可以采取一系列手段(如专利、版权和商标)来阻止竞争者在某种创新方面的领先,可以利用R&D上的声誉吸引人才,可利用其资金优势等。

约翰·肯尼思·加尔布雷斯追随熊彼特,认为有少数大企业所组成的现代工业最有利于激励技术创新。因为大规模企业所得的利润将是研究与开发经费的主要来源,而这一点将导致这些大企业在创新上的卓越地位。

克利斯·弗里曼调查了美国企业的研究开发费用的来源情况,发现在20世纪70年代的美国,雇员人数在万人或万人以上的公司的研发费用占所有公司研发费用的83%,而最大的100家公司的研发费用占所有公司研发费用的79%(雇员人数仅仅占39%)。英国1945—1970年实施的最重要的技术创新项目有1000个,其中约10%为199人以下的小企业,11%为200～999人的中等企业,中小企业合计约占21%,而79%的技术创新项目由1000人以上的大企业完成的。

我们必须注意到,熊彼特的创新模式在1934年及1942年是不同的,理查德·纳尔逊和悉尼·温特将之称为熊彼特Ⅰ型(创造性毁灭模式)和熊彼特Ⅱ型(创造性积累模式)。在熊彼特Ⅰ型中,假设前提为新技术必须淘汰旧技术,对于原有技术垄断者来说,创新的机会成本就是现在的垄断利润,非常高;而竞争性厂商的利润为零,机会成本为零。所以,新技术对于垄断者的价值要比竞争者小。这被称为阿罗替代效应。在阿罗替代效应作用下,垄断者享受着垄断租金,是不会有动机进行创新的。所以此时创新者都是局外人(out-stander)。这种创新模式可由技术机会、独占性条件与产业相关知识积累等来解释。而在熊彼特Ⅱ型中,创新者为已经获得创新成功的企业,后来被人们称为"熊彼特效应"的大多是指这种强调大企业创新价值的创新深化模式。

一般来说,大企业在技术创新方面的优势主要表现在:第一,大企业具有较强的进行技术创新的经济实力。由于大企业规模巨大,具有雄厚的资金实力,能够承担技术发明与创新活动所需要的巨大成本和投资。第二,大企业更有条件减少和分散技术创新活动的风险。技术创新活动特别是那些大型的技术创新活动往往所需费用昂贵且风险较大。小企业势单力薄,通常难以承担创新失败的风险。对于从事多样化经营的大企业而言,其技术创新项目往往涉及多个不同的生产领域,其创新收益和风险可以得到交叉补贴,从而使技术创新的总风险得以分散。这样,大企业在一些大型的技术创新面前表现得更积极。当今社会技术创新的难度越来越大,所需资金也越来越多,相应的企业进行技术创新所需承担的风险也越大。大企业具有较高的收入水平和稳定的发展前景,这有利于吸引高素质的技术创新人才,并且具有专门的科研开发机构,有利于进行高效率的技术创新,能够承担较大的技术创新风险。这就是大企业承担大多数重大技术创新项目的原因。第三,大企业的研究与开发活动易于实现规模经济。在技术创新方面,大企业同时进行几个项目产生的风险组合可能导致更加稳定的创新收益,并且使企业能够进行更具有投机性的研发。研究与开发活动的专业化和分工的效率可以产生规模经济,规模经济使其R&D投入的收益增加,技术创新带来的成本降低和新产品获取的收益要远大于中小企业。第四,大企业也存在进行技术创新的较强动机。实际上,大企业和小企业一样具有较强的技术创新动机,这除了以上分析中提到的大企业所受到的外在竞争压力之外,大企业内在的一些因素也有利于促使其进行技术创新。

由于大企业生产的产品数量较大，通过技术创新降低单位产品成本可以得到比小企业更大幅度的利润增加，这就使大企业比小企业更具强烈的动机去从事这类以降低成本为目标的创新活动。大企业在销售上的有利条件，通常会使它们能够更迅速地用新产品打入和占领市场，从而迅速增加开发新产品的营利性。这也使大企业产生较强的从事技术创新的动机。

即使在一些规模效益明显的产业中，企业规模所带给大企业的也不绝对都是促进作用。大企业同样因规模问题而存在着一定的技术创新障碍。大企业在技术创新方面的劣势可以总结为：第一，大企业的官僚体制不利于技术创新的风险投入，决策层更趋于保守，企业家精神弱化；第二，大企业的科层制度和R&D成果的产权制度会抑制研究人员的创新积极性；第三，大企业创新的转换成本较大，相应的创新风险较大，企业创新的积极性不高；第四，大企业繁杂的组织导致了组织的僵化和决策的耗时性等管理问题，R&D的灵活性因此而受到限制，不能灵活应对市场变化；第五，在新兴产业中，由于技术和市场的变化很快，大企业的市场反应迟钝，转换成本较大，创新风险也很大。

如果在规模经济不显著的情况下，企业规模与企业技术创新能力之间的关系就较为复杂。单个企业的规模的扩大，往往只是意味着其市场垄断地位的提高和市场竞争程度的降低，企业可以取得较高的垄断收益。在这种情况下，企业虽拥有技术创新的经济实力，但因为竞争的推动力的不足而缺乏相应的技术创新动力。与之相反，一些中小企业却因为竞争压力的加大，为了在竞争中生存与发展，而选择新产品开发和新技术运用的创新路径，来赢得一定的竞争实力。可以说，在这种情况下，小规模企业的技术创新能力和创新竞争意愿反而会高于大企业。基斯·帕维特等人研究了1945—1985年英国制造业中的4000多项技术创新，这些创新是作为重大创新而被专家们从各个技术领域中挑选出来的。其研究结果表明，尽管中小企业（雇员不超过1000人）仅占有3.3%的正式研发费用，但它们的创新占了20世纪70年代所有重大创新的33.3%。乔尔·盖尔曼1976年对1969年后进入市场的635项技术创新的研究表明，小企业产生的创新项目是大企业的创新项目的2.5倍，而且小企业将创新引入市场的速度也比大企业快27%。

二、企业规模与创新绩效：实证的视角

在熊比特之后，对企业规模、市场结构与技术创新关系的研究大体上可以分为两大类：一类是支持熊比特假说，认为企业规模、市场集中与技术创新之间存在正相关性；另一类是否定熊比特假说，认为企业规模、市场集中与技术创新之间存在负相关性或不存在相关性。而从实证研究的结果来看，已有研究对于企业规模与创新绩效关系的结论可以分为以下四种情况。

第一种结论是大规模企业创新效率更高。如熊彼特认为只有大的厂商才有能力负担研发项目的费用。罗伊·罗斯维尔和马克·道奇逊1994年对英国1945—1983年的创新份额调查的结果证实，雇员超过1000人的大公司的创新项目总数占所有公司创新项目的2/3。克利斯·弗里曼1997年也证实，占有研发经费80%的项目大都发生在企业雇员超过5000名的大企业中。

第二种结论是小企业的创新效率会优于大企业，如伊丽莎白·朱克斯1985年的结论表明，20世纪70项主要发明大多是在大公司研究开发部门之外，由大学、个人发明家和小公司等完成的。克利斯·弗里曼在1967年和1997年分别指出，伊丽莎白·朱克斯的结论在1930

年以前是成立的,但在1930年以后,公司研究开发的发明则占了优势。罗伯特·沃森在1999年指出,产业集中度在对R&D投入的影响作用上,小企业所受影响更明显,因为在集中度较高的产业中,大企业比小企业面临的竞争压力更小一点,这样小企业技术创新密度和创新效率比大企业更高一点。

第三种结论是创新效率与企业规模并非线性关系。莫顿·卡梅恩和南希·施沃兹1975年发现创新强度和企业规模之间是非线性的U形关系。弗雷德里克·谢勒尔证明在销售额介于2亿~6亿美元时,研究强度开始下降。戴维·奥德瑞兹用具有广泛代表性的企业数据证明,企业规模与创新活动呈U形关系。韦斯利·科恩在1995年与乔治·塞蒙获斯在1996年研究的结论是,在某一临界值之上,R&D费用上升似乎与公司规模成正比。罗克·苏特、克里斯汀·邦德等都支持这一结论。

第四种结论是企业规模与创新效率之间的关系并无明显相关性。丹尼尔·哈伯格在1964年和弗雷德里克·谢勒尔在1956年对大公司调查的研究表明,无论是以雇员、销售额或以资产来衡量公司规模,与研究强度之间的关系都不密切。始于20世纪70年代由英国萨塞克斯大学SPRU(science policy research unit,科学政策研究所)实施的萨福(scientific activity predictor from patterns with heuristic origins,SAPPHO)项目在企业创新成功与失败的配对研究中试图找出关于技术创新的总结性规律,但并未发现有关企业规模和创新的必然联系。戴维·杰夫森等运用中国1997—1999年5451个大中型制造企业面板数据,以R&D投入强度为被解释变量,以企业规模(用销售收入表示)和厂商市场集中度等为解释变量进行研究。在控制了产业效应后,研究表明,企业规模和市场集中度对R&D投入均没有显著影响。亚历山大·詹斯等2003年对德国和瑞典两国创新的规模效应研究显示,瑞典企业没有明显的规模效应,而在德国,小企业实现了更高的创新产出。

企业规模与技术创新关系的经验研究之所以会出现非常矛盾的结论,戴维·奥德瑞兹在1991年提出两个方面的主要原因:一是测度技术创新的指标不同。有些是用创新过程的投入指标如R&D支出,有些是用专利发明的数量,它们代表创新过程的不同方面,产生不同结论不足为奇。二是选择企业数据库时往往存在一定的偏差,如弗雷德里克·谢勒尔研究中得出结论,企业规模与R&D关系支持熊彼特假设,但其增长速度呈递减趋势。罗克·苏特1979年发现研发支出增长比例快于企业规模,这些结论都颇具影响力。但值得注意的是,他们选择的企业范围几乎全都是大型企业,弗雷德里克·谢勒尔1982年选择的是美国《财富》杂志500强企业,罗克·苏特1979年选择的是《商业周刊》评出研发密集程度最高的一些企业。在这样的数据范围下,其结论可能也会存在一些偏差。克里斯汀·邦德等人1984年调研的企业数据范围较广,他们发现对于小企业,R&D增长比例高于企业规模,而对于较大的一些企业,企业规模与创新几乎呈线性关系。戴维·奥德瑞兹1991年也在较为广泛的选择范围里选取了存在创新的企业,但结论也不相同,他发现多数产业呈递减的规模报酬,但这种关系对技术环境特别敏感,在技术含量较低的产业中,有时会出现递增报酬的情况。

第七章

技术创新的金融支持

资金困难是制约技术创新的重要因素,而资金困难的重要原因是技术创新过程中存在风险。本章主要讨论技术创新的风险和与技术创新相适应的融资方式,如信贷与担保、风险投资等。

第一节　技术创新的风险及不确定性

对风险概念的界定有损害可能说、损害不确定说、风险因素结合说、预期与实际结果变动说、风险主观说与风险客观说等多种观点。由于对风险有不尽相同的定义,因而对技术创新风险的解释也有多种。美国明尼苏达大学的里昂·艾荣认为技术创新中的风险即为"项目的失败概念"。这一定义显然来自"损害可能说",赞同此观点的学者还有富兰克林·艾伦、唐纳德·马奎斯、罗伊·罗斯维尔等,这种定义目前为较多的学者所接受,因而致使当前国外学者关于技术创新风险的研究主要集中在项目成败的概率及其影响因素上。对于技术创新的风险还有另外几种解释,如意大利风险专家奥特威将技术创新的风险定义为"技术灾难",美国的威廉·阿伯纳西则认为,技术创新风险是由于信息不足而导致项目行动的种种失败。

技术创新风险的可能性大小取决于操作者对信息掌握完整性及对其掌握的信息的运用能力。然而,即使两个失败概率接近的项目,就能肯定地说它们面临的风险也一样吗?显然还不能,因为风险还取决于各自将遭受的损害程度的大小,即后果。因而,将这些方面综合起来考虑才能得到技术创新风险完整的定义:技术创新风险是指存在于技术创新过程中,由于信息不足或信息使用不当造成的某种损失的可能性。

1994年德国的格哈德·谢威曾对各国学者20多年来关于技术创新、R&D、新产品开发的成败因素判别研究做过归纳,把这些学者曾提出过的重点成败因素从纵向上归纳为三类,即研究与开发相关因素、生产相关因素、市场相关因素;从横向上则按评价设计者的指标是偏重于项目(称为"更多的项目水平"),还是偏重于企业(称为"更多的企业水平")而进行分类。如表7-1所示。

格哈德·谢威的技术创新风险因素分析表明,创新者只有跨越技术,生产及市场的风险,才能够跨越壁垒,获得市场上的成功。

表7-1 技术创新风险因素

纵向因素	横向因素	
	更多的项目水平	更多的企业水平
研究与开发相关因素	技术复杂性 技术能力	技术经验 技术竞争
生产相关因素	技术问题 标准化问题	生产能力 资本实力
市场相关因素	了解消费者的需求 新产品在用户眼中的相对优势 新产品价格	市场知识 生产商知名度 营销能力

另外，罗伊·罗斯维尔提出了122因素体系，阿尔伯特·鲁本斯坦建立了103因素体系，罗伯特·库珀也提出了77因素体系。国内也有一部分学者，根据我国的实际情况建立了技术创新风险因素体系。

技术创新的风险主要是源于其不确定性。经济学一开始并不承认不确定性的存在，认为经济活动中的变量可通过各种模型完美确定。逐渐人们发现这种完美仅存在于理论中，现实中存在着的大量不确定性因素经常导致经济政策的效果难以预测，也导致经济运行中的高风险的存在。而这种不确定性在技术创新中达到了极致，进而产生了极高的风险。技术创新过程中的不确定性，首先是由肯尼斯·J.阿罗于1962年提出的。不确定性存在于技术创新过程的每一项决策中，因而在技术创新过程的各个环节都存在风险。

一、技术风险

技术风险源于研究与开发活动的不确定性。这种风险的初始值最大，随着技术创新各阶段的依次顺利发展而逐渐减少。除了少数突破性的技术创新，大多数技术创新是从应用研究或开发研究开始的，这时研究工作是否能够得到满意的结果及这些结果能否带来经济利益也已经可以看得稍微清楚一些了，但风险还是很大的。在随后的工程设计、生产组织和经营销售阶段，技术问题逐步被解决，技术上的风险也越来越小，达到一个技术创新周期的最低点。

在技术发展方向、速度及其所能达到的最终结构方面也存在不确定性。不能确定在所进行的诸多研究开发领域中，新的技术突破将在哪一个方向以何种速度开始，不能确定这种技术突破对现有技术结构会产生何种影响及后果。这种风险的根源来自新技术在创新之初的极端不完善性，对于在现有技术知识条件下能否很快使其完善起来，向哪个方向发展，以及在多长时间内能够取得成功，发明者和进行技术创新的企业家都没有确切的把握。这种不确定性也会影响创新企业所选择的技术方向能否代表该技术发展的主流方向，以及创新企业在创新产品构成的市场上能否站稳脚跟并有所发展。

二、市场风险

任何技术创新的最终成果都必须接受市场的检验，技术创新必须恰如其分地描述并反映市场需求，因此市场方面的不确定性对于技术创新过程具有决定性的意义。它表明，任何新技术诞生之初，由于市场上缺乏有关该技术的供求信息，企业必须在教育消费者、培训员工等方面花费巨资。即使如此，发明者和技术创新企业对产品能否为市场所接受也没有把握，对于创新产品对现有市场结构和经济发展的影响难以确定。创新产品的市场前景因而是不确定的。如何用技术语言来表达市场需要的特征，能否设计并制造出可以满足市场需要和设计目标要求的产品和工艺，这都是创新企业所面临的现实问题。因此，对于创新企业来说，很难准确地预测未来何种技术将会以何种产量和价格被购买以获利。

三、财务风险

财务风险随着技术创新过程中累计投资金的不断增加而增大。虽然在同一过程中技术风险是逐渐减少的，但在技术创新还没能获得经济效益之前，对于投资者来说（不管是企业自己、金融机构，还是政府部门），已投入的资金始终存在一定风险。只有当技术创新不仅在技术上、工程上、生产上，而且在市场上取得成功后，随着利润的增加和资金的不断回收，投资风险才会逐渐减少。

技术创新利润的非独占性是肯尼斯·J.阿罗提出的技术创新过程所具有的一个分析性特征。创新企业不能够独占技术创新的全部收益，这应该是个确定性问题。但是，在创新过程开始以前的决策中，创新企业一般有意或无意地假定它们能占有全部或绝大部分的创新利润。然而，事实并非如此。一旦创新企业获得技术创新成功，其他企业就会千方百计获取有关创新技术的信息资料并用于生产。很显然，创新技术具有一部分公共品的性质，也就存在着溢出效应。至于有多大比例的收益会溢出取决于市场条件，如企业在市场上的地位、创新技术本身的技术难度及竞争对手的实力。

四、环境风险

任何创新都存在于一定的政府政策和社会习惯所构成的制度环境之中并受其影响。由于制度环境取决于政府和公众的偏好，而很少取决于企业本身，故也就产生了制度环境方面的不确定性。如当人们认识到冰箱的制冷剂氟利昂具有巨大的危害性后，冰箱企业的技术创新方向和速度就会受到巨大影响。

技术创新的不确定性使整个活动过程充满了风险，高风险和高收益成为技术创新活动最主要的特征之一，深入分析研究技术创新风险的发生、发展规律，有助于探索技术创新过程对资金需求的特点。

第二节　信贷与担保

一、信贷

■知识产权质押融资

信贷体现了一定经济关系的不同所有者之间的借贷行为，是以偿还为条件的价值运动特殊形式，是债权人贷出货币，债务人按期偿还并支付一定利息的信用活动。信贷有广义和狭义之分。广义的信贷是指以银行为中介、以存贷为主体的信用活动的总称，包括存款、贷款和结算等业务。狭义的信贷通常指银行的授信业务。

信贷包含着信用与贷款两个不同的概念,贷款是借款的意思,"信用"可以从法律道德与经济学两个层面来阐述。经济学意义上的信用是指授信人信任受信人偿还的承诺,受信人(借款人)信用(credit)在经济学上的含义是指建立在授信人对受信人偿付承诺信任的基础上,使借款人无须支付现金就可以获取商品、资金和服务的能力。文中使用的"信用"概念是经济学意义的信用。

二、担保

担保是指在借贷交易中,为了减少贷款人面临的违约风险,借款人或者是引入的第三方提供还款保证或承担责任的行为。当担保协议签订后,如果借款人出现违约的现象,贷款资金可以按照担保协议的规定来确保债权的实现。根据我国的相关法律法规,我国主要有抵押、质押、留置、保证、定金五种担保方式,信贷担保主要使用抵押、质押、保证三种担保模式。

抵押担保是指借款人或第三方担保人提供一定价值财产为抵押物,若借款人违约,贷款人可以将抵押物变卖优先偿还债务。质押担保包括动产和权利质押。动产质押是将借款人或第三方的动产的控制权交给贷款人占有作为担保,发生违约时贷款人可将动产变卖拥有优先偿还权。权利质押相类似,将权利凭证移交贷款人,违约一样可以变卖进行偿还。保证担保又叫作信贷担保,它是指引入第三方保证人和贷款人约定,借款人违约时保证人(也称为担保人)承诺代偿或者是承担相关责任的行为。合约中的保证人为企业或个人等其他经济组织。

三、信贷担保

创新企业信贷担保的内涵与其他企业涉及的信贷担保概念是相通的。要对信贷担保的内涵有深入全面的认识,关键就是要从本质上认识信用和担保这两个概念。首先,作为解决创新企业贷款融资难的第三方信用工具——信贷担保,信用的本质是建立在银行与企业、企业与企业之间的借贷关系之上的,一方(债权人)选择供应货币、商品、服务或有价证券,而另一方(债务人)则承诺将来某个时间偿还的交易行为。本书关于信用问题的关注主要集中在如何解决以"借贷"为中心的信用活动的风险问题上。其次,担保也是信用范畴里的一个行为,它具体指在经济金融活动中,债权人为了减少资金损失,降低违约风险,要求债务人或第三人提供履约保证或承担责任的行为。在信贷担保过程中,债权人与债务人及其他第三人需要签订担保协议,一旦债务人因为各种原因而违约时,债权人可以通过执行担保来避免资金损失,保障债权的安全。创新企业信贷担保的内涵具有信贷担保的共性,同时由于创新企业自身的经营特点,也使其信贷担保具有一定的特性。本书介绍的创新企业信贷担保是指创新型企业根据合同约定,在向金融机构融通资金的过程中,由依法设立的担保机构以保证的方式为债务人提供担保,在债务人不能依约履行债务时,由担保机构承担合同约定的偿还责任,从而保障金融机构债权实现的一种金融支持手段。

信贷担保机构是信贷担保行为的具体承担者。信贷担保机构从性质上可分为商业性担保和政策性担保两种类型,其中商业性担保是以盈利为目的的,而政策性担保主要是为了执行政府政策和扶持弱势群体。它们虽然性质不同,但是通过明确分工可以开展多种多样的担保业务。信贷担保机构选择创新企业作为担保对象时也会有比较明确的要求,主要是针对那些抵押资源不足、但是发展前景较为广阔的企业，可以产生外部正效应的企业，出现暂时性资金流转困难但运作正常的企业，以及刚刚起步的创新型企业。信贷担保机构为这些企业提供信贷担保能够优化信用资源的配置。世界各国的信贷担保实践也表明，信贷担保机构可以成为连接金融部门和创新企业的纽带，在为创新企业创造信用和提供融资便利、分散金融机构信贷风险、促进金融资源配置等方面发挥重要作用。

四、信贷担保的性质及功能

（一）信贷担保的性质

创新企业信贷担保的性质如何认定，直接影响到创新企业信贷担保业务活动展开与监管归属，关系到信贷担保机构是否属于金融机构，以及其业务活动在性质上是否为金融业务等。在创新企业、金融机构创新企业信贷担保机构共同参与的融资活动中，涉及创新企业与金融机构的融资合同关系、创新企业与创新企业信贷担保机构的中介服务合同关系，以及创新企业信贷担保机构与金融机构的担保合同关系。信贷担保就是创新企业信贷担保机构将自身的信用提供给创新企业，创新企业信贷担保机构为创新企业"创造"了信用。

创新企业信贷担保的主要功能是为创新企业的信用提供担保或者对创新企业的信用进行升级，因此可以很大程度上优化创新企业的贷款条件，提高其贷款的可获得性。

（二）信贷担保的功能

信贷担保的基本功能具体可以体现为以下几个方面。

首先是节约成本的功能。信贷担保具有降低金融交易中的交易费用特别是内生交易费用的功能。信贷担保机构是为促进不同经济主体之间的金融交易行为而产生的，专业化是信贷担保机构的重要特征。专业化的中介机构能够有效地搜集和处理交易对象的信息，合理地运用信贷担保的专业人才，并在信贷担保的培训和研究开发等方面获得明显的规模经济优势。

其次是金融的资源配置功能。金融制度的资源配置功能集中体现着金融制度的总体功能，反映了资源配置的效率状况。金融资源的优化配置要依靠健全的金融制度，信贷担保机制正是这样一种金融制度安排，它可以引导金融资源的合理配置，通过搜寻担保对象并向其提供信贷担保，以此来大大节约金融资源与服务对象匹配的成本。担保机构通过专业化的信息搜集与处理，利用信贷担保的方式建立信用链条，使金融交易的渠道畅通，从而促进社会经济绩效的提高。

最后是金融稳定功能。信贷担保机构在金融交易中其实扮演了风险承担者的角色，它必须有效克服和削弱担保机构本身可能存在对金融交易造成的不稳定影响，才能发挥它的上述功能。创新企业信贷担保的主要功能如图7-1所示。

由图7-1可知，某创新企业由于信用水平较低，其贷款的风险V_b已经大于银行的信贷风险控制标准V_c，这时创新企业根本无法获得贷款。此时，若得到信贷担保机构的担保支持，其信用水平就会提高，信贷风

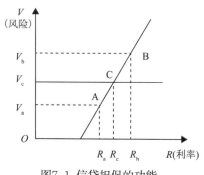

图7-1 信贷担保的功能

险也会从V_b降到V_a水平,可以将信贷风险降低到银行能够接受的范围以内,提高了获得银行贷款的可能性。另外,随着创新企业信用水平的提高,其贷款利率也将随风险的下降而降低。因此,信贷担保不仅提升了企业的信用评级,改善了创新企业贷款的可得性,而且在担保机构的帮助下,金融机构向该企业收取的担保费率也低于R_c,这从一定程度上降低了创新企业的贷款成本,改善了创新企业的贷款条件。

第三节　风险投资

与信贷担保相比,风险投资是一种短期的股权投资,在全球的影响更大。英国前首相撒切尔夫人曾说过:英国与美国相比,并不是落后在高新技术方面,而是落后在风险投资上。中国自20世纪80年代就引进了风险投资机制,但令人遗憾的是,风险投资在我国经济的发展中并没有发挥着我们所期望的作用,究其原因既有宏观方面的,也有微观方面的。风险投资不仅是一种制度,还是一个体系。风险投资是促进技术创新的有效途径。

一、风险投资的概念及其特征

（一）　风险投资的概念

风险投资（venture capital）也称创业投资,是指由职业金融家将风险资本投向新兴的迅速成长的有巨大竞争潜力的未上市公司（主要是高科技公司）,在承担很大风险的基础上为融资人提供长期股权资本和增值服务,培育企业快速成长,数年后通过上市、并购或其他股权转让方式撤出投资并取得高额投资回报的一种投资方式。

（二）　风险投资的特征

风险投资不同于其他投资,它具有几个比较鲜明的特点。

1.无担保、高风险性

当一项技术进入产业化初期,首先需要解决的就是资金问题。常规解决资金的途径只有自筹或银行贷款。但这一阶段企业除了技术以外,一无所有,不具备贷款的资格。因而最有可能的途径只能是引进风险投资。由于此时进行投资既无抵押也无担保,因而说风险投资是一种高风险的投资,有人说在美国硅谷你如果有一个很好的创意,只要你大声一呼,马上就有风险投资家来跟你谈投资合作。这样说虽然有点夸张,但它一语道破了风险投资的特性,加深了人们对风险投资特性的理解。

2.高技术、高收益性

风险投资被人们称为高技术转化的"驱动器"和"孵化器"。无论在国内还是国外,风险投资的投向都是高新技术产业。因为高新技术的转化需要风险资本,同时高新技术一旦成功,可以带来高额收益。风险投资之所以要支持高新技术的发展,在于资本的逐利的本质,而且是唯大利是图。新技术产品可以带来垄断利润,而高技术产品可以极快地占领市场。美国的硅谷每天要产生上百个高新技术企业,每天有10多家企业上市,一天可以创造60多个百万富翁。

3.高附加、高参与性

风险投资家不仅仅提供资金,同时还提供附加服务,包括管理咨询、寻求新的合作伙伴、业务拓展等。一旦签订投资协议,风险投资家就会直接或间接参与融资企业的管理,在融资企业的董事会中担任要职,虽然不直接参与企业的日常工作,但在一些重大决策中起决定作用。风险投资公司和风险企业的关系就像是婚姻,利益共享,风险共担。

4.区域性、时限性

风险投资具有很强的区域性,异地投资不利于管理,风险增大。在美国,风险投资主要都集中在硅谷,其次是波士顿。因为那里有技术和人才。在中国,目前风险投资主要集中在北京的中关村和深圳。但风险投资的发展,也逐渐开始呈现全球化的趋势。美国的风险投资开始投向中国、印度和新加坡等国家转移。这种转移也是有很强的相对区域性的。能吸引风险投资的主要因素是先进的技术与人才、良好的经济环境和较高的收益。风险投资一般有很强的时间限制,一般投资期限在3～5年,到期风险投资资金就会想办法退出。退出的资金一般会还给投资者或者由投资者进行新项目的投资,以期利润最大化。

风险投资是金融业的一种变革和创新,它实质上是一种高科技与金融相结合,将资本投入风险极大的高新技术开发生产中,使科技成果迅速转化为商品的新型投资机制,是技术创新过程中的一个资金有效使用的支持系统。

作为一种高技术与金融相结合的投资的机制,风险投资是以冒高风险为代价来追求高收益为特征的资本投资形式,它与以传统产业为投资对象的一般金融投资相比有许多差别,如表7-2所示。

表7-2　风险投资与一般金融投资的区别

对比因数	风险投资	一般金融投资
投资对象	非上市的高新技术中小企业	主要是大中企业
投资方式	股权式投资,关心的是企业的发展前景	主要是贷款方式,关心的是安全性
投资回收	风险共担、利润共享,进入市场后,可转让股权,收回投资,再投向新企业	到期限收回本息
投资审查	以技术实现的可能性为审查重点,技术创新与市场前景是关键	以财务分析与物质保证为审查重点,有无偿还能力是关键
投资管理	参与企业的管理与决策,是合作开发的关系	对企业经营管理有参考咨询的作用,不介入决策系统,是借贷关系
投资风险	高风险,高收益	低风险
人员素质	需懂得技术、经营、管理、金融、市场,能预测、处理风险	懂财务管理,不要求有管理、技术能力,可行性研究水平低

二、风险投资三位一体的运作方式

无论是哪个阶段的风险投资,一般都含有三方当事人,分别是投资者、风险投资公司和风险企业。资金从投资者流向风险投资公司,经过风险投资公司的筛选决策,再流向风险企业,通过风险企业的运作,资本得到增值,再回流至风险投资公司,风险投资公司再将收益回馈给投资者,构成一个周而复始的资金循环,形成风险投资的周转。

（一）投资者——资金的供给者

1. 风险投资资金的来源

早期风险投资者的资金主要来源于富裕的家庭和个人。除了满足消费外,他们还有大量的资金放在手上急需寻找一种渠道使资金增值。他们或购买上市发行的股票、债券,或自己直接办企业。但相比风险投资而言,这两种方式收益都很低。为此他们把一部分钱投向风险投资,随着风险投资的发展,政府给予了种种政策的支持,吸引了许多机构投资者,包括企业、保险公司、外国资本、捐赠资金、养老金、抚恤金、退休金等。

2. 个人投资者投资的动机

这些投资者之所以把资金交给风险投资公司去运作,而不是自己去运作,一般是出于以下几个原因的考虑。

（1）知识的限制和分工的要求

我们知道,现代社会分工越来越细,知识呈几何级数增长。每个人能把自己当前做的事做好就已很不容易。而风险企业所在领域可能是投资者陌生的领域,没有专业知识就更难把握其前景。将资金交给一个专门运营风险投资资金的公司,既是无奈的选择——因为投资者没有条件去逐一评估和筛选,也是经济的选择——因为这样做更有效率。

（2）精力的限制和闲暇的需求

每一个人的精力、时间毕竟都是有限的,与其将精力放在几件事上将每件都做不好,不如集中精力于一两件事上。现代社会财富有了极大的增长,生存的需要已很容易满足,人类越来越追求工作以外的其他东西,对闲暇的需求日增。因此,投资者更愿意让专业风险投资公司来运作资金,让自己从烦冗的事务中解脱出来。

（3）资金规模的限制和风险分散的需求

人们将资金投入风险投资公司是为了更高的收益,但也必须承担极大的风险。分散资金于不同项目,应该是一种两全选择,但单个资本量有限,分散投资可能达不到资金的门槛（别说分散经营,在现代化大生产条件下,集中投资于一个项目都很可能达不到门槛）,就必须将单个的资金集中到风险投资公司,再由后者投资。同时,投资者将资金投入风险投资公司还可能考虑避税的问题:人们持有风险投资公司的股票（或债券）,等于收入又多了一个环节,便有了更多调节收入实现方式的选择。特别是世界各国普遍实行递增税率所得税制,且在资本收益与红利收益税率相差较大情况下,多一个投资环节在某种程度上能够规避部分税收支出。

3. 机构投资者投资的动机

同样,机构投资者通过风险投资公司间接投放资金于风险企业,也出于类似的原因的考量。

（1）知识限制

一家服装厂对服装生产非常了解,而对电脑芯片可能就是丈二和尚摸不着头脑。将资金交给专门公司运作,既可保持主业的竞争优势,又可分享他业的成果。

（2）政策限制

以养老金为例,由于其性质特殊,各国政策对其使用均有严格限制,如不得以股票形式投资、投资额不得超过被投资项目总资本的某一比例。这些政策性的因素决定或限制了机构的投资方向、投资金额，而通过风险投资企业，则可以绕过许多限制。比如投资于一个回收期10年的项目，而养老金对流动性的要求假设只能是5年，则风险投资公司就可通过内部融资安排，既投资于这个项目，又使养老金可在政策范围内增值。在许多国家，包括我国，都禁止银行直接拥有、控制、经营企业，这些机构的资金只有通过风险投资公司才能达到投资于风险企业的目的。

（3）分散风险的考虑

原因基本同个人投资的分散原则一致。

（二）风险投资公司——资金的运作者

风险投资公司——资金的运作者是风险投资流程的中心环节，其工作职能是辨认、发现机会，筛选投资项目，决定投资，退出。资金经由风险投资公司的筛选，流向风险企业，取得收益后，再经风险投资公司回流至投资者。一家风险投资公司每天都会接到许多申请，这其中会有像英特尔、康柏这样的"黄金牛"，也会有大量的糟糕项目和陷阱。风险投资公司的任务就是区分这些项目，根据目前自己的现状和投资重点，决定向哪些企业投资。然而，这只是第一步，接下来的便是谈判。谈判的主要条款一般是投资金额、期限、权益安排，以及退出机制等。这个过程并不轻松。每一方都在为自己争取更多利益，同时也为尽量保全这笔交易，做出一些让步，也即我们常说的"双赢"。一个双方都满意、双方积极性都能得到最大程度调动的交易将是最好的交易。交易双方以后还要长期合作。如果双方意见最终达成一致，就可签订协议。风险投资公司向风险企业投入资金，并且通过派人参加风险企业董事会，进行战略规划，提供管理咨询，必要时以接管风险企业经营权利等方式保证其利益的实现。

当然，由于风险企业一般是新兴企业，他们普遍缺乏管理经验和营销知识，风险投资家的帮助对风险企业的管理是有很大益处的。一些风险企业的企业家往往担心风险投资家会过多地干预其企业管理，而将其架空，其实这种担心是多余的。风险投资家的本职是寻找、投资于更多利好项目。他们的本职是金融，他们既无精力亦无兴趣去过分干预管理。在风险投资较为发达的美国和欧洲，风险投资公司的组织形式一般为公司制和合伙制，其中合伙制更为流行。这种合伙制与我国法律规定的"合伙制"略有不同。它包括负有限责任的股东，即有限合伙人，以及负无限责任的股东，即普通合伙人。有限合伙人一般提供占公司资本额99%的资金，但一般只分得75%～85%的资本利润，同时其责任也仅以其在公司中的出资额为限。如果风险投资公司资不抵债，他们不会承担无限责任和个人责任。普通合伙人一般提供1%的资本，在税后利润中分成15%～25%，他们主要负责管理公司（如果亲自运作，他们还可得到2%～3%的佣金）。如果风险投资公司资不抵债，他们不仅要承担亏损，还要负无限责任和个人责任。公司制的风险投资则是各方都只承担有限责任。合伙制之所以较多，是由风险投资的性质决定的。合伙制把风险投资家个人利益与公司利益结合起来，这对风险投资公司的管理者既是约束亦是鼓励。管理者在运作风险投资时有极大权力，稍有技术上或道德上的缺陷，就会极大地损害投资人利益。像律师事务所、会计师事务所、信托基金等一般均采用合伙制。

许多情况下，投资者与风险投资机构合二为一，也即投资者不经中间环节，直接将资金投放于风险企业。

在实施风险投资的整个过程中,风险投资家并不满足于扮演消极的投资人角色。更为重要的是,他们通过对所投资企业运作过程的积极参与,为其未来的成功注入了增值活力。在1997年举行的一次产业发展研讨会上,美国加利福尼亚州资深风险投资家布兰特·瑞尔关于"风险投资家是否能在风险投资过程中发挥积极作用"的论题引起了与会者广泛而热烈的讨论。他的立场十分明确而又坚定:"风险投资家是否具备增值潜力是风险企业成败的关键所在。"我们通过详细地了解风险资本的投资过程来深入研究这个课题后发现,当资金的供给者和使用者结成合伙关系并进行富有成效的合作时,风险资本运作的效果就达到了其最理想的状态。

（三）风险企业——资金的使用者

正如我们前面谈到的那样,一个好的风险企业是完成风险投资流的关键。如果说风险投资家的职能是价值发现的话,风险企业的职能则是价值创造。风险企业家是一个新技术、新发明、新思路的发明者或拥有者。他在其发明、创新进行到一定程度时,由于缺乏后继资金而寻求风险投资家的帮助。除了缺乏资金外,他们往往缺乏管理的经验和技能。这也是需要风险投资家提供帮助的。风险投资家应当也有权利对风险企业进行鉴定、评估,并决定是否提供及如何提供资金,这是风险投资成功的重要环节。但同时,风险企业家也应当并且有权对提供资金者进行考察,这是成功的另一个重要环节。

风险企业家不仅是在"卖股份"（sell shares）,而且是在"买资金"（buy capital）。风险企业家要和投资者在一起度过各种艰难时刻。风险投资者的知识水平、资金状况、经营风格、人格、做事风格直接决定着双方以后如何合作,决定着在困难情况下,如何共克难关。

许多新兴企业,尤其是高科技企业的企业家都是工程师或科学家出身。由于其专业背景和工作经历,他们往往对高、精、尖技术十分感兴趣,而对这些技术是否适用,是否有市场需求关注不够,知之甚少。然而,创业者必须懂得,对风险投资家不断地讲述你的技术如何先进,竞争对手如何无法超越,是远远不够的。风险投资家关注的是你的技术的盈利能力。换言之,你的技术必须是能为市场所需要的。风险投资家是商人,是金融家。他们向你投资不是因为你的产品多么先进,而是因为你的企业能盈利。技术的先进性当然是重要的,但只有你能向风险投资家说明你的技术有极大的市场或极大的市场潜力时他才会投资。在你申请资金的报告中,在描述你的创意时不要用太多的技术术语,这会使风险投资家觉得你的技术不实用、不现实。而要把它写得令门外汉也能看懂。这样你的申请就成功了一大半。同样,当你的创意变成产品,你向顾客推销你的产品时,你也不应总在强调你的产品如何先进,而要讲你的产品如何满足顾客的需要。当你忘了自己的需要,时刻想着顾客的需要,那么你的产品必定大有市场,你的需求也就逐渐被实现了。

风险投资的
退出方式

三、风险投资的退出

（一）风险投资的收益

风险投资公司敢冒风险大胆投资,就是为了获得高额回报。风险投资公司普通合伙人要在合伙契约中承诺在一定时间以一定的方式结束对风险企业的投资与管理,收回现金或有流动性的证券,给有限合伙人即投资者带来丰厚的利润。因此,风险投资家必须构思一个清晰的退出路线,以使资金安全地撤出,完成整个风险投资预期计划。风险投资的成功与否最后落实在退出的成功与否。

但风险投资是一个冒险的行业,实际上,像苹果公司的风险投资机构那样成功地退出,在风险投资基金的全部投资项目中所占比例并不高。20世纪80年代最热门的风险投资基金—— S. 罗森管理公司到1998年初,共投资了36个公司,有8个成功上市,有8个已经破产,另外20个仍在生存线上挣扎。S. 罗森投资的那些成功的公司包括著名的莲花、康柏和硅图公司;失败的公司包括奥斯伯、桑尼斯和恩麦斯计算机公司。这正是风险投资所谓的2—6—2法则的例证。

一般认为,风险投资的收益要通过风险投资组合的整体收益来计算。风险投资基金成功的风险投资组合是成功、普通与失败三部分企业的比例为2∶6∶2。一项关于美国13个风险投资基金的分析研究指出,风险投资总收益的50%来自6.8%的投资,总收益的75%来自15.7%的投资。也就是说,不到1/4的投资支持了整个风险投资的收益。风险投资激动人心之处也在于它能带来高于普通证券投资或其他投资的收益,当然,这些回报的获得要依靠风险投资家对退出方案的周密安排。

（二）风险投资的退出方式

风险投资有三种退出方式。

1.IPO——首次公开发行

首次公开发行（initial public offering, IPO）一家公司的证券,通常是普通股票第一次向一般公众发行。在美国,IPO是风险资本最常用的退出方式之一,大约30%的风险投资的退出采用这个方式。IPO有令人骄傲的历史记录。苹果公司首次公开发行股票,其收益是其投资额的235倍,莲花公司是63倍,康柏公司是38倍,这些案例为风险投资业树立了丰碑。

对于风险投资,IPO通常是最佳的退出方式。因为,公司股票上市公开发行是金融市场对该公司生产业绩的一种确认。公司的管理层欢迎IPO,因为这种方式保持了公司的独立性;同时,首次公开发行的公司还获得了在证券市场上持续筹资的渠道。

不过, IPO也受到一些限制而并非完美无缺。通常通过IPO方式可以使合伙投资者获得增值和股权不被稀释的收益,但却不能使合伙投资者立即从风险企业中完全撤出。美国证券法规定风险投资公司在其投资的风险企业首次公开发行时,不能立即售出其所拥有的全部股份。144号案例规定,公开发行时投资公司只能出售很小比例的股票,在一定的时间之后,才可解除对出售其余股票的限制。而且,公司公开发行的证券承销人常常在承销协议中约束、限制投资公司出售其股票。因此,首次公开发行后风险投资公司持有的股份往往只有很小的变化。在大多数情况下,风险投资家（普通合伙人）在公司首次公开发行后,仍要参加风险企业的管理,直至公司股票完全归属有限合伙人或其他人所有。此外,通过IPO退出往往费用昂贵。

1979—1988年美国IPO市场统计研究显示,通过IPO方式提供的风险投资的总回报为:第一投资期的回报为投资额的22.5倍,第二投资期的回报为投资额的10.0倍,第三投资期的回报为投资额的3.7倍。而且,在公司股票首次发行后继续持有公司股票并非无利可图,IPO之后投资价值有时仍然是稳步上升的,如在IPO之后的第四年,第一期投资的回报为投资额的

61.7倍,如表7-3所示。

表7-3　风险投资在IPO中的获益倍数

阶段	IPO	第一年	第二年	第三年	第四年
第一期	22.5	42.1	40.8	39.2	61.7
第二期	10.0	13.9	20.2	21.6	38.1
第三期	3.7	5.4	5.0	6.3	13.5

数据来源：Bygrave, William D. & Timmons, Jeffry. Venture Capital at the Crossroads [M]. Cambridge, MA:Harvard Business School Press, 1992: 170.

2.出售

考虑到风险投资家在IPO尚需一段时间才能完全从风险企业中退出,一些不愿意受到IPO各种约束的风险投资家们可以选择以出售的方式退出。出售包含两种形式：股票售出和股票回购。股票售出又分两种：一般收购和第二期收购。一般收购主要指公司间的收购与兼并。第二期收购是指由另一家风险投资公司收购,接手第二期投资。这里最重要的是所谓一般收购。统计表明,在退出方式中,一般收购占23%,第二期收购占9%,股票回购占6%。三项合计占38%,总量上比IPO还要多。但收益率仅为IPO的20%左右。

近年来,随着美国和欧洲的第五次兼并浪潮的发展,兼并在风险投资退出方式中的比重越来越大,作用也越来越重要。

对于风险投资家和有限合伙人来说,出售是有吸引力的,因为这种方式可以立即收回现金或可流通证券,也使得风险投资家可能立即从风险公司中完全退出。但是与IPO相比,公司管理层并不欢迎收购方式,因为风险公司一旦被一家公司收购后就不能保持其独立性,公司管理层将会受到影响。

股票回购对于大多数投资者来说,是一个备用的退出方法,当投资不是很成功时一般采用这个方式。股票回购包括两种方法：一是给普通股的持股人以股票买回的卖方期权；二是优先股的强制赎回。普通股的卖方期权要提前约定估价的方法。股票回购是对投资收益的一项重要保证措施。

3.清算或破产

大部分的风险投资都有可能失败,风险投资的巨大风险反映在高比例的投资失败数量上。越是处于早期阶段的风险投资,失败的比例越高。

因此,对于风险投资家来说,一旦确认风险企业推动发展的可能不大或者成长太慢,不能给予预期的高回报,就要果断地撤出,将能收回的资金用于下一个投资循环。根据研究,以清算方式退出的投资大概占风险投资基金总投资的32%。这种方法一般仅能收回原投资额的64%。

以清算方式退出是痛苦的,但是在很多情况下是必须断然采取的方案。因为风险投资的风险很大,同时投资收益又必须予以保证,不能及时抽身而出,只能带来更大的损失。即使是仍能正常经营的风险企业,如果成长缓慢、收益很低,一旦认为没有发展前途,也要果断行动立即退出,不可运作迟缓。沉淀在这一类公司中的投资资本的机会成本巨大,风险投资一般不愿意承受这样巨大的投资成本。

第八章

技术创新与市场创新

　　如前所述,技术创新成功的标准不仅是技术上的,更是市场上的。只有使产品创新与工艺创新的结果实现商品化、市场化,产生商业性利益,才能称得上实现了创新的成功。技术创新最终要在开辟市场的过程中得以实现,市场实现程度是检验技术创新成功与否的客观标准。而市场的成功必须依靠市场创新才能实现。本章主要探讨与技术创新相关的市场创新,分析技术与市场的关系,介绍市场创新的类型及其选择,以及市场创新的要素组合。

第一节　技术创新与市场创新的关系

■ 技术"钱"
景的空中楼阁

　　企业作为微观经济主体,其生存和发展离不开市场。企业的工艺创新、产品创新的发展必须有市场创新的跟进。技术创新本身必须围绕市场特别是潜在的市场来进行,即围绕满足和创造市场需求进行技术创新。只有根据人们的生活方式、消费方式的变化,根据国家产业政策和国内外市场竞争的态势来进行的技术创新才有价值和生命力。

一、市场创新的内涵与特征

(一) 市场创新的内涵

　　在当今日益激烈的竞争环境里,市场创新是直接关系到企业生死存亡的头等大事,具有重要的理论意义和实际意义。从不同的角度可以对市场创新做出不同的理解和定义。从管理学的角度来讲,所谓市场创新,是指在市场经济条件下,作为市场主体的企业创

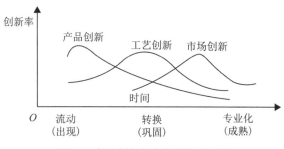

图8-1 产品创新与市场创新的关系

新者,为实现各种新市场要素的商品化与市场化以开辟新的市场,促进企业生存与发展的一系列新市场研究、开发、组织与管理活动。而从经济学的角度来说,市场创新是指对新市场需求的开拓与创造。市场创新不仅可以使企业在已有市场的基础上不断创造出新市场,在空间上扩大企业的市场范围,而且可以通过对细分化市场的开拓,使企业的市场层次得到扩展,从而扩大企业生存与发展的空间。此外,市场创新还可以延长产品生命周期,获取较为持久的创新利润,从而大大增强企业的竞争实力,如图8-1所示。

从创新经济学的角度来看,市场创新是指企业从微观的角度促进市场构成的变动和市场机制的创造,以及伴随新产品的开发从而对新市场进行开拓、占领以满足新需求的行为。其具有两个方面的含义,即开拓新市场和创新市场"新体系"。

第一层含义就是开拓新市场,不但要在地域空间上拓展企业原有产品的消费领域,而且要关注潜在的市场需求,在产品的质量、性能等方面形成不同档次、不同特色,满足不同的消费层次、不同消费群体的潜在需求,同时,要创造"新的满意"和"新的需求"。也就是说,不是通过消费需求来引导生产,而是通过产品生产者根据自身生产技术水平的提高,开发"全新的产品",而消费者只是在必要时受到生产者的启发、引导,激发更深层的需求。一旦全新的产品能够形成市场,其首创效应是巨大的。

除了开拓新市场外,市场创新的第二层含义是指市场"新体系"的创造。就市场经济的本质来说,完整意义上的市场体系应当包括"市场构成"和"市场机制"等两个系统,市场构成的分类标志很多,基本的有"产出品"市场和"要素"市场。要素市场是企业各种资源得以优化配置的基本条件,如果企业不能从要素市场中经济合理地获得劳动力、资金、技术等生产要素,则企业的产出品要么是成本高,要么是质量、功能等方面的低劣化,其结果是企业竞争力弱化,产品市场萎缩。因此,企业不仅要在产品市场上勇于开拓,更要把企业的一切经济活动放到市场当中去,通过市场来配置各种经济资源。由市场来调节企业的经济活动,市场调节主要靠"市场机制"系统发挥作用,即供求机制、价格机制和竞争机制,特别是在当前情况下,我国市场机制的作用范围呈逐步扩大的趋势,由产品市场向要素市场扩展、由一般有形商品市场向特殊商品市场扩展,只有市场机制充分发挥作用,市场体系才能谈得上完善。

（二） 市场创新的特征

与企业制度创新、技术创新和管理创新相比,市场创新具有如下特征,如图8-2所示。

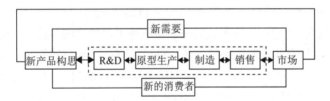

图8-2 技术与市场交互作用的创新过程模式

1. 市场创新直接着眼于市场开拓

与技术创新不同,市场创新不以追求技术的先进性、产品的精美性为目标,而以开拓新的市场、创造新的需求、提供新的满意为宗旨。从市场创新的角度讲,衡量某项技术、产品的最终标准,不是技术指标或专家鉴定,而是消费者的主观感受和满意程度,能否满足消费者的需求是能否开拓新市场的关键。只有那些从顾客的需求出发,区别各类顾客的不同需求,提供更加多样化、更有针对性、更独特的产品和服务,在质量、功能、档次等方面,更符合顾客需求的企业,才有可能创造出新市场和新需求。

2. 市场创新注重"创造"市场而非"分享"市场

市场创新与市场营销不同,它不以巩固已有市场份额,提高现有市场占有率为满足,而是把着眼点放在开拓新领域、创造新市场上,市场营销和市场创新反映了两种不同的思路。市场营销以既有产品为基础,以企业既有规模为实力,以市场分享为目标,着重广告、推销和价格等手段,因而资金最为充分的企业取胜的可能性较大；市场创新则以产品与服务的差别性取胜,致力于市场创造,提出新的产品概念,建立新的标准和市场秩序。因而最具有创新精神的企业取胜的可能性比较大。这两种思路具有两种不同的境遇,一般说来,在产品相近的企业间,为扩大市场份额和提高利润率而进行的降低成本和提高效率的努力都有一个限度。越接近这个限度,企业间竞争越激烈,随之而来的是市场僵局的发生,此时无论企业怎样努力,任何改进都变得十分困难和代价高昂,要想打破市场僵局,最佳的战略选择就是开辟新的市场,寻找、满足别人没有注意、没有发现或未能满足的某种潜在需求、特殊需求和新需求,提供差别化产品和新产品,凭借产品的新颖性和独特性,率先进入新市场,取得市场主导地位。

二、市场创新与技术创新的相互关系

（一）市场创新与技术创新密不可分

无论目标创新、技术创新、制度创新还是管理创新,其实施的最终结果无不体现在企业的市场目标上：市场空间的扩大、市场占有率的提高、销售收入的增加、产品市场寿命的延长、顾客满意度的提高等,换言之,任何一种创新方式都要通过市场来体现自己的价值。

市场创新虽然在产品性能和质量上无根本变化,但因采取了新的营销方式或使产品进入新的市场领域,使用户得到新的满足,这是产品延伸层的变革,促进了技术创新的扩散,推动了科技创新经济学产业化的深化。

市场创新不仅是一种经济行为和过程,而且是一种社会运行方式和整合过程。市场创新就是要实现各种新的市场要素的商品化与市场化,市场化的本质就是社会化,所以市场创新必然涉及市场主体、市场客体、市场关系、市场行为等一系列相关的因素。进入市场本身就是一个创新过程。市场能自动地使企业、个人冒创新风险,为创新提供动力,市场把创新成功与否的裁决权交与消费者,这既达到使创新服务于消费者的目的,又达到引导创新的目的,市场通过竞争迫使企业不断地进行创新,市场机制有助于培养创新的载体——企业家。

技术创新过程是将知识、技能、信息和创造再加上资源转化为客户需要的产品的过程,是创造价值的过程。在技术创新过程中离不开市场创新,没有市场,也就无法实现技术创新产品的价值。

从技术创新的动力机制来看,技术与市场也是紧密相连、不可分割的。创新的动力来自技术推动和市场拉动的交互作用。技术推动和市场拉动在产品的生命周期和创新过程中有着不同的作用。其优点是创新成功率高,并能获得显著的效益。

（二）原始创新、技术创新与市场创新的关系

科学的发现或发明仅仅是创新源。根据创新源及其应用目的的不同,我们可以将创新分为原始创新、技术创新和市场创新。原始创新与基础研究有着密切关系,基础研究的目的是发现知识,通过探索自然界的规律、追求新发现、积累科学知识、创立新学说,为认识世界、改造世界提供理论和方法。原始创新是知识的传播和应用的过程,仅仅是知识的生产并不能称为创新,只有将基础研究所生产的知识经过传播和应用,并提高人们的认识水平,才能称之为知识创新。所以,原始创新与基础研究之间有着密切的联系,基础研究所生产的知识是原始创新的创新源,这种创新可以被称为"知识资源",知识资源通过传播和应用使人们

的知识水平得到提高的过程,就是原始创新的实现过程。

技术创新是技术的传播和应用过程,单纯的技术发明或创造并不能称为创新,只有这种发明创造得到广泛应用,并对人们的生产或生活方式产生影响才能称为创新。技术创新与应用研究有着密切关系。应用研究是为了确定基础研究成果可能的用途,或是为达到预定的目标探索应采取的新方法或新途径。应用研究的目的在于创造前所未有的新技术、新产品,而这种新技术或新产品就是技术创新的创新源。这种创新源可以被称为"技术资源",而技术资源的推广应用过程就是技术创新的实现过程。

原始创新所需要的知识资源和技术创新所需要的技术资源,都是人们对"资源"概念认识的进一步深化,它们与有形的物质资源有着重要的区别:对有形的物质资源的利用会获得递减的报酬,而对知识资源或技术资源的利用会获得递增的报酬。在市场经济体制下,对知识资源和技术资源的配置(即知识资源和技术资源的利用和扩散)主要是通过市场机制来实现的,而市场对这两种资源进行有效配置的过程就是一种市场创新的过程。这种市场创新的创新源就是知识资源和技术资源。

由以上分析可见,原始创新、技术创新与市场创新是三个密切联系的概念。在市场经济体制下,原始创新和技术创新就要依赖于市场创新,市场创新内在于原始创新和技术创新的过程中。

三、市场创新与技术创新的协同特征

从企业创新的角度来看,企业创新系统各要素对企业创新绩效的贡献各不相同。在创新研究最初,技术要素和市场要素作为创新的中心要素得到广泛的认可,可以说,企业创新实际上就是对创新中的技术要素和市场要素进行合理的整合和平衡,将这一说法上升到战略高度就是平衡企业的技术发展和市场发展。从解决企业技术发展和市场发展之间的平衡出发,企业系统创新研究的一个重要问题就是技术创新和市场创新之间的协同创新。

通过对研发和营销整合研究的总结分析,再借鉴协同的观点,未来的技术创新和市场创新协同研究应该具备下列特征。

(一) 必须获取技术发展和市场发展的统一

对一般制造业企业来说,无论是市场开拓还是技术创新都是企业必不可少的活动,从我国企业技术发展和市场发展的平衡程度可见,企业技术发展和市场发展的平衡对于企业的生存和发展具有至关重要的作用。

(二) 必须获得短期竞争盈利能力和长期发展能力的统一

当前中国各个行业市场同质化现象非常严重,这加剧了市场竞争的激烈程度,从而对企业的竞争盈利能力提出了非常大的挑战。同时,从长远发展来看,中国大多企业因为缺少核心技术能力的积累,对企业的长期发展非常不利,企业加强长期技术能力的积累是保证长期发展的根本所在。因此,短期竞争盈利能力和长期发展能力对企业来说好比是两个轮子,缺一不可,长期发展能力需要短期竞争盈利能力的支持,短期竞争盈利能力需要长期发展能力的引导。

(三) 必须获得有目的规划和自主协同的统一

如何平衡技术发展和市场发展、短期竞争盈利能力和长期发展能力,这不只是一个规划

的问题,更多的还依赖于企业各个层次的自我管理和积极创新。技术创新和市场创新的协同创新规划为企业的协同创新发展指明了发展方向,并提供了各方面的支持,但是如果没有各个层次协同创新行为的积极发展,那么一切都是无用的。因此,从技术和市场协同创新的开展来说,一方面要通过协同创新规划引导协同创新进行,另一方面要通过组织行为积极发展和进行协同创新。

第二节　市场创新的类型及其选择

在企业的市场创新中,最基本和最关键的应该是对创新思路的合理把握,这对企业的市场创新具有系统指导的作用。在创新的思路方面,企业市场创新的思路模式如图8-3所示。

图8-3给出的只是一个总体的思路,遵循这个思路还有许多的决策点需要做出决策,如市场创新类型的选择、市场创新度的建立、市场创新域的选择、市场创新源的确定、市场创新方向的判断、市场创新阻的克服和市场创新险的控制等。其中市场创新类型的选择是一重要环节。

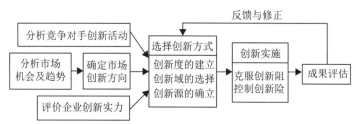

图8-3 企业市场创新思路模式

市场是供求关系的总和。市场包括市场供给、市场需求和市场关系等市场要素。使市场要素发生变化即所谓的市场创新。以下我们从时间的角度提出了市场创新类型的概念,从分析市场创新的空间问题提出了市场创新域和市场创新点的概念。

一、市场创新的类型

在市场经济条件下,市场是一切经济活动的中心,是各种供求关系的总和。市场是由市场供给、市场需求、市场关系等市场要素构成的。改变其中的任何一个要素,市场就会发生变化。按照企业市场创新的程度,可将市场创新划分为三种类型:首创型市场创新、改创型市场创新和仿创型市场创新。

（一）首创型市场创新

第一个改变市场要素的我们称为首创。如率先推出全新的新产品,率先开辟新的销售渠道,率先推出全新的销售服务方式,率先采用全新的市场促销手段,率先改变产品的销售价格等。尤其是率先向市场成功推出一种全新的产品和率先成功采用一种全新的市场营销理念与方式。例如,英国国民照明和热力公司于1814年推出的煤气式路灯,美国固特异轮胎橡胶公司于1840年推出的硫化橡胶,德国西门子公司于1867年推出的发电机等,都属于首创型市场创新。市场的首创创新对企业有很高的要求。企业必须率先在市场开发中引入新的技术、新的原理、新的市场概念、新的市场组织。这存在很大的市场风险,当然也存在巨大的潜在市场机遇。一般来讲，提出一种创新概念并不是很难，难的是要将其商品化、市场化，并使其具有强大的生命力。

（二） 改创型市场创新

改创型市场创新是对首创市场进行改进和再创造。向市场推出一种全新的产品和营销模式后，必须对其进行不断的再创新，以使这一创新产品或创新营销模式能够不断地完善，适应新的环境的变化和发展。虽说首创是十分重要的，但是，首创后改创型市场创新就显得更有价值。汽车工业100多年的发展历史就是对首创者产品不断改进创新的历史。

（三） 仿创型市场创新

仿创型市场创新是市场创新类型最低的一种创新模式。其基本的特征就是对其他市场创新方式的模仿。我们说模仿也是一种创新，是因为模仿能够成功本身就是一种创造，本身就是一种发展，市场的扩散也是一种贡献和创新。这种市场创新模式尤其适用于我国广大的中小型企业的市场创新。它不仅投资少，而且风险也很低。尽管市场模仿创新不能取得市场的领先地位，却可以通过自己在某些方面的独有的资源来获取较大的市场收益和市场竞争优势。但市场模仿创新者必须注意不能侵占市场首创者的专利权、商标权等知识产权。

二、市场创新类型的选择

企业在进行市场创新时，对三种市场创新类型的选择取决于对先动优势和后动优势的比较和衡量。先动者可以首先占领市场，并创造顾客转换成本，但却要面对很多的风险和不确定性。如果先动者不能对产业中的技术演化、顾客需求和生产技术等方面产生影响，那么首创者也很难取得持久的竞争优势。后动者在于其是否有模仿的能力和速度，如果能和自身的其他一些因素相结合，也会产生竞争的优势。所以企业在对市场创新类型进行选择时，要充分审视企业的先动优势和后动优势。

（一） 创新类型的选择标准

三种创新类型并不是对每一个企业都适用，企业需要根据一定的标准来进行选择。企业在选择自己的市场创新类型时，主要应考虑以下因素：企业自身的创新实力，对创新成果的控制力，市场创新的市场机会，市场创新成果的持久性，市场创新的风险，市场创新的效益。其与三种创新类型的对应关系如表8-1所示。

表8-1 三种创新类型的对应关系

因素类型	首创型市场创新	改创型市场创新	仿创型市场创新
创新实力	大	中	小
成果控制力	强	中	弱
市场机会	大	中	小
创新效益	大	中	小
风险承受能力	强	中	弱
成果的持久力	强	中	弱

（二） 创新平台的构建

实际运作时在某些情况下，三种市场创新度之间并没有绝对的界限，企业也可以进行多样选择,不会出现顾此就必然失彼的现象,特别是对首创型市场创新类型来说,当企业实现了首创型市场创新后,企业应该在此突破性成果的基础上,进行进一步的改创,进行系列创新、连续创新和转移创新,实现创新的集群化,使原来的创新不断完善,提供系列的成果填补其他的细分市场。因此,首创型企业在取得首创性成果之后,应构建相应的创新平台,在原来的基础上不断进行改创,取得系列创新成果是非常重要和必要的。

第三节　市场创新的要素组合

将市场创新可能涉及的市场要素群,按照不同性质分配到不同维度,在各维度上再按照程度大小确定恰当单位长度,便可以构建出空间意义上的市场创新域,并确定各维度取值范围,找到确切的市场创新点。

一、市场创新要素

市场的组成要素很多,只要我们改变其中的任何一种要素,就会改变市场的状况,从而形成一个新的市场。企业要面对如此广泛的市场创新机会往往不知所措。企业市场创新的关键在于如何选择适当的市场创新要素。市场创新要素包括:需求创新、产品创新、客户创新等。

（一）　需求创新

需求创新

需求是一种最重要的市场要素。市场变化的根本原因是市场需求的变化。任何产品的提出都是为了满足市场的某一需求。因此,企业立足市场需求来进行市场创新就具有更为深刻的战略意义。需求创新就是直接面对客户,企业选择创新时考虑更多的是市场需求的情况和需求的变化。企业首先要发现需求,更要创造需求。需求有不同的层次,企业应根据企业的实际情况和市场需求的变化和发展趋势,针对不同的层次的市场需求,分别采取不同的市场创新战略。

任何真正的新事物,都能创造出人们意想不到的市场。在第一台施乐复印机于1960年面世以前,没有人知道还需要办公复印机;几年以后,没有复印机的企业是难以想象的。

一般说来,需求创新的范围要大于产品创新的范围。同一种市场需求,可能有多种产品与之相适应。市场需求的多样性、广泛性、相关性和无限发展性,为各种企业进行市场创新开辟了宽广的道路。当然,市场需求的抽象性、复杂性、变动性会给企业正确辨认和掌握信息带来很大的困难。因此,不同企业应该认真进行市场调查研究,掌握市场需求的实际状况及其发展趋势,充分发挥本企业的市场竞争优势,选择适当的市场需求,开展市场创新。

（二）　产品创新

产品是最重要的市场要素之一,产品变化是市场的主要表现形式。企业以提供产品（服务）来满足客户的需要,实现企业的经济和社会使命。产品的要素包括核心要素、实体要素和引申要素。改变产品的核心要素就是改变产品的使用价值,产品价值的改变就会开辟新的市场。产品的实体要素就是产品核心要素的载体,如产品的质量、产品的功能、产品的外形包装、产品的品牌。企业只要改变其中的一个要素就会产生一个新的市场。产品的引申要素是产品的附加服务和附加价值,如服务、培训、为客户提供其他各种便利的服务项目。产品的这一市场容易被忽视,其实在这一领域里有许多的市场创新机会。东风汽车公司在近期提出的新的营销模式中就特别强调在产品的引申要素上开展工作。

■ 产品创新

由于一种产品本身具有许多不同的要素和属性,因而构成十分广阔的产品创新域。但是,任何一个企业都无法同时改变一种产品的所有要素和全部属性,而只能选取其中某一点或若干点作为主导市场创新域,按照一些影响产品市场销售状况的关键性产品因素与属性,可以把产品创新域进一步细化为产品功能创新域、产品质量创新域、产品设计创新域、产品品牌创新域、产品形象创新域、产品价格创新域、产品服务创新域等若干不同主导性的产品创新域,不同的企业可根据自身具体情况来选择不同的产品创新来实现企业的市场创新。

吉列公司是国际知名的剃须护理品牌,由"吉列之父"金·坎普·吉列创办于1901年。但是,你可能会觉得意外,其实金·坎普·吉列并没有发明安全剃须刀。19世纪晚期,已有许多安全剃须刀获得了专利。但那时只有少数人,如贵族、一些专业人士和商人才注意他们的面部修饰,也只有他们请得起理发师。不久,大批男士想让自己看起来体面一点,但他们大多不会使用折叠式剃须刀这种危险的工具,可他们又不愿光顾理发店,因为那里收费昂贵,而且还浪费时间。于是,许多人又发明了一种"自助"式安全剃须刀,然而却没有一个人打开销路。原因很简单,去一趟理发店只需要花10美分,而买一把最便宜的安全剃须刀却得花5美元,这在当时可算是一笔大数目,因为日薪1美元已经是很高的工资了。

吉列的安全剃须刀并不比其他公司的产品好,而且生产成本更高。但是,吉列公司所"卖"的并不是剃须刀。他将剃须刀的零售价定为55美分,批发价为20美分,批发价格大约是其生产成本的20%,所以剃须刀几乎是赠送给顾客的。但是他的剃须刀经过特别设计,只能使用吉列公司的专利刀片,而每片刀片的制造成本不到1美分,他却将刀片价格定为每片5美分。由于每片刀片可以使用六七次,因此,刮一次脸所花的钱还不到1美分,是去理发店所花费用的1/10。吉列公司所采用的方法是按照顾客每刮一次脸的成本来定价,而不是根据产品本身来定价。不得不说,吉列公司的价格创新策略也是助力企业赢得市场竞争的重要砝码。

（三） 客户创新

客户是企业的最重要的资源,尤其是最有价值的客户。企业的工作说到底就是保持客户和创造新的有价值的客户。市场的需求就是客户的需求。我们常说以市场出发就是从客户的需求出发。客户很多,而给企业真正创造价值的客户却很少,对企业忠诚的客户则更少。企业要清楚自己的客户在哪里,他们有怎样的需求,他们到底需要什么,企业应该如何满足他们的需求。

■ 客户创新

总之,客户是企业的服务对象,选择适当的服务对象是关系到企业市场创新成功与失败的一个关键因素。任何企业都不可能满足所有顾客的全部需要,都必须根据自己的实际情况来进行市场细分和市场定位,以确定适当的客户创新,选择有利的市场创新点。事实上,有些企业的客户并不多,少数企业甚至专门为某一两个客户服务。另外,有些企业则拥有较多种类和数量的客户,并且还可以不断地开拓新的用户。因此,在选择客户创新的时候,每一个企业都要充分考虑本企业的资源条件、市场状况和创新能力等实际情况,选择那些尚有某种需要没有得到满足的客户群来作为市场创新点,以充分发挥本企业的市场竞争优势,赢得目标顾客,取得市场创新的成功。市场如此之大,顾客如此之多,只要认真进行市场研究和顾客分析,就一定可以找到适当的目标顾客群和有利的市场创新点。

市场创新会受到一系列相关条件和市场环境等因素的制约,任何一个企业为了取得市场创新的成功,不仅应在创新时间上选择一个适当的市场创新类型,而且要在创新空间里选择一个有利的市场创新要素。市场创新的源泉来自企业的技术创新,企业要充分利用市场的创新机会使企业在激烈的市场竞争中处于不败之地。

二、市场创新要素的维度组合与市场创新行动的选择

所谓市场创新行动是指市场创新主体采取的实现市场创新目标的一系列活动,这些活动由市场创新动机所维持,由市场创新目标所导引,并得到创新价值观的矫正。活动既可以有先后的次序,也可以平行展开,以便有效地达成市场创新目标,获得市场创新的成功。从产品和顾客这两个维度来看,可以把市场创新行动分成以下四大类,如图8-4所示。

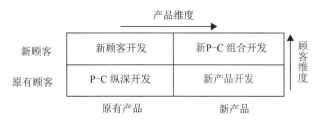

注：P即product, 产品；C即customer,顾客。

图8-4 市场创新行动矩阵

（一） P—C 纵深开发

这种类型的市场创新行动是发生在企业向原有顾客销售原有产品的情况下。市场创新的重点应该放在营销创新上。通过对现有市场的认真和进一步的调研与分析,摸透竞争对手在营销方面所存在的问题和现有客户的心理需求,采取比竞争对手更具创新性的营销手段,吸引客户的注意力。营销的时机在这里显得更为重要和有意义,当然,它只适用于在一个顾客生涯中需重复使用的产品,如日用消费品、大多数的服务业。据统计,吸引一个新顾客的成本是维持一个老顾客成本的5倍。作为一个明智的企业,它绝对不会放过做老顾客生意的机会,因为那样最有利可图。也就是说,企业应当培养自己的忠诚顾客。如何培养忠诚顾客,不同企业有不同的高招,可以是通过提供更为优质的附加产品或服务,也可以建立更为友好的购物场景。

（二） 新产品开发

这种类型的市场创新行动是企业进一步利用忠诚顾客来增进自己的经营效益的结果。这种市场是企业所熟悉的市场,市场创新的重点在产品创新,并辅之以营销创新,只要企业在产品创新中比较好地考虑了市场的需求,就不仅能保持老客户,而且能获得新的客户,市场的创新将给企业带来巨大的收益。在企业的生产经营过程中,总需要通过不断开发新产

品以应对激烈的市场竞争。事实上,新产品开发就是企业在进行产品竞争,在营销中想要洞悉一个产品竞争状况的动态变化,产品生命周期是一个重要的概念。大多数关于产品生命周期的讨论,把一种典型产品的销售历史描绘成一条钟形曲线。产品生命周期理论认为一种特定产品是一个有机的生命体,它有自己的生命周期,并通过所描绘的钟形曲线将产品的生命周期分为四个阶段,即引入期、成长期、成熟期和衰退期。而法律意义上的企业是一个永续生存的法人实体,这样在产品寿命与企业寿命之间就出现矛盾,企业解决这一矛盾的办法就是不断开发新产品以克服短暂的产品生命周期的缺陷,从而延续自身的生存。因而,无论是出自维持自然生存的考虑,还是出于应付激烈竞争的思索,企业均要不断开发新产品。当然,开发的新产品有多种类型,它包括新问世产品、新产品线、现行产品线的增补品、现行产品的改进更新、市场再定位产品和成本减少产品等6种类型。

（三）新顾客开发

以现有产品开发新的市场,企业要充分考虑市场的进入壁垒,新市场的主要竞争对手的情况,进入风险分析和企业的能力和资源是否适合在这一市场进行创新。新顾客开发是市场竞争对企业的直接要求,我们知道,一个区域的消费者对某种产品的需求所构成的市场是有限的,对于接近或已进入成熟期的产品来说尤为如此。一个企业的新顾客开发可分为两种情形,一种是将业务引入新的区域,开辟新的市场地域,在地界上进行突破发展;另一种是在已有区域内同竞争对手进行市场份额的争夺,在发展自身的同时削弱其他竞争对手对自己的压力。采取这种类型市场创新行动时,企业所奉行的战略往往是与对手直接进行针锋相对的竞争的战略,具有很强的进攻性。

（四）新P—C组合开发

新产品上市时面对的是一个全新的市场,存在市场的进入壁垒,在进入之前,企业一定要对这一新市场进行广泛的咨询和认真的调研,在广泛征求各方面的建议和听取多层次意见后,进行可行分析和决策。这种类型的市场创新行动是新产品开发和新顾客开发的综合发展,如果开发的是新问世产品,那么企业则是在开辟新的市场天地。对于这种情形,企业可能面对的市场前景是不确定的。我们知道,开发新问世产品的企业,它成为新市场天地的开拓者,可以先独自享受作为市场先驱的得天独厚的市场地位,但与此对应的是,它也必须承担作为先驱者所可能遭遇的种种风险。无论是在国内还是在国外,都不乏作为新问世产品的开发企业而最终早早殒命的惨剧。开发全新的产品并进入不熟悉的市场,这一创新过程风险很大,企业要做好风险预警及防范。市场创新要产品创新与营销创新并举。

三、市场创新机会的捕捉

在产业或产品生命周期的各个阶段,都存在着市场创新机会。市场创新机会可以采取多方法、多途径去捕捉。如提高市场份额,增加产品使用,寻找新用户,发现新途径,市场细分,市场补缺,开发新技术、新产品,开发新的地理市场,市场外延扩大等。

（一）寻找新用户——创造新市场

在寻找新用户的过程中,必须要使我们的企业界知道战略经营的重要意义,并在实际活动中处理好战略与战术的关系。开发市场的战略很多,诸如市场渗透战略、新市场战略和地理扩展战略等。国内外实践告诉我们,凡是成功进行市场创新的企业,都在不同范围和不同程度上将这些战略应用到具体的战术中。如"娃哈哈"产品是发展新用户比较成功的例子。公司力图说服所有阶层、性别、年龄的人都去关注和购买"娃哈哈"产品，把新市场战略运用到具体操作中，赢得了包括男女老少在内的众多消费者；公司还将产品推向海外，进行地理上的市场扩展，充分发挥了地理扩展战略的优势；同时公司还加大广告的宣传力度，增大了原有的儿童市场，进行市场渗透，特别是通过产品创新和市场创新配套运转，开发"娃哈哈八宝粥"等新产品，扩大产品和市场的范围。

（二）发现新用途——扩大总市场

企业可以通过发现和推广产品的新用途来扩大总市场，这当然需要企业十分重视分析创新源，利用创新源。其中，了解用户和进行用户调查，是提高市场创新概率的一个重要方面。调查表明，有些产品用户是很重要的创新源。如指甲油本是一种化妆品，但在使用的过程中，用户对该产品赋予了很多新功能，如用来粘补丝袜等。再如小苏打被一些消费者用作冰箱除臭剂、用来消除厨房厨具油脂等，这些使厂家几乎始料不及的多种用途，大大增加了小苏打的市场销售份额。

（三）市场补缺——差异战略进入市场

采取补缺战略进行市场创新的关键在于另辟蹊径。企业在开展这一创新活动时要考虑：补缺有足够的规模和购买力，使创新者能够获利；该补缺有潜力，且被竞争对手所忽视；企业拥有占领该市场所必需的外部条件和内部资源（企业有信誉方面的长处，可以对付其他企业的攻击）。

多年以前，日本一个小镇开了多家米店，竞争十分激烈，一位小老板不畏艰难，又开了一家卖米的小店，不到两年竟打垮了所有的对手，成为小镇唯一的米店。这位老板过了很久才说出他的秘诀：伙计上门给客户送米，多留个心眼，看看这户人家有几口人，要多少斤米，大约什么时候能吃完，这些都在米店有了详细的记录。时间长了，许多客户吃米的消费习惯都被这家米店掌握了，每当一户人家的米快吃完的时候，这家米店的伙计就已经拿着适量的大米站在门口了，这样细致的服务成为他打败其他竞争对手的重要因素。这就是市场服务补缺。

（四）市场再定义——为现有产品扩展市场

市场再定义往往是由消费者偏好变化、某种潜在需要被发现或产品出现新用途所引起的。每当一个产品进入成熟期时，某些新的用途又被发现了，例如，化学巨头杜邦公司所生产的尼龙产品一开始主要用作制造降落伞的合成纤维，然后用作尼龙袜，接着成为制作男女衣衫的主要原料，再后来又成为制作汽车轮胎、地毯的原材料……每次市场变化都存在创新机会。市场再定义的关键是要打破市场概念对人的思维上的限制，防止出现思维上的自我约束，特别是营销方面的障碍。

总之，市场创新的方法很多，机会也很多，企业可以根据自身情况选择在适合自己的市场创新域内进行市场创新，也可选择多种市场创新域相结合的方式进行市场创新。多种方法和多种机会使人们进一步加深对"市场有限、商机无限"的理解。无限的商机丰富了市场的外延和内涵。

四、市场创新的运行模式

市场创新的运行模式如图8-5所示,它可分为三个阶段。

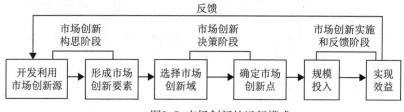

图8-5 市场创新的运行模式

(一) 市场创新构思阶段

该阶段是指开发、利用市场创新源,形成市场创新要素的过程。市场创新源是指产生各种市场创新要素的源泉。那些能够改变现有市场状况或导致新市场产生的新技术、新方法、新思想、新制度、新组织形式等都是市场创新要素。市场创新源也可以是从事各种市场活动的人,他们作为商品的生产者和经营者,要提出市场创新的构思,要选择和优化各种生产要素与市场资源的配置方式,从而提高生产效率和资源利用效益。市场创新源还可以是影响市场供求关系的各种生产要素和市场资源。企业内部环境因素(产品生产、技术开发等领域)和外部环境因素(商品交易、售后服务、市场竞争等活动领域)也可以是市场创新源。

(二) 市场创新决策阶段

该阶段是指选择市场创新域、确定市场创新点的过程。市场创新域可以从需求、产品、顾客等角度来划分,即包括需求创新域、产品创新域和顾客创新域。需求创新域是指在各种市场需求的不断发展变化中寻找市场机会的市场创新域;产品创新域是指分析产品的各种要素构成及其变化方式的市场创新域;而顾客创新域是指选择特定目标顾客群的市场创新域。产品创新域虽然也要着眼于市场需求,但它主要是面向生产者;而需求创新域和顾客创新域则直接面向用户,根据市场需求的发展现状及其变化趋势,发现新需求,创造新需求,开辟新市场,从而达到满足顾客的目的。市场创新点是指市场创新的重点或突破口,确定市场创新点的意义在于明确市场创新的方向和目标,从而可以集中力量进行创新活动。

(三) 市场创新实施和反馈阶段

该阶段是指开始大规模投入(指投入人、财、物,构建现有组织结构、管理体制、业务流程,进行工作方法的变革等)、市场创新活动大规模展开,直至占有、巩固和扩大新市场,实现社会经济效益并进行反馈调整的过程。

从市场创新的整个运行过程看,利用市场创新源、选择市场创新域、确定市场创新点是三个重要环节。整个运行模式是一个系统的动态模式,通过循环反馈,使市场创新不断深入。

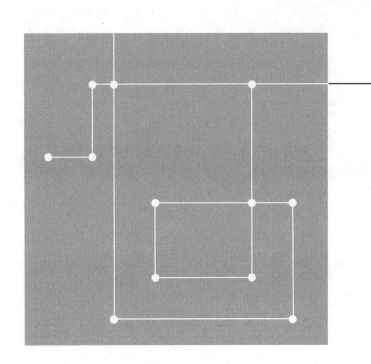

案例篇
CASES

案例篇

案例1　铱星悲歌：科学家的宠儿，市场的弃儿

案例内容

20世纪90年代中期，手机开始在全世界范围内兴起，之后逐渐普及。这时，出现了一个问题：在城市偏僻的角落、荒野之地、深山老林、沙漠等一些无法收到任何手机信号的特殊区域，该如何通信呢？摩托罗拉公司针对这一情况，提出了全新的理念——"Whenever, Wherever"，即"在任何时间、任何地点"，你都会收到手机信号，花费巨资打造"铱星通信系统"。这一通信系统是当时通信科技最高水平的体现。但遗憾的是，这个系统仅仅运行了一年多的时间，就以损失100亿美元而告终。

铱星的故事，一开始就充满竞优色彩。美国摩托罗拉公司的工程师巴里·伯蒂格想和妻子到加勒比海边度假，可妻子说什么也不肯与他同去，原因是她觉得在加勒比海地区手机信号不好，会耽误她的房地产生意。这件事对巴里·伯蒂格触动很大，他突发奇想：如果世界上有一种能供任何人在任何地方、任何时间与任何人进行通信的工具该多好啊！这样就可以解决当时移动电话存在的通话质量差、通话范围小等一系列问题。巴里·伯蒂格把这一想法告诉了公司管理层，并立即得到当时公司董事长克里斯·加尔文的支持。

1991年，摩托罗拉公司正式决定斥巨资建立由77颗低轨卫星组成的铱星移动通信网络。这个全球性卫星移动通信系统通过卫星手持电话，可在地球上的任何地方拨出和接收电话信号。铱星计划的市场目标定位为需要在全球任何一个区域范围内都能够进行电话通信的移动客户。为了保证通信信号的覆盖范围和通话质量的清晰，初期设计认为全球性卫星移动通信系统必须在地球上空设置7条卫星运行轨道，每条轨道上均匀分布11颗卫星，组成一个完整的卫星移动通信的星座系统。由于它们就像化学元素铱（Ir）原子核外的77个电子围绕其运转一样，因此该全球性卫星移动通信系统被称为铱星系统。后来经过计算证实，设置6条卫星运行轨道就能够满足技术性能要求，因此，该移动通信系统的卫星总数减少到66颗，但仍习惯性地称其为铱星移动通信系统。

铱星系统原计划于1995年投入运营，预计投资34亿美元。其市场策略和价格策略等都是基于当时地面蜂窝通信网尚不发达的情况而制定的。由于技术太复杂而成本又太过巨大等方面的原因，铱星系统直到1998年11月1日才投入运营，最终实际投资达到57亿美元。美国的"德尔它2"运载火箭、俄罗斯的"质子—k"运载火箭和我国的"长征二号丙"运载火箭分别承担了铱星的发射任务。1998年5月，布星任务全部完成；1998年11月1日，摩托罗拉正式开通了全球通信业务。

然而，当摩托罗拉公司费尽千辛万苦终于将铱星系统投入使用时，命运却和摩托罗拉公司开了一个很大的玩笑。经营的高成本使铱星公司在正式营业之初，将铱星手机售价定为4000美元，通话费用7美元/分钟。在市场反应冷淡的情况下，铱星公司被迫做出价格调整，调整后的手机价格为3000美元，通话费为1.89美元/分钟。但同其他移动电话相比，价格仍旧显得较高。

由于无法形成稳定的客户群，铱星公司亏损巨大，连借款利息都偿还不起，摩托罗拉公

司不得不对曾一度辉煌的铱星公司申请破产保护,在回天无力的情况下,只好宣布终止铱星业务。2000年3月17日,铱星公司正式宣布破产。其从正式宣布投入使用到宣布破产不足 1年半时间。中央电视台在2000年9月曾用"科学家的宠儿,市场的弃儿"为名报道了美国摩托罗拉公司创办的"铱星通信系统"。

案例评析与拓展

一、"铱星"失败的原因分析

在铱星移动通信系统研制期间,正是世界范围内移动通信市场蓬勃发展之时,全球移动卫星通信系统、地面移动通信系统和刚刚问世的同温层平台移动通信系统都不能满足当时大量增加的移动通信需求,移动通信市场潜藏着大量机会。铱星移动通信系统在这个时间进入市场投入运营,可谓正是时候。但是,为什么铱星这个科学家的"宠儿",却变成了市场的"弃儿"呢?以下几个原因值得思考。

（一）市场机会已经丧失

地面移动通信的迅猛发展,夺走了铱星计划初期设定的主要目标市场。相对地面移动通信系统领域,尤其是移动电话领域,铱星计划在时间上已失去了市场机会。在这种情况下,铱星公司应该在推向市场之前对移动通信领域的新的市场方向做出调整,其目标对象应该是需要在地面移动通信系统的盲点区域工作的客户,并且可以在互联网环境下的无线通信和数据传输领域同地面移动通信系统进行竞争。

（二）铱星移动通信系统本身存在不足

铱星移动通信系统具有许多优势,但是相对地面移动通信系统,铱星移动通信系统本身也还是存在许多不足:手机个头笨重,运行不稳定,价格昂贵,不能在室内和车内使用等。而整个世界移动通信系统的趋势却是手机越做越小,商家为了赚取通话费,甚至无偿赠送手机。在这样的市场背景下,铱星公司必然要和地面移动通信系统产生竞争。任何一项技术创新产品或系统进入市场,都将面临与传统的同类产品的竞争,而一项新技术在使用的过程中需要经过一个逐步完善的周期,而恰恰正是这个周期和完善过程中的局部技术缺陷,会丧失创新产品的市场竞争力。

（三）商业运营起步不好

通信系统匹配的卫星移动手机生产能力有限,造成市场供给不足;由于销售数量不足使得产品成本很高,这样销售价格昂贵,不能同地面移动通信手机市场竞争。一部铱星手机的价格最低也在3000美元以上,每分钟的通话费为3～7美元,用得起的人少之又少。尽管铱星手机也有自己独特的消费人群,但这一人群却非常狭窄和缺乏活力,这等于在无形中掐断了自己的盈利主线,投入运营的前两个季度,铱星移动通信系统在全球只销售了1万部手机,到申请破产为止,这个耗资50亿美元建立的通信网络也只有5.5万用户。而据一些投资分析家估计,铱星公司要实现财务的盈利平衡至少需要65万用户。要建立一个忠诚的65万用户基础,所费的时间远远超过铱星公司的投资估算。技术创新产品推入市场需提前进行详细的成本估算和效益预期分析,这是一件至关重要的工作,如未进行深入分析,则会存在极大的市场风险。

二、"铱星"与"小灵通"的对比——有效需求的重要性

与铱星手机形成鲜明对比的,则是"可以移动的固定电话"——小灵通在中国红红火火的运营。这个在1989年由日本人发明的小东西,最初被一些科学家贬称为"被淘汰的技术",因为它信号不好,而且还受地域的限制——换个城市就不能用。但它偏偏成了当时中国老百姓的"宠儿"。究其原因,不外乎两点:首先,费用低,一部普通的小灵通不过一两百元,每3分钟本地话费不过2角钱,几乎人人用得起;其次,对于很多固定居住在一个地方的人来说,小灵通受地域限制的缺陷几乎可以忽略不计,而这样的人群,在中国是相当庞大的。据相关数据表明,在中国, 20世纪90年代后期小灵通开始从零起步,凭借着低廉的资费优势飞速发展,到2004年底,小灵通用户数已达到6522.1万。截至2005年8月,小灵通无线市话用户已经超过8500万,而且当时每月平均新增用户近200万。

世界上无论哪个国家建设和运营成功的公众通信网络都具有这两个特点:第一,建设网络所采用的技术要成熟、可靠;第二,要有大量得到市场认可的有效需求。只有存在着相当规模的市场需求,通信网络才能生存和发展。可以说,作为通信网络,只有规模才能出效益。因此,在研究判断一种通信技术在一个市场是否具有生命力时,不能仅仅看它是否先进,而更应该看它是否符合市场的需要。摩托罗拉公司参与的铱星计划之所以未能成功,其根本原因就在于网络的建设者片面追求技术的先进性而忽视了市场的需求和信息,把本应供大众应用的网络定位成只向极少数富人提供移动通信服务的网络,最终导致投资的失败。

案例讨论

1. 科技主导型技术创新与市场主导型技术创新的本质区别在哪里?
2. 铱星手机的陨落和小灵通的兴盛说明了什么?

资料来源:作者整理自百度文库、中国知网等网络资料及相关文献。

① https://wenku.baidu.com/view/e9b38469011ca300a6c39086.html.
② 李坤.小灵通在3G时代的生存与发展[J].数字通信世界, 2005, (11): 20-22.

案例2 万燕VCD:悲惨的创新者

案例内容

1992年4月,还在安徽广播电视台上班的姜万勐前往美国参加国际广播电视技术展览会。在这次展览会上,姜万勐被美国C-CUBE公司展出的一项不起眼的技术—MPEG（moving picture experts group,动态图像专家组）解压缩技术深深吸引了。姜万勐敏锐地意识到：可以把图像和声音存储在一张比较小的光盘里的MPEG技术，意味着可以创造出一种物美价廉的视听产品，供老百姓在家中使用。而C-CUBE公司的董事长孙燕生恰好是美籍华商，两人一拍即合，决意将MPEG技术开发为电子消费产品。姜万勐当即投资7万美元进行开发。1993年9月，两人合作在合肥开发出了世界上第一台VCD（video compact disc,影音光碟）影碟机，取名"万燕"。当以每台4000～5000元的价格投放市场时，首批1000台VCD机一投放就被各个电子厂家全部买走做样机，销售异常火爆。

1994年，万燕开始批量生产VCD，初期由于片源不配套，VCD在市场发展上停滞了很长的一段时间。万燕所面临的难题是软硬件要一齐开发。"万燕"在前期研究开发的投入是1600万美元（约1.4亿元人民币），广告投入是2000万元人民币，中国百姓到了1994年年底才逐渐认识VCD，而在这一年，万燕生产了几万台VCD，结果只卖出了2万台。为了开发与VCD配套的碟片资源，万燕向11家音像出版社购买版权，推出97种卡拉OK碟片。由于前期投入太多，导致早期产品成本高达每台360美元（约3120元人民币），再加广告费用，在市场上每台VCD卖到四五千元，还基本无利可赚。

1995年，盗版CD和VCD大量在中国沿海城镇出现。中国消费者开始接受并熟悉VCD这一新生事物。中国VCD进入群雄并起的时期。万燕让中国百姓认识了VCD，但摘桃子的却是深谙市场秘诀的广东人。由于VCD整机组装对技术要求不高，其机械运动部件不多，只需将几块集成电路板用螺丝拧上，知道哪根线插在哪儿，看上10分钟就能学会。因此内行人称："一把螺丝刀就是一个组装厂。"组装技术简单，不需要多少投资，没有生产许可证的限制，广东又是散件水货的聚集地，几个因素凑到一起，VCD组装厂如雨后春笋般在珠江三角洲兴起。同时，在广东，VCD元器件的配套系统也应运而生，专门有人提供线路板和机壳。方圆25千米内，生产整机所需的元器件均可配齐。群雄并起则鱼龙混杂。学一天就能会的技术，投几万元就能干的事，让广东出现"昨天杀猪，今天生产VCD"的现象。"床板工厂"遍布珠江三角洲，一个人一天可以组装10台、20台VCD，一家老少一天就能装出几十台、上百台VCD。市场火爆时，每台机器赚100元、一天就能赚几千元钱；市场疲软时，一台VCD赚10元也出手。

在这个时期，成功的典型是爱多公司。1995年4月，在万燕耗巨资推出第一代VCD产品一年，并因此筋疲力尽之时，胡志标筹集80万元的资金，在中山市东升镇成立爱多公司。6个月后，爱多利用进口散件，迅速生产出整机，省却大量研究开发和前期市场推广费用。爱多最初起家时，也就几十个人，月产量一两千台。在鱼龙混杂的VCD品牌中，爱多能够脱颖而出取决于其成功的营销战略。1995年11月，爱多广告出现在中央电视台。随后，又以420万元的价格请影视巨星成龙拍广告，后期制作又投入近百万元。1997年，爱多斥资2.1亿元夺取中央电视台广告标王。爱多在广告上花费巨资，而丰厚的回报又滚滚回到爱多的腰包。

对于万燕来说，1996年最悲惨的事情发生了，这一年，全国VCD销量600万台，而万燕却萎缩到无货可销。也就在这一年，万燕被安徽省美菱集团重组，成为美菱万燕公司。作为民营企业，万燕无从融资，面对从无到有开发出来的市场，却只有拱手让给后来者。万燕VCD从"先驱"成为"先烈"，市场份额从100%跌到2%。

不仅万燕倒下了，整个VCD行业似乎也是轰轰烈烈地来，热热闹闹地去。中国VCD的发展历程大致如下。

1993年9月，留美学者姜万勐、孙燕生生产出世界上第一台VCD。

1996—1997年，爱多、新科VCD等新品牌开始大规模进入市场，并占据VCD大部分市场。

1998年9月，发生了全国性的SVCD（super video CD，超级VCD）与CVD（compact video disk，小型录像盘）标准之争论。1998年8月，原信息产业部制定了《超级VCD系统行业规范》，并于1998年11月1日生效。

1998年10月—1999年7月，各大影碟机厂家不断推出附加新技术的VCD产品，如可播放MP3和MIDI（musical instrument digital interface，乐器数字接口）的超级VCD，掌上型超级VCD和可录写的超级VCD。甚至实现了VCD联网和语音复读等功能，以实现中小学的VCD辅助教学。

1999年1月，影碟机行业广告费投入直线下降。在激烈竞争中，不少知名企业陷入困境，如"小霸王"的倒闭和"爱多"的严重亏损。

1999年7月，各主要生产厂家不约而同地开始大规模降价，普通单碟机的价格纷纷跌破800元/台。DVD（digital video disk，高密度数字视频光盘）产品开始取代VCD。

案例评析与拓展

一、万燕失败的原因分析

从1994年开始批量生产VCD至2003年VCD逐渐退出市场，10年间，一个年销售收入达100多亿元人民币影碟机产业从勃兴到衰亡，这种发展速度在中国绝无仅有，在世界工业史上也属罕见。万燕的困局反映了当时中国大多数民营企业的艰难创业经历，如融资困难，没有知识产权保护意识等。

万燕悲剧产生的原因有三。

第一，万燕不注重保护知识产权。很多人以为万燕掌握了全部的VCD生产技术，却不去申请发明专利，真真是一个傻子。其实真正的技术核心是解码芯片，该技术掌握在C-CUBE公司手里，万燕公司掌握的仅仅是组装技术。

第二，万燕没有保证上游关键零部件的独家供给。姜万勐以为用股份把C-CUBE的技术和产品绑在一起就行，没有想到C-CUBE发现中国市场巨大的潜力和万燕后期资金匮乏之后，转而向所有买家出售解码芯片，既多牟利，又控制了整个中国的VCD产业。结果，万燕第一批1000台VCD机几乎都被国内外家电公司买去解剖做样机。VCD行业学徒四起，产能陡长，价格如跳伞。

第三，万燕出现资金困局。作为开创者，万燕的市场培育成本很高。万燕花2000万广告费，又向11家音像出版社购买版权，推出了97种卡拉OK碟片，但这些都成了后来者的资源。1995年群雄并起后，万燕因成本高迅速被甩开，不仅前期培育变成了为他人作嫁衣裳，更要命的是高投入的万燕吓跑了投资人。再加上20世纪90年代中国民营企业的融资困境，基本没有其他可用的资金来源。

万燕作为技术开创者，本应该是自主创新、产业自强的先行者，却成为先烈，这在后来被称为"万燕悖论"。市场开拓者应该采用什么样的策略保护自己并从新技术和新产品中获益，同时不给追随者模仿自己的机会，从而使技术创新能保持更长的时间，成为主张自主创新者面对的难题。

二、技术开拓者如何保持优势

开拓者的优势地位是否持久取决于以下四个因素。

（一）技术创新的来源

技术领先的持久性在很大程度上取决于这种新技术是企业内部开发的，还是源于企业外部。如果是前者，开拓者的优势地位可以维持较长时间；如果是后者，维持技术领先会较为困难。

（二）技术开发费用相对于企业销售额的比例

市场份额大的企业与市场份额小的企业相比，前者的研究和开发成本相对较低。

（三）相关工艺技能

开拓者如果拥有独特的工艺技能、科学的管理、富于创新精神的科研人员，则有可能长期维持技术上的领先地位。

（四）技术传播的速度

如果追随者可以轻易地得到开拓者开发的技术，就像VCD技术迅速被模仿那样，开拓者的技术创新努力就会"竹篮子打水一场空"。防止技术创新迅速传播的手段包括：严格的保密制度、申请专利、阻止外人随意进入企业参观、自行开发生产设备、留住骨干技术人员等。

案例讨论

1. 当今这个时代，类似万燕的困局还会出现吗？
2. 该如何从制度上破解"万燕悖论"？

资料来源：作者整理自新浪网、百度百科等网络资料。

① http://finance.sina.com.cn/b/20020531/214982.html.

② http://tech.sina.com.cn/it/2004-09-07/1601420444.shtml.

③ https://baike.baidu.com/item/VCD/207354.

案例3 ▲ 创新成果商业化的楷模：爱迪生

案例内容

托马斯·爱迪生（以下简称爱迪生）被看成是美国最重要的发明家，他和他的科学家团队共取得了1093项发明专利。单是1882年一年内，爱迪生及其团队申请的专利就有141

项。但他最重要的工作是通过研发和商业推广把发明的理论转化成创新的现实。

1879年，爱迪生创办"爱迪生电力照明公司"，1880年，白炽灯上市销售；1882年爱迪生按下曼哈顿地区第一家发电厂的开关，使800盏电灯同时点亮，此后，数年间，他在全世界建立了300多家电厂，从而真正开启了电力工业的发展。根据爱迪生实验室1877年的日志，爱迪生及其助手发明了第一台留声机后，曾为它拟定的其他名称包括：omphlegraph（意为"话音记录机"）、antiphone（意为"滞后的发声机"）、didaskophone（意为"便携教师"）。可见它的发明者们只意识到它再现人声的功能，而对它颠覆世界的广阔应用尚全无预期。1940年，米高梅公司拍摄了爱迪生的传记片。影片结尾，爱迪生的成就一一滚过银幕：荧光屏、油印机、蓄电池、留声机、有声电影等。

1892年，汤姆·休斯顿公司与爱迪生电力照明公司合并成立了通用电器公司。作为通用公司的缔造者，鼎盛时期，爱迪生控制着13家大公司。比如，他创办了一家水泥厂，在后来的一段时间，凡是美国出产的硅酸盐水泥，有一半都出自爱迪生的工厂。

爱迪生的创新，不只是发现了一个好主意（如发明电灯），同时也将它应用于商业实践创造价值（如建立电厂和电力工业），而且还不断推动和深化其价值（仅以电灯为例，从1880—1896年间，电灯的设计原理没有变化，但推动的产品过程变革使其价格下降90%，商业应用范围大大扩展）。

爱迪生不仅是一位发明家，也是伟大的企业家。他很早就认识到，要想取得商业方面的成功，仅有技术远远不够，所以，他一直致力于发明可供商业开发的产品项目。两大举措证明他是一位企业家，而不是单纯的发明者。

第一，爱迪生从一开始就追求系统地解决方案。爱迪生并不是唯一发明灯泡的人，英国物理学家约瑟夫·威尔森·斯旺（以下简称斯旺）发明了灯泡。斯旺于1850年研制真空碳丝白炽灯泡的时候，爱迪生刚刚3岁。斯旺1879年1月制造出实用灯泡并安装在家里，爱迪生的电灯当年10月才首次试验成功。从技术上看，斯旺的灯泡更优秀，于是爱迪生购买了斯旺的专利权，并将它们用于自己的灯泡生产中。爱迪生并不仅仅考虑技术方面的要求，他在着手考虑玻璃罩、真空管、闭合和发光纤维等技术性工作时，就已经确定了一个"系统"：他的灯泡是专为电力公司而设计的。

系统性解决问题，正是企业家的特质。爱迪生筹措了资金，并获得了给灯泡用户的接线权，使他的灯泡客户可以享用电力。另外他还安排了分销系统。由此，爱迪生的白炽灯迅速取得了全球压倒性优势。可以这么说，科学家斯旺发明了一个产品，爱迪生则创造了一个产业。

第二，组建发明家团队。爱迪生是企业研究院的开创者，他创建了现代的科学研究发明体系，或说是美国式的创新方式。爱迪生并非在自家车库里面敲敲打打、自甘寂寞地搞发明创造，而是聚集了一群有创新头脑的人为他工作，他组建的门罗公园实验室是苹果、谷歌、微软等现代顶级企业研究院的前驱。

1870年，爱迪生用别人提供的担保资金，雇用了英国数学家查尔斯·巴彻勒、瑞士机械师约翰·克鲁齐，吸纳了威廉·昂格尔作为公司合伙人，这时候，就有了组建发明团队的举措。之后，由于公司扩张需要用房，他搬进了位于新泽西州门罗公园的大楼里。在这里，先后有1093项发明研制成功。

在当今世界，我们仍然时时刻刻被爱迪生天才的成果所包围。电灯、录音设备仍在为我们服务，他创立的门罗公园实验室，成为企业研究院的鼻祖，也成为施乐公司著名的帕洛阿尔托研究中心、贝尔实验室等类似机构的先驱。29岁在门洛公园创立实验室时，爱迪生已经是成功的发明家和商人。他选择门罗公园，除了因为此处环境幽雅以外，更是考虑到这里距离纽约极近，为他与赞助商们交流沟通提供了巨大便利。爱迪生的实验室没有规章制度，没有时钟，但是工作人员们却总在长时间工作，享受着在一起的感觉。实验室的布局轻松随意，以便于爱迪生和助手们彼此交流。

案例评析与拓展

一、企业家与科学家的身份转化

如果把爱迪生、诺贝尔、西门子、贝尔等人的名字放在一起，人们会发现他们有某些共同点。他们集科学家、发明家、商人于一身，可以称为"企业家型科学家"。

科学家与企业家存在着文化和行为的不同，这些不同通过他们对时间和计划的不同感觉、对金钱不同的观念系统，对管理与控制、技术发展、商业化及由此产生的对组织宗旨的感觉的不同而不同。例如，科学家更倾向于客观性并表现出怀疑，而企业家更倾向于实用性，目的性更强；科学家追求较长期的目标而企业家追求短期目标；科学家对组织和团队行为关注不多，而企业家则注重管理和控制。科学家过分强调技术的重要性，需要对技术进行控制，倾向于在实验室开始和结束的技术；企业家则认为实验室技术只是商业化过程中很多环节中的一个。

当科学家在追求商业化机会的过程中愿意用自己的资源冒险建立企业时，科学家就开始向企业家转化。在这里简单地对以下四类人的创造性和管理才能进行分析：发明家的创造性高而管理才能低；职业经理人有较好的管理才能但创造性低；官僚机构的官员管理才能和创造性都较普通；一个成功的企业家既有很高的创造性，又具有很高的管理才能。一个科学家要完成向企业家的转化，管理才能的提高是必备的。

二、企业家是发明成果商业化转化的关键要素

科研成果转化为产品再卖出去，要经历马克思所说的"惊险的一跃"——由商品到货币的转换。科研成果好比是闪光的珍珠，没有串起来是形不成美丽的珠链的，也就无法形成实实在在的社会财富，而企业家就是串起珠子的线。从企业技术创新来看，发明成果的商业化转化，一要有内在动力，二要有创新机制，三要有核心人才，四要有物质保障，这些都主要靠企业家来做。条件具备了，专家才能发挥作用，具体创新工作才能推进。所以，企业技术创新首先也要靠企业家推动。从比尔·盖茨到乔布斯、从柳传志到马云，他们都是创新型企业家，他们不仅创新技术，更重要的是通过整合资源，把技术创新转化为产品和产业。

企业家把各种要素组织起来进行生产，并通过不断创新才带来了经济的增长。发明是

一回事,会经营和利用发明物是另一回事。历史上许多伟大的发明就因为没有得到及时的利用而被埋没或者在很久后才为世人注意。这里有个关键环节,就是投资家,特别是创业投资家,在使发明转化为应用的过程中发挥了巨大作用。发明家和企业家,二者结合确实不易,因为发明家、学者追求的是成果的完美,每个细节都想超凡脱俗、精益求精。而一旦投入生产,转换为商品,市场需求便成为第一要义,不得不牺牲许多东西。

要建立以企业为主体、市场为导向的创新体制,就要发挥企业家在国家创新决策中的重要作用,吸收更多企业参与研究制定国家技术创新规划、计划、政策和标准,使创新与市场有效对接。强化企业创新主体作用,支持企业建立各类研发机构,并鼓励企业研发机构和科技型中小企业参与和承担国家科研任务。建立健全科研人员双向流动机制,破除人才流动的体制障碍,促进科研人员在事业单位和企业间合理流动,打通科研与市场的旋转门,让更多实验室成果走进企业、流向市场。

案例讨论

1. 你从爱迪生的故事中得到了什么启发?
2. 中国迫切需要企业家型的科学家,你认为在科学家与企业家的结合中有哪些障碍性因素?

资料来源：作者整理自中国企业家网、光明日报等网络资料及相关文献。
①http://www.iceo.com.cn/renwu2013/2014/0501/288407.shtml.
②周湘智,谁来串起创新成果的珍珠链[N].光明日报，2015-08-25,（16）.

案例4 柯达：黄色巨人的倒下

案例内容

柯达公司的历史可追溯自1880年,是名副其实的"百年老店"。1880年,乔治·伊斯曼在美国纽约州的罗切斯特成立伊斯曼干版制造公司,他们利用自己的研制剂配方制作胶片,8年后正式推出柯达盒式相机和那句著名的口号："你只需按动快门,剩下的交给我们来做。"哈佛商学院2005年的一份研究报告显示,截至1975年,柯达垄断了美国90%的胶卷市场和85%的相机市场份额。直至1999年,美国市场传统胶卷的销售增长速度仍高达14%。但是,仅仅一年之后的2000年年底,胶卷需求开始停滞。一直将胶卷带来的巨大现金流作为"主菜",将数码产品作为"小菜"的柯达,在此刻仍认为胶卷的没落是整体经济衰退造成的。

2002年年底,柯达终于意识到,在数码影像技术的冲击下,传统胶卷的辉煌时代已经一去不复返了。以每年10%的速度迅速萎缩的胶卷市场,从柯达的财务数据上可以得到最为直观的体现：1997年以后，除2007年一年外，再无盈利记录。到2012年，柯达已成为负债高达68亿美元的末路老人，其资产总额仅为51亿美元。而其市值也从历史峰值时的310亿美元，降至2012年初的1.75亿美元。十余年间，市值蒸发超过99%。

如果说，柯达公司是败在数码"魔鬼"的刀下，那么，你可能不曾想到的是，柯达公司不仅发明了世界上第一台数码相机，而且还曾参与数码相机崛起的每一个细节，在其拥有的超过10000项专利中，有1100项的数字图像专利组合，远超其他任何一个同行。

1975年，当柯达的工程师史蒂夫·萨森向公司管理层展示烤面包片机大小的数码相机原型机时，公司管理层告诉他，"这个很漂亮，但不要让任何人知道"。此时的柯达胶片业务在赚大钱，管理层躺在荣誉上睡大觉，竞争对手日本富士公司完全不能望其项背。

柯达不仅仅是数码相机的发明者，也是多款数码相机的开发者。1991年柯达推出专业级数码相机，像素达到130万；1995年，柯达发布首款傻瓜型相机供非专业摄影者使用；1998年开始生产民用数码相机。然而，遗憾的是，公司只是把它作为热身运动，缺乏长远而明晰的战略。

2000年之后，全球数码市场持续高速增长，而全球彩色胶卷的需求开始以每年10%的速度急速下滑。2002年，柯达的数字化率只有25%左右，而竞争对手日本富士公司已达到60%。

躺在传统胶片上沉睡的柯达，在20世纪末仿佛一夜间被汹涌的数码潮水包围。当以尼康、佳能为代表的日本企业在数码影像的狂潮中筑坝扎营时，柯达终于步上缓慢的转型之路。

2003年，在更换了4位CEO后，彭安东进入柯达，并在2005年成为公司CEO。柯达之前，他曾为惠普效力25年，其率领的惠普打印机部门每年的盈利高达100亿美元。人们对这位前惠普高管带领柯达进入新的时代充满了期待。其后，他不仅明确提出公司的未来业务重点必须转到数码业务，还规划出柯达转型的路线。紧接着，柯达关闭了全球超过40个大规模的照片洗印厂，大规模裁员，并将股息大幅降低，以筹集数码化所需的资金。2004年，柯达推出6款姗姗来迟的数码相机，但其数码相机业务利润率仅为1%，其82亿美元的传统业务收入萎缩了17%。2005年，柯达斩获美国数码相机市场销量第一的位置，但是快乐却只维持了一瞬，美国数码相机市场老大位置便持续为日本企业所占据。2006年，柯达把其全部数码相机制造业务出售给新加坡伟创力公司。2007年，又将原四大业务之一的医疗成像部门，以25.5亿美元出售给加拿大资产收购公司OneXyi。同年，其持有的乐凯股份也以3700万美元低价转让给广州诚信创业投资有限公司。

2007年，柯达开始实施第二次战略重组，裁员达2.8万人，这是一个时间长达4年、耗资34亿美元的庞大计划。重组的目标很明确，把公司的业务重点从传统的胶片业务转向数码产品，却可惜"生不逢时"。2008年，金融危机爆发，需求减弱，市场萎缩，其第四季报显示，柯达亏损1.33亿美元，连续第三年出现年度营收下滑，靠出售资产勉强盈利的柯达一下子又被打回原形。2010年，全球数码成像市场规模持续扩大，但柯达的数码业务收入却基本与1999年度持平。这一年，柯达收入近200亿美元，营业性亏损高达5800万美元，其主要的利润来源竟是专利技术的转让。

2012年1月3日，因平均收盘价连续30个交易日位于1美元以下，纽交所向柯达发出退市警告。2012年1月19日，拥有131年历史的老牌摄像器材企业美国柯达公司向法院正式提交破产保护申请。

2013年6月，柯达与摩根大通、美洲银行和巴克莱银行达成一项8.95亿美元的融资协议，同年8月20日，美国联邦破产法院批准美国柯达公司脱离破产保护、重组为一家小型数码影像公司的计划。尽管柯达公司摆脱了破产的厄运，但那个曾经的"黄色巨人"似乎一去不复返了。

案例评析与拓展

一、"创造性破坏"永远存在于产业界

取代了胶卷和冲印的数码相机，取代了真空管的晶体管，都属于革命性的创新。熊彼特把此类创新比作"创造性破坏"，彼得·德鲁克称之为创新中的"超级巨星"。它们塑造了人类历史，受到社会普遍关注，创新者也因此名利双收。

但是，革命性创新也对企业家形成了生死挑战，成为企业家的死亡之谷。每当创造性破坏出现，产业领袖们往往失去原来光芒四射的皇冠，成为市场弃儿，而某个名不见经传的企业突然成为市场新贵。

尼康是数码相机领域不容忽视的企业，作为数码相机的生产商，其所生产的数码相机，受到市场追捧和专业摄影师的青睐。在柯达这一案例中，尼康显然是以胜利者姿态出现的，然而，仅仅几年时间，尼康相机光景也已大不如前。2017年10月，尼康公司宣布，停止对江苏省无锡数码相机制造工厂的业务，并关停尼康光学仪器（中国）有限公司(以下简称NIC)。对于经营困境的出现，尼康将其归咎于智能手机的冲击，其在一份公告中表示"由于智能手机的崛起，小型数码相机市场正在急速缩小，NIC的开工率也显著下降，持续经营变得非常困难"。据日本时事社报道，在数码相机制造高峰时期的2010年，无锡工厂生产了约876万台小型数码相机，但是，2016年，其生产规模减少至200万台左右。

可以肯定，就其对企业战略、产业战略的影响而言，没有哪种创新能像创造性破坏那样给人带来如此独特的洞察。

二、唯有创新，才是永恒不变的改变

柯达的没落，不仅是其技术创新的滞后，更是其忽视消费体验的结果。直到2003年，柯达才宣布全面进军数码产业，并于其后陆续出售医疗影像业务及相关专利权。但是，当时佳能、富士等日本品牌已占据"数码影像"的龙头地位，此时，庞大的柯达已经丧失占领数码影像的先机。

在这个变化日新月异的时代，唯有"创新"是不变的真理。这种创新，不但来自技术和管理层面，更来自商业模式乃至消费体验层面。而对于老牌企业而言，要么在固执和傲慢中死亡，要么在持续创新中重新焕发生机。虽然，世间没有绝对的长青基业，企业的生死存亡充满了诸多的不确定因素。同样，创新和变化虽不能完全确保企业永立潮头，但却是企业持续生存和发展的必要前提。任何故步自封、不思创新均难以赢得未来，而傲慢和忽视消费体验将更令其难以持久。

案例讨论

1. 你认为在柯达的案例中，"创造性破坏"是怎样体现的？
2. 创造性破坏是否是普遍存在的？试举例论证你的观点。

资料来源：作者整理自百度文库、腾讯网等网络资料。

①https://wenku.baidu.com/view/898b179033687e21ae45a999.html.

②http://tech.qq.com/zt2012/kodakpochan/.

案例5 吉利汽车从模仿创新到自主创新的战略转型

案例内容

创建于1986年的浙江吉利控股集团（以下简称吉利），自1997年进入汽车行业以来始终专注于实业、技术创新及人才培养，在打好基础的同时，还不忘坚定不移地推动企业健康可持续发展。吉利现在员工人数已经超过了12万人，总资产更是超过了2000亿元。自2012年始，连续7年跻身于世界500强企业。回顾吉利的历史，是一段奋斗的历史、自强的历史，更是一部依靠创新力量铸就成功的造车史。

一、"汽车狂人"李书福的汽车梦圆：民营车上市

1997年，亚洲金融风暴之后，国家启动内需市场，汽车与房地产成了新的消费热点。从这一年起，家用轿车的拥有量连年翻番。众多专家纷纷预言，中国的家用轿车时代已经到来了。而同等性能的大众甲壳虫汽车在中国的售价是在美国售价的3.36倍，别克汽车在中国的售价是在美国售价的2.36倍，丰田皇冠汽车在中国的售价是在日本售价的2.80倍。这意味着汽车行业有着巨大的利润和成长空间。然而多年来一直未对民营资本开放的汽车领域，却被一个草根企业家李书福意外打开了。

有人以"血液里流淌着豪赌基因"来形容李书福，早年，他在冰箱零配件、冰柜、铝镁板、摩托车、房地产、生物技术等行业都略有斩获。1997年，李书福不顾亲友反对，决意投资5亿元资金进军汽车行业，并抛出一句"汽车不过就是四个轮子加沙发"的言论，震惊四座，还因此获得了"汽车狂人"的"美名"。不知有多少人等着看这个不知天高地厚的年轻"狂人"的洋相。

李书福造车的理想是要做"中国的奔驰"，而李书福正好有一辆奔驰，另一位副总顾伟明则有一辆红旗，吉利的第一辆车就是用这两辆车的零部件拼装出来的。吉利第一车是以红旗底盘为基础，采用拆下来的红旗汽车的悬架和轮胎，奔驰车门，以及其他一些手工敲打出来的部件造出来的。这辆车的发动机舱盖板，是用玻璃钢制造的。吉利第一车造出来了，

但是李书福的奔驰汽车和顾伟明的红旗汽车已经无法复原了。拆装奔驰的故事已经成为历史，但是，吉利坚持自主研发，向国外先进技术学习和充分考虑中国消费者需求的发展思路，一直坚持至今，成为吉利造车的重要价值取向。

一家从零开始的车企要突破技术壁垒绝非易事。1997年，李书福费尽心思招来80多名大学生，不到一年走得只剩下1个。迫不得已，李书福自己办学培养汽车专业人才，1998年在浙江台州创办了第一所汽车技术学校。

1998年，吉利在临海建成了第一个轿车生产基地，当年第一台吉利"豪情"轿车制造完成，这台车参考了其他厂家的车型，模仿了天津夏利，并使用了丰田的发动机。李书福搞了一个下线仪式，发出去700多张邀请函，却没有人来。然而，这并不妨碍吉利"豪情"一面市，就掀起的一场腥风血雨。当时中国的轿车的定价大多在10万元以上，最便宜的天津夏利汽车售价也近9万元，而"豪情"的价格仅为5.8万元。

2001年11月9日，吉利"豪情"才登上原国家经贸委发布的中国汽车生产企业产品公告，获得轿车的"准生证"。"请给我一次失败的机会吧！"这是李书福当年请求国家让他做汽车时说的话。当时的市场环境下，汽车工业是一个资金、技术、人才高度集聚的行业，民营企业当时确实比较困难，李书福表示："如果成功了，可以为中国汽车工业提供一些借鉴；如果失败了也不会用国家的钱。"最终，吉利成功拿到了汽车生产资质。吉利集团从此成为中国首家获得轿车生产资格的民营企业，名正言顺地扛起了民族汽车工业的大旗。

"汽车狂人"李书福的汽车梦终于实现了。有人说，李书福是一员福将。的确，从当初120元创业做照相机，造冰箱、造摩托车到造汽车，他几乎做什么成什么。然而，在汽车梦圆的背后，凝聚着浙江企业家敢为天下先的创新精神与是"一根筋"的执着拼劲。正是这种不甘人后的态度才能使吉利跳出模仿，走向自主创新。

二、亏损逼出来的自主创新：中国"心"诞生

吉利进军中国汽车市场之时，汽车核心技术基本掌握在国外汽车巨头手里，他们同时也掌握着核心技术的定价权，即使到今天，许多关键零部件的价格仍然被外资企业控制着。

吉利造车初期使用的是天津丰田发动机公司（以下简称丰田）生产的丰田8A发动机，当时丰田不但给出价格优惠而且承诺，如果日后吉利需用量增大，价格可以更低。然而，到了2001年，吉利对发动机的需求成倍增加，8A发动机的价格不但没有降低反而大幅上涨。当时的情形是吉利每卖一辆车就亏损3800元。不仅如此，丰田还要求每台发动机再加5000元，这样的话，吉利每卖出1台车将近亏损1万，企业还怎么活？安聪慧（浙江吉利控股集团现任董事、CEO兼总裁）回忆说，当年9月，他在天津一家宾馆里待了一个星期，试图与丰田进行谈判，但对方丝毫不肯让步。

2001年年底，随着吉利的四款新车型登上原国家经贸委发布的产品公告，吉利成为中国首家获得轿车生产资格的民营企业。在汽车生产权的问题得以解决之后，李书福带领着他的科研人员加快了自主研发的步伐，特别是加大了对发动机、变速箱这样的核心技术的研发。李书福造车的一个观念是"造车就一定要造发动机"，但这句话说来容易，作为汽车制造最核心的发动机和变速箱关键部件，其技术研发对吉利汽车而言难度太大，因此只

能从小型车入手。于是,吉利开始从夏利等汽车公司买来几批样车进行改进,沿用关键部件,工程师们则将更多精力投入到前脸、内饰等设计,并逐渐建立起自己的零部件供应体系。整车制造起步并形成一定基础后,李书福就开始四处挖掘人才,招揽各路技术专家加盟吉利,陆续启动了发动机和变速箱的自制项目。

事实上, 1998年,在吉利正式进入汽车领域后的第二个年头,发动机研发项目就已经开始启动。第一款发动机,即479型发动机,是一款以天津丰田8A为原型的发动机。这款发动机除了电喷系统是与博世合作的外,主要是依靠自己的力量进行开发的。零部件方面,吉利自己生产气缸体、气缸盖,还找了不少国内的专业厂家为吉利做配套。2002年, 479型发动机正式产业化,装备"美日""华普""优利欧"等车型,并且很快就体现出了突出的成本优势。吉利向天津丰田采购的8A发动机价格是1.8万～1.9万元人民币一台,极大地限制了整车的成本空间,而吉利自己研发的1.3升发动机,内部配套只有不到1万元的价格。

有了479的基础,吉利并没有在发动机的研发道路上做多少停顿。吉利团队陆续开发出了8款不同的发动机。在2003年之后,由原一汽红旗的发动机专家杨建中负责,吉利又开始了VVT(可变进气配气相位)发动机的研发,这一项目(指VVTI,即第一款VVT型发动机)历经两年多的开发才完成,并被列为浙江省"十一五"重大科技项目。这款发动机的研发,虽然早期与外方(如FEV——世界三大权威内燃机研发机构之一)有合作,但主要是依靠吉利自己的力量,并且在某些技术指标上的确已经达到了国际先进水平。

2003年9月,作为中国汽车自主设计与制造的新典范,吉利生产的第一辆吉利"美人豹"汽车正式成为中国国家博物馆的永久收藏品和展示品。2005年5月20日,吉利自动变速箱项目通过了地方科技局的认可,正式应用于"自由舰""美人豹"等车型上,这也是当时国内唯一享有自主知识产权的自动挡变速箱。

在目前中国本土轿车厂商中,吉利是实现了变速箱和发动机自主产权产品自给自足的第一家汽车企业。几年来,他们相继研发出具有国际先进水平的三缸五速变速器、VVT智能可变配气正时系统,以及电动助力转向系统等核心部件,实现了几代汽车人的梦想,创造了中国汽车工业具有里程碑意义的业绩。

吉利目前成功研发的自动变速箱重要的意义在于吉利完全掌握了其核心技术和原理,搭建出国家在自动变速器上的技术平台,带动了精密加工、非金属材料、油品和检测设备的产业发展,在我国汽车行业几十年的发展历程中,这绝对称得上是一个很大的进步。

三、破釜沉舟的战略转型：价格战化解

"我一开始就提出要造老百姓买得起的好车,"吉利集团董事长李书福说,"就是因为把汽车拆开了研究以后发现,很多零部件如果我们自己掌握技术,人家不可能卖那么贵。"

2006年,汽车业界的焦点新闻聚焦在微型轿车领域两个具有霸主地位的企业：天津一汽和吉利。两大微型轿车霸主降价,反映出消费税改革和油价上升双重因素对于经济型轿车的直接影响。国家出于对能源安全和对日益严峻的环境保护问题的考虑,消费税改革将天平向经济型轿车稍作倾斜, 1.0～1.5升的税率由原来的5%调整为3%；在新的消费税刚刚出台不久,国内油价开始飙升,一夜之间汽油价格几乎上升了0.4元。在消费税与油价的

双重作用之下,经济型轿车在中国整体汽车销售市场中的份额进一步扩大。

在进一步扩大的市场之中,夏利面临继续扩大其市场份额、重新夺取原来超过60%微型轿车市场份额的机遇,吉利则面临着超越夏利的机遇。在自主品牌吉利起来之前,夏利一直在微型轿车市场占据着绝对的优势地位,李书福提出"轿车价格低于5万元"的口号时夏利轿车的价格接近10万元,吉利对微型轿车市场的冲击立竿见影,在一年的时间内抢夺了30%的市场份额。吉利"豪情"上市后,一直以4万多元的价格占领着"中国最便宜的轿车"的地位,夏利为了挽回市场,和吉利打响了价格战,几番降价下来,吉利的价格被定在了2.99万元,这是中国汽车史上的最低价,利润空间几乎被挤压殆尽,李书福尝到了低价定位的苦涩滋味。

2007年,车市繁荣,产销两旺,李书福却预感到,靠打价格战吉利迟早会是死路一条,世界汽车工业将有大的重组过程,如果不抓住机会转型就只能被别人兼并。也正是因为不希望徘徊在低价、低品质的市场,2007年5月,吉利发表《宁波宣言》,毅然决然进行战略转型。从"造老百姓买得起的好车",转变为"造最安全、最节能、最环保的好车",不打价格战,改打技术战、品质战、品牌战、服务战、营销战,踏踏实实打造安全吉利、技术吉利、品质吉利的标签。

根据战略转型的要求,吉利停产市场销量巨大的老三样——"豪情""美日""优利欧"重新梳理了产品线和品牌线,制定多品牌战略。投入重金建立吉利汽车技术研究院,在人才的培养培训、管理流程的再造,技术路线、产品路线、产品的规划、配套体系的建设,营销网络的建设,售后服务的建设等方面进行了卓有成效的改造和革新,使整个企业基础工作都转移到适应新形势的轨道上。正是这一系列的前瞻性举措,不但让吉利安然度过金融危机,而且成为吉利完成跨越的转机。

换上"自主创新"这个新马达,吉利汽车很快就结出硕果。2008年1月,吉利在200多位中外记者的见证下,演示了自主研发的爆胎检测与安全控制系统,飞驰的吉利"远景"爆胎后依然行驶,直至安全停稳。不久,这项世界首创的汽车安全技术在美国底特律北美车展上引起轰动,组委会主席将唯一的技术奖项授予了李书福。2010年初,"吉利战略转型的技术体系创新工程建设"获得国家科技进步二等奖,吉利成为我国汽车行业唯一获奖企业,这一奖项也是我国汽车行业技术创新体系获得的国家级最高荣誉,标志着吉利的技术创新能力和水平跃居我国汽车行业最高水平梯队。

2015年2月,汤森路透旗下的知识产权与科技事业部发布了全球汽车行业技术创新报告。此份报告通过追踪并分析2009年到2014年7月间已公开专利申请和授权专利的发明总数而成。从企业层面的2009—2013年汽车业新核准技术专利来看,中国汽车制造商吉利(不含沃尔沃的专利)位列第15位,将福特、奥迪、宝马和雷诺等对手甩在身后。2018年中国汽车知识产权年会暨汽车技术共享与转移大会上,中国汽车工程学会知识产权分会秘书长、中国汽车技术研究中心有限公司情报所副所长傅连学,发布了中国汽车企业专利创新指数,在自主企业创新指数排名30强中,吉利位居第三。

无论是在体系架构运作、机制创新、战略规划创新、研发管理创新、知识积累创新,还是在核心技术突破、新车型研发方面,吉利都走在了我国汽车行业的前列。吉利技术体系的发展和雄厚实力有力提升了企业产品的核心竞争力,支撑了企业可持续发展,确保了企业战略转型的成功实施,名副其实地向公众、向市场树立起了"技术吉利"新形象,吉利成为行业内技术创新的典范。

四、不断的海外扩张：加速度创新

吉利一方面加大自主创新力度,一方面通过并购,走出了一条将世界先进技术为我所用、融合提升的自主创新之路。"对于企业来说,并购本身只是途径,对先进技术的吸收融合才是目的",李书福说。

事实上,在并购澳大利亚DSI公司之前,吉利已经具备了轿车手动和自动变速器的开发队伍,但具有国际领先水平的DSI在自动变速器研发方面的长项依旧是吉利的短板。

据吉利澳洲DSI项目分管负责人陈勇介绍,完成并购之后,吉利很快派出15名工程师前往澳大利亚研发基地,并在国内安排了30人同步开发研究。此外,吉利在保留澳大利亚DSI原有研发生产体系的基础上,还将DSI成熟的6速自动变速器技术引进国内生产,这在很大程度上打破了外资、合资品牌在汽车核心部件中的垄断地位。

2008年国际金融危机以来,全球汽车格局发生了重大变化。这为吉利提供了不可多得的历史机遇。

2009年3月,吉利闪电般收购全球第二大自动变速箱公司——澳大利亚DSI,吉利100%控股,被业界誉为金融危机中汽车行业最成功的收购案。吉利全资收购DSI后,彻底改变了DSI的商业模式,它不再是个游离于主机厂之外的变速箱厂,吉利将成为它永远的伙伴,吉利产品至少可以占到它60%的销量。DSI被收购后的第5个月,就扭亏为盈。由于它的产品既有前驱,又有后驱,既有4速,又有6速,所以国内很多企业对它都很感兴趣,它在中国市场的前景将非常乐观。吉利并购DSI的战略意义在于：第一,拓宽了吉利自动变速箱的产品线;第二,可以改变中国轿车行业自动变速器产业空白的局面;第三,DSI大部分的零部件在中国逐步实现本土化采购,带动了中国汽车行业自动变速器产业和相关产业的发展。

2010年8月2日,福特正式与吉利交割世界豪华汽车品牌之一的沃尔沃轿车,由吉利100%控股,创造了中国汽车工业并购史上的又一个奇迹。收购沃尔沃对于吉利乃至中国汽车工业具有里程碑的意义。吉利收购沃尔沃轿车100%的股权,得到了非常宝贵的资产,包括沃尔沃商标的全球所有权和使用权、10个可持续发展的产品及产品平台、4个整车厂、1家发动机公司、3家零部件公司、拥有3800名高素质研发人员的研发体系、分布于100多个国家2000多个网点的销售、服务体系及1万多项专利和专用知识产权等。

2017年12月27日,吉利控股发布消息称,其与欧洲基金公司Cevian Capital达成一致,将收购其持有的沃尔沃集团（AB Volvo）8847万股的A股股票和7877万股的B股股票。项目交割后,吉利拥有沃尔沃集团8.2%的股权,成为其第一大持股股东。

案例评析与拓展

一、吉利战略转型是最深刻的一种创新

2018年，正值中国改革开放40周年，中国的汽车市场也已经连续9年稳居全球汽车产销的首位，不仅如此，中国汽车工业还站在了汽车新四化产业变革的风口上，成为百年汽车工业的创新引擎。而作为中国汽车工业自主品牌中的领航者，浙江吉利控股集团的创业创新之路都有许多值得我们学习的地方。

吉利的"战略转型"是近几年来中国汽车企业发展过程中一股伟大的变革力量，也是吉利突破重围、由弱变强、顺利实现产业升级和可持续发展的"标志"。正是因为吉利战略决策的正确，才可以使吉利在10多年的发展当中，始终保持着不败的纪录。

决定成功的重要因素只能源自企业内部，那就是前所未有的勇气和始终坚持的自主创新和开发能力。浙江吉利控股集团董事长李书福表示，有了专属的研发实力就等于有了刀，才能去切割世界汽车市场的蛋糕，所以，技术研发一直都是该企业的核心业务。吉利每年都会将销售额的10%投入研发，自主创新的巨大磁力吸引着国内外的汽车人才，让该企业骤然成为汽车人才的聚集地。目前吉利拥有中科院、中国工程院院士数名，高学历研发人员更是超过了上千人。

二、企业技术创新的动力与阻力因素

程惠芳等2015年对浙江省1000家创新型企业和146家工业龙头企业进行创新发展的情况调查，发现浙江创新型企业已经进入从模仿创新向自主创新转变的重要阶段。浙江企业的产品创新能力居全国前列，市场需求变化和产业转型升级已经成为企业技术创新的重要推动力量。调查结果如下。

第一，市场需求变化是企业技术创新第一推动力量。企业认为最重要的创新动因是适应市场需求的变化，其次是产业升级和企业品牌战略要求，再次是成本上涨迫使企业创新，通过创新提高效率和效益，降低成本。政府政策推动和资源、环境约束推动创新在企业创新动因排序中处于靠后位置。

第二，成本上涨成为引发创新的诱因。生产要素成本上涨已经成为推动企业技术创新的重要动因。企业成本包括资金成本、劳动力成本、原材料成本、土地成本、供应商议价能力及营销和管理成本。在成本上涨的排序调查中，原材料成本、劳动力成本、资本成本上涨居前三位。

第三，创新人才、创新资金、创新信息缺乏是企业创新的最大约束。在对约束企业创新的因素排序调查中，排在第一位的是创新人才缺乏，排在第二位的是创新资金缺乏，排在第三位是创新信息缺乏、创新方向不明，排在第四位是创新政策支持不够和创新周期太长。

三、如何鼓励更多企业进行自主创新

根据创新型企业调查中企业普遍关心的人才、技术、资金等问题，企业自主创新战略实

施的制度及政策环境还有待优化。

首先，对于创新人才缺乏的问题，应确立创新人才优先发展战略，统筹推进创新人才队伍建设，建立引进高层次创新人才"一站式"服务体系，加强创新领军人才、技术人才、设计人才和管理人才的培养和引进力度。

其次，对于产业核心技术缺乏的问题，应完善政府创新政策体系，加快提升企业自主创新能力。加快实施创新驱动战略，关键是要大幅提高自主创新能力，努力掌握关键核心技术。政府创新政策重点应引导企业对关键核心技术投入和关键核心技术的研究开发，鼓励形成自主知识产权、自主著名品牌，提高企业自主创新能力。

再次，对于金融支持问题，一是需创新融资政策和财政政策，如银行信贷支持、税收减免、政府专项资金支持政策等；二是需要鼓励创新型企业上市、发展创新型产业基金和风险投资政策，三是发展创新型企业的产权交易市场。

最后，对于自主创新型企业的制度激励问题，应完善政府的创新奖励政策、创新绩效考核制度和创新目标责任制度。完善创新融资政策，建立商业银行对创新投资的信贷支持考核体系。加强各级政府财政对重大关键核心技术研究开发的专项资金支持政策。加快发展企业技术研究院，完善产业技术战略联盟和产学研协同创新等创新体系建设。

案例讨论

1. 为什么企业间的价格战很常见，怎样才能够避免价格战？
2. 创新战略的选择受哪些因素影响？要做到成功的创新转型，必备的要素是哪些？
3. 吉利为什么要与沃尔沃、奔驰等企业合作，合作存在风险吗？

资料来源：作者整理自新浪网、人民网、网易等网络资源及相关文献。

① http://finance.sina.com.cn/leadership/mglgs/20090727/14406532937_2.shtml?from=wap.

② http://auto.people.com.cn/GB/128665/210742/210744/13566816.html.

③ http://auto.163.com/06/0822/16/2P53NJLA000816HJ.html.

④ 吴晓波.激荡三十年——中国企业1978 — 2008[M].北京：中信出版社，2014.

⑤ 程惠芳，潘望，詹森华.创新型企业：从模仿创新走向自主创新——浙江省创新型企业发展调查分析[J].浙江经济，2015，（1）：34-36.

案例6 科技创新从娃娃抓起：日本经验

案例内容

根据科睿唯安（Clarivate Analytics，原汤森路透知识产权与科技事业部）发布的"2016年全球百强创新机构"榜单，有34家日本企业上榜，仅次于美国的39家。此次上榜的中国机构仅有深圳华为技术有限公司和台湾联发科技股份有限公司。

虽然在我们的印象中，日本正处于"失去的20年"——经济衰退、创新能力丧失，但在组织创新能力方面，日本依然领先亚洲。联合国工业发展组织（United Nations Industrial Development Organization, UNIDO）发布的各国工业竞争力报告也证实日本的全球制造业始终名列前茅，尤其是在全球产业链上游的材料、零部件、装备制造等核心技术、高附加价值产品制造等科技含量极高的领域。

从日本家电企业的转型中，不难找到一些线索。虽然在全球彩电、手机、冰箱、洗衣机和空调等产品的排行榜上，日本企业已经不再名列前茅，许多日本企业早就在寻求创新和转型之路。比如，松下从家电扩展至汽车电子、住宅能源、商务解决方案等领域；夏普逐步转向健康医疗、机器人、智能住宅、汽车、食品、水、空气安全领域和教育产业；索尼领域强化手机摄像头等核心部件，同时参股奥林巴斯发力医疗领域；安川电机由马达、发动机的生产商，发展成为全球四大机器人企业之一……这些都显示出日本企业在创新方向上发生了巨大变化，逐渐从家用电器行业摆脱出来，在医疗、能源、机器人领域实现突破，为下一步的盈利打下基础。

2018年10月1日，诺贝尔生理学或医学奖揭晓，奖项被授予美国免疫学家詹姆斯·艾利森及日本免疫学家本庶佑，以表彰他们在发现负性免疫调节在治疗癌症方面的贡献。据日本媒体报道，本庶佑系第26位获得诺贝尔奖的日本人。日本人正在以年均一个诺贝尔奖的井喷势头证明着，"50年获得30个诺贝尔奖"的宏伟目标绝非好高骛远。

似乎是与人们心目中日本正在衰退的认识截然相反，日本在很多领域已经成为"隐形冠军"，尤其是在科技创新领域，日本的表现绝对不容忽视。从20世纪80年代开始，日本从"科技立国"转向"科技创新立国"，并实施了大量的政策。在其中，特别值得注意的是日本对青少年创新能力的培养。

日本的学校十分注重学生的创新意识和动手能力的培养，从幼儿园开始就设有手工课；小学、初中经常组织学生到田间野外上课，观察植物花期、动物活动；高中阶段学生就开始接触一些小型研究项目，鼓励学生发现问题、学做实验。

日本的地方政府、教育部门、发明协会等机构也定期为学生举行发明展览和比赛。日本各地还有很多鼓励发明创造的组织，定期或不定期地举行全国性机器人、航模等比赛，从小热爱发明创新的孩子往往会伴随着奖励成长。类似天皇奖、总理大臣奖、内阁大臣奖、发明协会奖、全国发明奖这样的奖项数不胜数，既有奖给个人的，也有奖给团队的，还有奖给组织者的。

日本各地都有科学博物馆，里面有很多供参观者亲身体验和动手制作产品的项目。学校会定期组织学生参观，以寓教于乐的方式使学生对科技产生好奇心。民间人士也热心于发明创造，有一个名为"发明大国"的网站，受企业的委托募集个人的发明创造，在企业和个人之间牵线搭桥。

日本电视台鼓励青少年去创造发明，其中以连续举办多年的"变变变"节目尤为引人关注。这个节目主要是动员日本各地的青少年以个人、小组、集体、家庭等各种组合形式，展示自己的创意发明。这个幽默风趣、观众当场打分的创意节目持续受到观众，特别是广大青少年和家长的喜爱，创造了可喜的收视率。该系列节目引进我国后，在当时也受到了广大青少年观众的广泛关注和欢迎。

特别值得关注的是，日本正在利用5G技术，开始建设智能化社会。目前拥有最多人工智能技术与专利的软银集团，已经与日本最大的汽车制造企业丰田汽车公司，成立了一家合资公司，运用5G网络，结合人工智能技术，以丰田汽车公司的开放式移动平台汽车"e-Palette"（电子调色板）概念车为母体，开始打造人与汽车、人与社会、人与生活、人与物品相融合的智能化城市。名古屋市将会成为世界上第一个实施高智能化城市建设的试验城市。

5G技术不是一个单纯的通信技术，而是一个国家打造智能化社会极其重要的基础设施。要让每一个国民都能熟练地利用这一技术，适应智能化社会的生活，就是要让每一位国民，必须掌握基本的人工智能的技术与知识。为了迎接智能化社会的到来，日本有一件事情已经悄悄地走在了中国的前面。那就是从小学生开始，实施"编程教育"。

2019年4月18日，日本政府举行了综合科学技术与创新会议，这个会议在首相官邸举行，日本首相安倍晋三亲自主持。在这个会议上，安倍晋三提出了一个"国家人工智能战略"，即从2020年开始，在中小学生中开始进行编程教育。他说，编程是人工智能社会每一个人都应该具备的一项基本技能。就像会使用电脑一样，让每一个人都会编程。日本政府要求全国的中小学校从2020年开始，必须把编程教育列入中小学生的必修课。日本计划每年完成对100万名学生的编程教育，最终用5年的时间，让所有的在校中小学生都会编程。

我们可以设想，未来10年，日本将迎来智能化社会，日本政府的目标是，在2023年，完全普及5G技术；在2030年，实现全自动驾驶汽车时代。从娃娃抓起学编程，从基础设施建设开始营造5G环境，不仅可以培养出众多的IT人才，更为重要的是，为日本这个国家保持强劲的竞争力奠定了坚实的社会基础。日本的这一做法，值得我们研究和关注。

案例评析与拓展

一、创新意识的培养要从小做起，兴趣是最好的老师

创新是发展的根本动力，没有创新，社会就不会发展进步。创新的未来在于青少年，少年兴则国兴，少年强则国强。

日本能够成为创新强国，与其从小培养孩子的创新意识和创新能力是分不开的。我们能够从中感觉到：兴趣是最好的老师，要多渠道探索科学带给广大青少年的乐趣。除了要提高青少年的科学素养外，还要激发他们潜在的科学兴趣，通过各种渠道，激发他们追寻科学的梦想，树立远大的科学理想。

朱清时院士在总结创新能力提高的技巧时称，出色的科学家之所以能源源不断的有新成绩，在于他们有从不枯竭的兴趣，并不断培养自己的对科学的素质，最后聚精会神地去研究它。由此看来，新发明、新发现和发明家的思维习惯和学习精神是分不开的。这要求我们要抵制社会中的不良风气的诱惑，切实发现自己的真正兴趣，坚持不懈地思考。另外，要善于用逆向思维考虑问题的症结，不断培养自己的直觉意识，让思维的灵感和火花成为研究的新发现。

二、世界创新强国的创新意识与创新能力培养的经验

事实上，除日本外，很多创新强国都有经验值得我们借鉴和学习。

（一）以色列鼓励提问，注重发掘孩子的智慧，而不是仅仅学习书面知识

犹太教育鼓励孩子提问题，然后再用自己的方式进行研究。在以色列，没有所谓的好学校坏学校之分，学校的目标都是发展每个学生的个性而不是提高成绩。学校没有考试和作业，而主要通过老师观察和记录每个孩子不同阶段的成长，定期跟家长沟通。

（二）瑞典没有入学考试，注重团结合作和社会协作能力

在瑞典，团结合作的重要性一直得到强调，孩子从很小的时候起就接受了这样的教育。诺贝尔奖就是瑞典人设立的，获得该奖的应该说都是天才般的人物。但是，瑞典的教育以提高整个社会的水平为宗旨，他们更重视不让社会出现落伍者，而不是培养个别天才。在瑞典基本没有入学考试。一个人能进入什么学校是由平时的学习成绩决定的。瑞典高中的升学率达到98%。各学校学费全免，孩子的学习基本上不受家长收入水平的影响。

（三）美国重视创新、体验式教育

美国在创新上之所以领跑世界，得益于社会良好的创新氛围和青少年创新教育的体制机制保障。官方和民间都为鼓励创新出谋出力。美国政府历来重视创新。教育部门则设立了多个项目用于资助天才学生的教育，还专门设立"国家年度教师奖"鼓励致力于教育创新和幼儿教育的成绩突出者。在民间同样有大量非营利性组织积极为鼓励青少年创新创造条件。

（四）荷兰重视学生个性，寓教于玩，鼓励尝试

荷兰人认为，学习=知识×问题，所以在中小学的课程教育中，老师会为学生创造更多质疑、发问的机会，如组织小组活动，完成项目课题等。中学期间，每个学生都要交一份调研报告，选题和形式不限。荷兰孩子在中学可以参加"上一天大学"的体验活动，通过在国内各所大学参观旁听，决定喜欢的学校和专业。

创新强国的基础在于塑造创新氛围，青少年时期是人的个性和品格塑造的重要阶段，也是创新能力培养的最佳时期。在这个阶段，需要对青少年的学习进行适当的引导，辅以专业化、个性化的指导与训练，帮助他们形成创新的意识、培养创新的能力。以上这些国家与日本类似的一点是，都以兴趣为导向，注重创设一个自由开放的创新空间，引导孩子们多思考、多实践。中国也已经认识到创新氛围的重要性，幼儿园、小学、中学、大学及各教育培训机构，也都在积极地努力地营造创新的氛围。世界各国对青少年创新意识培养的经验对中国应该有一定的借鉴意义。

案例讨论

1. 日本为什么能够从模仿创新之国成功转变成为创新强国？
2. 你认为中国青少年创新能力培养路径的优势和不足在哪里？

资料来源：作者整理自新浪网、搜狐网等网络资料。

①http://finance.sina.com.cn/roll/2019-04-22/doc-ihvhiqax4323578.shtml.

②https://www.sohu.com/a/270113227_508494.

③http://dy.163.com/v2/article/detail/DELSG2AI05189BQF.html.

案例7　从迪士尼公司兵败巴黎看企业如何跨国经营

案例内容

1955年,投资1700万美元的迪士尼乐园在美国加利福尼亚州（以下简称加州）开放,到1982年,加州迪士尼乐园创收高达34亿美元;1972年,迪士尼世界在美国佛罗里达州建成,成为迪士尼公司新的赚钱机器;1983年,迪士尼公司又走向日本,建成东京迪士尼乐园,迪士尼公司没有投资一分钱却取得东京迪士尼乐园门票收入的10%,销售食品、饮料、纪念品收入的5%。随着迪士尼乐园的开业,成群结队的日本人大批涌入迪士尼乐园,到1990年,每年游客人数达到1600万,比加州的迪士尼乐园的游客人数还多1/4,乐园营业收入高达9.88亿美元,利润达1.5亿美元。

接二连三的成功,使迪士尼公司决策者的头脑发热膨胀了,他们决定把迪士尼在美国和日本成功的套路再搬到欧洲,在欧洲再建一座迪士尼乐园,创造迪士尼的第四个奇迹。法国政府非常希望拿到迪士尼乐园项目,借以提高就业率,增强法国作为欧洲旅游中心的地位。所以,法国政府给了这个项目以空前的支持,包括允许迪士尼公司以1971年的价格购买地皮,提供7.5亿美元的低于市场利率的贷款,花费亿万美元用于地铁的修建,并为此改善首都基础设施建设。例如,巴黎高速地铁从城市中心直接延伸到迪士尼乐园,乘车35分钟只花2.5美元;在距迪士尼乐园入口处仅46米的地方建立了一个新的火车站,游客从布鲁塞尔到迪士尼乐园仅需花费90分钟的时间;一旦英吉利海峡隧道在1994年开通,从伦敦到迪士尼乐园只需要花费3小时10分钟的时间。建造欧洲迪士尼乐园共耗资44亿美元。在这项工程中,迪士尼公司拥有49%的股份,这是法国政府所能容忍的最大限度。这部分股份使迪士尼公司投资了1.6亿美元,其他投资者投资了12亿美元。剩下的是法国政府、银行和融资租赁公司以贷款的形式进行投资。迪士尼公司的收益始于迪士尼乐园开放以后,迪士尼公司可获得公园10%的门票收益和5%的来自食品和其他商品的收入。这与迪士尼公司在日本的迪士尼乐园的收益相同。

1992年4月开业时,法国迪士尼乐园展开了一场大规模的宣传和公关活动,旨在把迪士尼的那些传奇经历宣扬给欧洲人。来自欧洲各大新闻媒体的2500人进入新建的迪士尼乐园,不少记者都被迪士尼乐园的开园仪式和迪士尼乐园的职员的热情所深深打动。

迪士尼公司上下对在1992年4月在巴黎城外开业的欧洲迪士尼乐园寄予了厚望。然而,事与愿违,欧洲不是美国,巴黎也不是佛罗里达州,迪士尼公司最终在欧洲兵败巴黎城下,导致米老鼠在欧洲人面前栽了一个大跟斗。法国左派示威者们用鸡蛋、番茄酱和写有"米老鼠回家去"的标语来回敬远道而来的美国人。一些法国知识分子甚至将迪士尼乐园和米老鼠视为对欧洲文化的污染,称之为"可恶的美国文化"。鸡蛋、番茄酱都可以忍受,最让人烦恼的是财务上的亏空。自从1992年开放以来,法国迪士尼乐园的收入令人难以置信地没有达到预定的目标。到1993年11月底,法国迪士尼乐园累计损失已经超过10.3亿美元,这意味着每天要损失约280万美元,法国迪士尼乐园的前景令人担忧。直到1994年春天,沃尔特·迪士尼不得不筹措了1.75亿美元来挽救法国迪士尼乐园。这个奄奄一息的乐园所面临的最大问题就是沉重的利息负担。因为在44亿美元总投资中仅有32%是权益性投资,有约30亿美元是从60家银行贷款而来的,并且贷款利率高达11%,企业因而负债沉重,已不能靠正常经营来弥补由于利率的上升而增加的管理费用。因此,法国迪士尼乐园与银行之间展开了关于债务重组、重新融资的谈判。

法国迪士尼乐园依然连年亏损,成为迪士尼公司的一个沉重包袱。在2002年,欧洲迪士尼乐园营业收入仅为10.531亿欧元,与2001年相比下降了2.1%;亏损额高达5600万欧元(约合6600万美元),大于分析师先前预测的亏损5330万欧元的预期,面对扩大的亏损势态,迪士尼公司决定在2004年3月将门票价格下调,以吸引更多的游客。

从现实情况分析,法国的迪士尼乐园确实有许多地方和美国等地不同。例如,法国迪士尼乐园门票成人票价是42.25美元,这比在美国迪士尼乐园的门票价格还要高。法国迪士尼乐园门口的迪士尼宾馆一个房间一晚的价格是340美元,相当于巴黎最高档宾馆的价格。但是,法国迪士尼乐园开放时正值欧洲经济大萧条时期。欧洲游客因此就比美国游客节俭得多。许多人宁可自己带饭,也不上迪士尼乐园的餐厅。

另外,游客在法国迪士尼乐园里逗留的时间比预期的要短。迪士尼公司的决策者们简单照搬了美国佛罗里达迪士尼世界的数据,认为佛罗里达迪士尼世界的游客们通常要住上四天,而欧洲迪士尼乐园虽然只有佛罗里达迪士尼世界的1/3,但游客们怎么也得住上两天。实际情况却是:许多游客一大早来到乐园,晚上在宾馆住下,第二天早晨先结账,再回到公园进行最后的探险。精明的欧洲游客们不愿意把更多的时间、更多的金钱花在迪士尼昂贵的商品和服务上。这使宾馆的入住率很快降到了50%。

还有,游客在欧洲迪士尼乐园里的消费比预期的要少。尽管法国迪士尼乐园看准了自己的垄断地位,管理者认为它的需求曲线是缺乏弹性的,游客们不会太在意门票价格和服务价格的高低,因此游客们会忽略较高的价位而纷纷涌向公园。法国迪士尼乐园在吸引游客方面的确获得了成功,自开业以来每月吸引了近100万的游客,如此之多的游客光顾使之成为欧洲最大的旅游景点。但是,他们没有估计到的是欧洲人的精明、节俭。由于门票价位太高,欧洲游客大都缩短在景区逗留的时间,避免住酒店,自带食品和饮料,谨慎地购买迪士尼的商品。这让法国迪士尼乐园实在无法实现预期利润目标和支付高昂的管理费用。

不可否认,法国迪士尼乐园的运营错误和计划不周给乐园造成了损失,但其中大部分是文化上的差异造成的。

迪士尼海外经营首选日本是基于对日本市场文化背景的调研,他们发现日本虽是亚洲国家,具有东方文化传统,但是,日本人对美国文化却有相当的认同感。日本善于接受外来文化,尤其是当代西方文化。日本人极其欣赏美国文化,源于该民族对强者的崇拜。美国曾在第二次世界大战中率同盟国占领日本,战后又不遗余力帮助日本重建,使其经济迅速恢复成为世界经济大国。为此,日本人从心目中对美国产生了推崇感和认同感,进而认为美国文化也必然是先进的文化，而迪士尼所代表的正是典型的美国文化。美国有调查显示，日本人去迪士尼是因为内心的美国梦，多数日本人对迪士尼人物没有太大了解，乐园于他们是个新奇的世界。因此，美国文化在日本当地的高接受度是乐园成功的最重要因素，迪士尼顺畅进入日本并大受欢迎应该说是一种必然。此外，20世纪80年代初日本经济腾飞，日本人开始有足够的额外收入来支配闲暇时间，迪士尼的开办刚好与日本消费者寻求新型娱乐的欲望需求相结合。

与对日本文化背景的重视不同，迪士尼在欧洲却忽略了法国文化。同属西方国家的法国人对迪士尼文化（或者说美国文化）却并没有像日本人那样认同。法国人一直以自己的法兰西文化为荣。因此，他们看不起美国的短浅历史，认为其没有根底，极其排斥美国文化。

此外，在最初购买用于修建乐园的土地时，迪士尼忽略了法国人对祖辈生长的土地的留恋，认为买地还像在美国那样随便。由于媒体的大量报道，迪士尼以侵略者的面目出现，拉远了和当地居民的距离。再者，法国迪士尼开业初时的建筑设施和饮食安排等都照搬美国模式，如乐园内的美式餐馆早餐只提供羊角面包和咖啡。乐园在经营管理方面也与当地文化存在大量冲突，迪士尼要求员工都说英语，而法国人却认为自己的语言才是最美的。迪士尼按照自己一贯的企业文化禁止当地员工上班时穿牛仔裤和文身，还忽略了酒文化在法国的重要地位，坚持在乐园中禁止酒文化的流行。这些"米老鼠禁忌"惹恼了无拘无束的法国人，法国迪士尼乐园被报界贴上了"美国文化指南"标签，受到了当地人的排挤。

再者，法国迪士尼乐园为完成预定利润目标，在没有实地调研的情况下一味走高价路线，门票、内部食品都定价过高，平均一间客房的费用相当于巴黎高级酒店的消费水平。岂不知，不同于美国人直接订房的习惯，75%的欧洲人都通过旅行社订房，使得法国迪士尼乐园必须向旅行社支付大量回扣，经营成本增加。同时，忽略法国有关劳动法规造成法国迪士尼乐园的劳动力成本大大增加。在美国，由于迪士尼乐园的季节性，管理人员采用星期工作制度及年度工作制度来安排员工，使人员分派和管理具有高度灵活性，在满足高峰期游客需求的同时也符合经济原则。然而，法国有关法律对此却缺乏灵活的规定。尽管法国迪士尼乐园现在已经针对这些问题做了相关调整，但是一开始不注重文化差异使得法国迪士尼乐园付出了连续多年亏损的沉重代价。

案例评析与拓展

随着经济全球化趋势的不断加强，跨国公司对外直接投资活动不断增加。几乎所有的跨国公司都面临着一个共同的问题，即跨国经营所引发的文化冲突。文化冲突处理不当往往会造成跨国公司在东道国经营的失败。

一、文化冲突的原因

可以从两个层面上来认识文化冲突。一是在企业内部层面，企业从事跨国经营活动时，往往为了实现当地化目标而聘用当地人员，企业的全球扩张导致内部成员来自多个国家和地区。这些人员由于各自所处的文化环境不同，可能在企业内部造成文化冲突，包括企业成员之间的文化冲突和来自企业成员与企业原先文化之间的冲突。二是在企业外部层面,企业从事跨国经营活动进入东道国之后,会受到来自东道国文化、制度和政策的影响。

文化冲突的结果往往导致跨国经营的企业遭到来自企业内部和外部两方面的打击。从企业内部来看,员工之间的文化冲突通常导致企业组织管理的不畅,管理效率的下降,从而加大了企业经营的成本。从企业外部来看,东道国的文化环境与企业文化的冲突,往往使企业及其在东道国的经营活动受到东道国国民的抵制,甚至受到来自东道国政府及有关部门的限制和制裁,例如迪士尼在巴黎,就遭到了来自法国民众的抵制,这已经表明文化冲突的存在。

企业在跨国经营过程中所面临的文化冲突,其成因可以归纳为如下三个方面。

（一）沟通方式和语言导致的文化冲突

由于语言或非语言障碍的存在,人们对时空、习俗、价值观等的认识也有所不同,充分沟通往往有一定难度,沟通时也容易产生误会。例如,我们熟悉的OK手势,在日本、韩国等国家,表示金钱;在印度尼西亚,表示什么也干不了;在法国表示微不足道;在荷兰表示正顺利进行、微妙等。我国的"白象牌"电池翻译成英文"White Elephant",在外国人看来却是"华贵但却笨重和无用"的意思。在企业的实际跨国经营过程中,若对这类文化差异不进行及时妥善地协调,则不但有可能会带来文化冲突,而且还会对企业的跨国经营带来巨大的利益损害。

（二）宗教信仰与风俗习惯导致的文化冲突

不同的宗教有不同的倾向和禁忌,影响着人们认识事物的方式、行为准则和价值观念,同时,宗教直接影响着人们的观念和态度。不同国家的人们在观念上的差异常常会使跨国公司的管理人员感到困惑和苦恼,从而可能在跨国经营中产生文化冲突。另外,不同的国家、地区或民族由于受传统文化的影响,形成了各自独特的风俗习惯,表现为独有的消费传统、偏好和禁忌。例如,印度教徒禁食牛肉,因此牛肉制品就不可能进入印度市场。跨国企业集团的海外经营者如果不了解这些风俗习惯,就有可能造成经营管理上的失败。

另外,种族优越感也是造成文化冲突的重要原因。种族优越感是指认定某一种族优越于其他种族,认为自己的文化价值体系较其他文化优越。目前跨国公司的对外直接投资活动通常是从发达国家流向发展中国家,这样的行为有可能被东道国当地的人认为是文化输入,产生忌恨,严重的可能产生抵制,引发冲突,影响企业跨国经营。

（三）刚性的企业文化导致的文化冲突

一些企业在从事跨国经营活动时,对于如何将本企业原有文化与东道国的文化相融合关注得甚少。企业内部人员特别是经理人员因循守旧、不愿变革,忽视甚至无视东道国文化的存在及其对本企业海外经营活动的影响,沿用原来企业的文化模式,形成以自我为中心的管理。如果片面以自我为中心,死守教条,不知变通,往往会导致企业内外文化冲突的产生和加剧,不利于企业顺利地从事跨国经营活动。

本案例中的迪士尼公司,其在美国、日本的主题乐园成功后,就将这种模式复制到了巴黎,虽然全球化的到来包容了很多文化差异问题,但是,向来以文化为骄傲的法国人民,对来自美国文化的排斥是完全可以理解的。

二、如何解决文化冲突

加拿大著名的跨文化管理学家南希·爱德勒认为解决文化冲突有三种方法。

（一）凌越

即企业的一种文化凌驾于其他文化之上，一种文化支配着整个企业，其他文化则被压制。这种方法的优点是短期内可以形成"统一"的企业文化，但由于其他文化受到压制会使一些员工产生反感，最终反而会加剧冲突。

（二）折衷

即不同文化之间采取妥协和退让的方式，有意回避文化差异，以实现企业内的和谐与稳定，但这种方法只有当文化差异很小时才适用，否则最终也会爆发危机。

（三）融合

即不同文化在承认、重视彼此间差异的基础上，相互尊重，相互补充，相互协调，从而形成一种合一的、全新的企业文化，这种方法不仅可以吸取不同文化的优势，而且稳定性强。

迪士尼在日本这个与美国文化有较大不同的亚洲国家获得巨大成功，却法国这个在文化上与其有更多相似性的国家遭遇滑铁卢，是引人深思的。细细分析后，我们可以发现，是否重视并有效地解决文化冲突是迪士尼跨国经营成败的重要原因。

案例讨论

1. 从迪士尼在巴黎的失败，你得到了哪些启示？

2. 上海迪士尼乐园开业不到一年就已实现盈亏平衡，在吸引中国游客方面它做了哪些适应性改变？

资料来源：作者整理自百度文库、网易等网络资料及相关文献。

①https://wenku.baidu.com/view/8b945e8d6529647d272852a2.html.

②https://wenku.baidu.com/view/0ecbbb27f46527d3240ce07f.html.

③徐莉.跨国经营中的文化冲突问题和跨文化管理策略[J].南京财经大学学报，2006，（6）：66-69.

④姜洪源.浅论在华跨国公司本地化策略的原因以及存在问题[J].企业导报，2012，（10）：37.

案例8 ▲ WhatsApp：逆向思维创造新社交平台

案例内容

2007年10月31日，简·库姆（以下简称库姆）和布莱恩·阿克顿（以下简称阿克顿）同一天离开雅虎。之后，他们就经常一起玩极限飞盘，并且思考他们的未来发展。2009年2

月24日，这一天刚好也是库姆的生日，库姆兴冲冲地跑到飞盘场告诉阿克顿，他刚刚注册了一家名为WhatsApp的公司，主要负责研发推送手机"状态"应用程序。

2009年5月份，WhatsApp的首个版本正式发布。不过，苹果在一个月之后于iOS3.0中引进了推送通知功能，这让库姆重新思考WhatsApp的定位，他决定将其发展为一个全面的、跨平台的移动通信应用程序。2009年9月份，阿克顿决定加入库姆，并展开第一轮的融资。

WhatsApp应用非常简单，它拥有朴素简洁的界面，没有任何花哨的功能，核心功能就是帮助用户收发消息。如今，WhatApp应用程序发展得越来越好。但是，库姆和阿克顿始终拒绝在WhatsApp中插入广告。

2011年8月28日，库姆发表了首条Twitter信息，解释了为何不在WhatsApp应用中销售广告位。"广告让我们不断地追求更好的汽车、更昂贵的衣服。我们会被广告延误，所以我们选择远离它。没有人希望在早上刚一睁开眼睛就面临着广告的狂轰滥炸，也没有人希望在广告的陪伴下就寝。我们知道用户更希望能够在不受打扰的情况下与好友聊天。我们希望WhatsApp就是这样一个产品。广告不仅会破坏产品的美学设计，它还会破坏用户的隐私。那些在应用中销售广告的公司，其工程团队每天的一项重要工作，就是收集用户的数据，以便对用户进行更准确的广告投递。请记住，在这种情况下，用户就成了一种产品。而在WhatsApp，我们的工程师将所有时间和精力都花在完善产品上，我们不断修补产品的漏洞、添加新功能等。由于没有广告，你的隐私数据并不在我们的考虑范围内，我们对它毫无兴趣。"

库姆发布的信息中还包括以下内容："阿克顿和我在雅虎工作的时间，加起来有20年。为了让网站能够顺利运行，我们一直在努力工作。是的，我们那时候一直在销售网页广告位。这就是雅虎的工作方式：收集数据、编写网页，然后销售广告位。我们目睹了雅虎被谷歌赶超的全部过程，谷歌是一个更加有效的广告销售工具。它知道你正在寻找的东西，因为它能够通过数据分析向用户投递他们更感兴趣的广告。如今，企业几乎对消费者了如指掌，他们知道你的一切，知道你的朋友是谁，知道你的兴趣，他们会利用这些数据对用户进行广告投递。3年以前，当我们开始自己创业时，我们希望能够打造一个没有广告的产品。我们希望能够将精力用在产品和服务开发上，为用户开发一个能让他们省钱、让他们的生活变得更好的产品。我们意识到，如果能够开发出这样一个产品，用户就会乐于对它进行付费使用。因此，我们就能够打造一个没有广告的应用，这也是用户十分看重的。"

WhatsApp公司联合创始人简·库姆和布莱恩·阿克顿每年的收入达到了数百万美元。他们本可以赚得更多，让自己的收入达到10亿～20亿美元：他们需要做的只是准备一些广告合同、签字，再和对方握个手而已。但是迄今这两个创业者并没有这样做。

从创办WhatsApp公司的那一刻起，库姆和阿克顿就希望做出一些不同凡响的事情。在别人都千方百计抓取眼球的时候，他们却避开了镁光灯，甚至不愿在位于山景城的WhatsApp办公室门外挂上一个招牌；在竞争对手忙于推广游戏，争相打造平台的时候，他们仍然执着于打造一项干净的、高速的通信服务。这种做法让WhatsApp及其用户获益匪浅。WhatsApp在通信服务方面的贡献就相当于Skype在语音和视频电话方面的成就。通过将互联网作为其通信基础，WhatsApp彻底改变了个人通信领域，这个领域以前可是由全球最大的无线运营商霸占的。

库姆的办公桌上贴有一张阿克顿写的便签，上面写着："拒绝广告！拒绝游戏！拒绝噱头！"它每日都在提醒他们专注于提供纯粹的通信体验。这个原则也体现在WhatsApp对待业务的特殊方式上。在经过一年的免费试用后，WhatsApp服务开始收取每年1美元的费用，而且不收短信费。这帮助那些每年需要支付150美元昂贵数据费的用户节省了不少钱。

WhatsApp的发展可以用迅猛来形容。2013年1月份，WhatsApp的月度活跃用户数量约为2亿，7月份为3亿，12月份为4亿。2013年12月31日，WhatsApp用户当天在WhatsApp上面发送了180亿条消息，收到360亿条消息。这对致力于联结互联网人与信息的Facebook来说，是一个莫大的威胁。

2014年2月，WhatsApp的月度活跃用户数量已经飙升至4.5亿，其中70%的用户会每天登录。2014年2月20日，社交网站Facebook宣布，公司将按照现金及股票方式，以190亿美元左右的价格收购移动IM（instant messenger，即时通信）公司WhatsApp。Facebook称，它将为此交易支付40亿美元现金及价值120亿美元左右的股票，并同意后续向WhatsApp创始人和员工额外提供30亿美元的限制性股票。

2016年1月1日，Facebook创始人马克·扎克伯格发文表示，WhatsApp每月的用户数量已经超过10亿。这意味着全球约1/7的人口每月都会通过这款软件与他人进行联络。WhatsApp团队发表博客称，该应用目前用53种语言提供服务，每天的短信数量达到420亿条，此外，每日还传送16亿张照片和2.5亿个视频。截至2018年1月份，WhatsApp用户数量已经超过15亿。

案例评析与拓展

一、逆向思维是创业者难得的思维方式

逆向思维，也称求异思维，它是对司空见惯的似乎已成定论的事物或观点反过来思考的一种思维方式。敢于"反其道而思之"，让思维向对立面发展，从问题的相反面深入地进行探索，树立新思想，创立新形象。

埃隆·马斯克说量子力学对他很有启发，因为在微观层面的物理学原理与我们熟知的宏观层面的物理学原理在直觉上相反，但却是正确的，所以这种"反直觉思维"至关重要。史蒂夫·乔布斯也提出了"think different"（不同的思考）的观点。"逆向思维""不同思维""反直觉思维"，虽然用词略有不同，但是，这些顶级创新者、创业者的思路却是惊人的一致。马云在谈到他创办湖畔大学的初衷时说："商学院教的案例都是关于企业成功的案例，而我要教的是失败的案例。"这也是"逆向思维"。

逆向思维有利于创业者创业成功。逆向思维除了会影响创业者的情绪之外，也会影响创业者的认知模式，通过想象不同于实际所发生的结果，往往可以获得更多洞察力，帮助他们了解产生该结果的因素有哪些。此外，逆向思维有利于创业者提出更好的创业计划，也可以提高创业的成功率。

尽管WhatsApp当时风头正盛，但当Facebook宣布收购这家只有50名员工的科技创业公司时，190亿美元的收购天价仍是让不少人大跌眼镜，WhatsApp一举成为全球互联网行业

最耀眼的明星。根据道琼斯风险资源数据显示,这是有史以来针对风投支持的创业公司规模最大的一笔收购交易。是什么让Facebook愿意花巨资来收购这家只有50人的小公司?除了Facebook急欲补齐它在移动互联领域上的短板这一战略之外,Facebook更看重的是WhatsApp迅速的成长能力,而这种迅速的成长能力正是源于公司创立之初以逆向思维方式定下的企业发展战略。

二、逆向思维的类型

(一)反转型逆向思维法

这种方法是指从已知事物的相反方向进行思考,产生发明创新的思路。

"事物的相反方向"是指从事物的功能、结构、因果关系等三个方面反向思考。比如,某时装店的经理不小心将一条高档呢裙烧了一个洞,裙子身价一落千丈,如果用织补法补救,也只是蒙混过关,欺骗客户。这位经理突发奇想,干脆在小洞的周围又挖了许多小洞,并精于修饰,将其命名为"凤尾裙"。没想到,这条裙子竟大受好评,该时装店也名声大振。这是利用逆向思维,对结构进行反转型思考的产物。

(二)转换型逆向思维法

这是指在研究问题时,由于解决这一问题的手段受阻,而转换成另一种手段,或转换思考角度思考,以使问题顺利解决的思维方法。如历史上被传为佳话的司马光砸缸救落水儿童的故事,实际上就是一个转换型逆向思维法的例子。由于司马光不能爬进缸中救人,因而他就换了一种方式,破缸救人,进而顺利地解决了问题。

(三)缺点型逆向思维法

这是一种利用事物的缺点,将缺点变为可利用的东西,化被动为主动,化不利为有利的思维发明方法。这种方法并不以克服事物的缺点为目的,相反,它是将缺点化弊为利,找到解决方法。例如,金属腐蚀是金属类物质的一种缺点,但人们利用金属腐蚀特性生成金属粉末,或用来电镀,正是缺点型逆向思维法的一种应用。

随着移动网络和设备在全球的迅速普及,以互联网为基础的通信服务迅速超越了传统的短信服务。WhatsApp是首个突破10亿用户的即时通信软件。虽然全球用户数量巨大,但是在一些市场,WhatsApp仍然面临激烈的竞争。比如,在中国市场,微信用户占据了大部分的市场份额;日本用户更钟爱即时通信软件Line;而韩国市场Kakao Talk市场份额更大。但是,无论如何,WhatsApp创业者的逆向思维方式是它获得成功的前提,也是Facebook愿意花大价钱收购的重要原因。

案例讨论

1.是什么吸引了Facebook以190亿美元的高价来收购WhatsApp?

2.WhatsApp的成长速度令人惊异,你觉得有哪些因素促使了它的成功?它的成功对创业者有何启示?

资料来源：作者整理自搜狐网、中国知网等网络资料和相关文献。

①http://www.sohu.com/a/230028491_100106801.

②http://business.sohu.com/20160203/n436736006.shtml.

③https://wiki.mbalib.com/.

④蔡升桂.创业者实践智力构成要素探析——基于 Sternberg 的成功智力理论[J].江西社会科学，2011，（7）：190-195.

案例9 标新立异的"斗士"——看农夫山泉的界面管理

案例内容

农夫山泉从品牌诞生之日起,就吸引了无数眼球,尤其是世纪之交与娃哈哈等纯净水生产企业的一场恶战,以及与"京华时报"的互讼,都给人留下了难忘的印象。但是,对于农夫山泉来说,这样的标新立异吸引眼球,都是好事吗?

一、世纪水战——标新立异不惜"大打出手"

1996年,以成功推出"龟鳖丸"而扬名的养生堂公司推出了"农夫山泉"饮用水。记者出身的钟睒睒一直以营销见长,他是最早强调注意力经济的企业家之一。当时,城市水污染严重,他为自己的水产品起名"农夫山泉",暗示水质天然。

1999年,农夫山泉的广告开始出现在各类电视台,而且来势凶猛,随之市场也出现了越来越热烈的反应,再通过跟进的一系列营销大手笔举措,农夫山泉一举成为中国饮用水行业的后起之秀,到2000年成功进入了三甲之列,实现了强势崛起。

2000年4月24日,农夫山泉宣布将不再生产纯净水,而全部生产天然水,原因是纯净水对健康无益。农夫山泉有关负责人称,科学实验表明,纯净水中几乎什么矿物质和微量元素都没有,对人体的健康并无好处,而含有矿物质和微量元素的天然水对人体健康有明显促进作用。作为生产厂家应该对人的健康负责,因此农夫山泉将不再生产纯净水,转而全力投向天然矿泉水的生产销售。据了解,农夫山泉负责人提及的"科学实验"是指由浙江大学生物医学工程学院、浙江省心脑血管系统中药筛选与评价重点实验室的博士后白海波主持的"水与生命"课题组所做的一项实验。该实验主要利用纯净水与天然水对白鼠、水仙、洋葱的细胞切片的影像进行对比实验和观察,来研究纯净水和天然水对动、植物生命的不同影响。研究初步表明,天然水及其中含有的钾、钠、钙、镁离子对维持生命极为重要,而纯净水与之相比则有着极为显著的差距。

与此同时,农夫山泉的实验和强势宣传得罪了几乎所有的纯净水企业,引发了21世纪初的一场空前激烈的"水仗"。

2000年6月8日,由杭州娃哈哈牵头,69家纯净水生产企业齐聚杭州共商对策。会上发

表一项声明,指责农夫山泉有不正当竞争行为,要求养生堂公司立即停止诋毁纯净水的广告宣传活动并公开赔礼道歉。之后,由69家纯净水生产企业推举的代表团向原国家工商管理局等5个部门分别提交对农夫山泉的申诉。申诉代表团由浙江的娃哈哈、广东的乐百氏、上海的正广和、四川的蓝光、北京的国信和鑫丽等6家公司组成,娃哈哈负责协调。代表团分别向原国家工商管理局、原国家质量技术监督局、教育部、原卫生部和中国科学技术协会递交有关材料,要求从不同方面对农夫山泉进行制裁。

面对竞争对手的重重包围,农夫山泉没有示弱。其先是根据浙江大学的"水与生命"课题组的实验结果,单方面向媒体宣布自己的选择,并在中央电视台黄金时段播放自己宣布停止生产纯净水的广告,继而在电视上播出新的广告片,宣传自己天然水的特色,还同时兴建设备先进的水厂,以环环相扣的策略引起了媒体和公众的关注,借新闻之势,产生了冲击力强、波及面广的轰动效应。

2000年7月9日,新华社专电报道:"'专家提醒':'纯净水'不宜大量地长期饮用,婴幼儿及少年儿童尤应慎重。"更是引发了消费者对纯净水和天然水的讨论。

中国瓶装水市场相当广阔,年消耗的瓶装和桶装饮用水超过100亿瓶(桶),到1999年已达到29亿千克,居亚洲第二。正是在这一背景下,才凸显出"停止生产纯净水"这一策划的独创性,因为农夫山泉算准占主导地位的纯净水企业为还自己一个"清白之身",必然进行激烈反击,甚至诉诸法律,而这一切都将有助于把天然水和纯净水区别开来,并进一步突出天然水的产品特色,这正是农夫山泉所希望的。

中华全国商业信息中心市场监测报告显示,1999—2004年,在全国瓶装饮用水十大品牌中,农夫山泉市场综合占有率连续6年名列第一。2002年,据全球最大市场研究机构——AC尼尔森公司(AC Nielsen)发布的中国城市消费市场报告公布了国内消费品最受消费者欢迎的6大品牌,农夫山泉、飘柔、诺基亚、索尼、高露洁、康师傅名列其中,农夫山泉是唯一跻身最受消费者欢迎行列的大陆本土品牌。

二、"红绿大战"——农夫怡宝指名对攻

2013年,也是农夫山泉颇不太平的一年。从3月15日开始,农夫山泉先后被某些媒体曝光喝出黑色不明物、棕色漂浮物及"水源地垃圾围城"等消息。4月10日左右,又有媒体报道,农夫山泉瓶装水的生产标准还不如自来水,并指出,在原产地为广东省的农夫山泉瓶装水外包装上仍印着浙江地方标准。有饮用水相关机构的人士又公开称,农夫山泉的这一做法属违规行为。报道中提及,对比粤、浙两省标准,在镉、砷、铬、菌落总数等多项重要水质标准上,浙江标准都比广东标准更为宽松。

此后,农夫山泉开始集中回应所有的质疑。4月11日,农夫山泉股份有限公司在其官方微博公开回应称,农夫山泉饮用天然水的产品品质始终高于国家现有的任何饮用水标准,远远优于现行的自来水标准——《生活饮用水卫生标准》GB5749—2006;农夫山泉产品的砷、镉含量低于检测限值,含量低至无法检出;霉菌和酵母菌亦均无法检出。另外,农夫山泉还于4月14日公开其4个水源地——吉林长白山、浙江千岛湖、湖北丹江口和河源万绿湖的水质检测报告。报告显示,指标全部符合所采用的标准,在这些水源的水质检测报告中,砷、镉、

硒、硝酸盐和溴酸盐这几项指标均大大低于国标所规定的限值。

同时，农夫山泉点名称对手怡宝是自己最近"麻烦"的幕后黑手。而怡宝坚定称公司将"保留对农夫山泉采取法律行动的一切权利"，并指农夫山泉"嫁祸于人"。

相关数据显示，农夫山泉瓶装水在深圳的市场份额从2011年的9%上升至2012年的12%。而据华润怡宝母公司华润创业2012年的业绩报告，由于怡宝纯净水在广东、湖南、四川、江苏、广西及福建等市场的高速增长，公司饮品业务总销量较2011年上升了33%，营业额同比上涨53.1%，但应占溢利比2011年减少了31.7%。

另有AC尼尔森数据显示，2012年，华润怡宝在瓶装水市场份额为8.5%，超过可口可乐的7.9%，排名第三。农夫山泉为21.8%，排名第二，仅次于排名第一占22.6%的康师傅，华润怡宝和农夫山泉的市场份额均比2011年上升。此外，华润怡宝在农夫山泉的腹地江浙地区的销量也已经有所提升，可以说当时这两家瓶装水企业的竞争最为激烈。

2013年4月和5月，《京华时报》刊登76篇批评报道，指责农夫山泉标准水不如自来水，农夫山泉于2013年5月向北京市朝阳区人民法院起诉京华时报社。据北京市朝阳区法院发布的〔2013〕朝民初字第30976号裁定书显示，原告农夫山泉股份有限公司与被告京华时报社名誉权纠纷一案，于2013年8月6日立案，农夫山泉股份有限公司于2017年6月13日向法院提交撤诉申请。

北京市朝阳区人民法院裁定认为，农夫山泉股份有限公司申请撤回起诉不违反相关法律规定，依照《中华人民共和国民事诉讼法》第145条第1款之规定，准许原告农夫山泉股份有限公司撤诉，案件受理费54.6万元由农夫山泉股份有限公司承担（已缴纳）。

案例评析与拓展

农夫山泉是一名名副其实的"斗士"。一方面，"斗"能吸引消费者注意力，在保证产品品质的前提下，市场份额可获提升；另一方面，"斗"也是颇耗内力的。斗的结果，有可能是一方胜出，也有可能是两败俱伤。近年来，农夫山泉的产品质量问题几次引起消费者质疑，无不反映出企业在信息公开方面的短板。

从农夫山泉的竞争策略来看，显然，广告是其最大特色。无论是"农夫山泉有点甜"还是"好水喝出健康来"，都赚足了眼球，也赚得盆满钵满。不可否认，农夫山泉很善于吸引消费者的注意力，那么，企业为什么要花巨资打广告呢？大企业和小企业，谁更应该投入广告？

一、用"智猪博弈"原理来看待广告竞赛

表面上来看，大企业资金多，有巨资广告耗费的实力基础。但事实上，只要有相对应的回报，小企业也一定会投入广告营销之中。所以，企业为何投入巨额资金打广告，不仅是资金的问题，更重要的，是投入与产出的对应关系。在这个问题的分析思路上，大小企业投入产出关系的对比是一个分析重点。智猪博弈模型也许能帮助分析这种策略。

一个经典"智猪博弈"的假设为：猪圈里有两头猪，一头大猪，一头小猪。猪圈很长，

一头有一踏板,另一头是饲料的出口和食槽。猪每踩一下踏板,另一边就会有相当于10份的猪食进槽,但是踩踏板以后跑到食槽所需要付出的"劳动",加起来要消耗相当于2份的猪食。问题是踏板和食槽分置笼子的两端,如果有一只猪去踩踏板,另一只猪就有机会抢先吃到另一边落下的食物。踩踏板的猪付出劳动跑到食槽的时候,坐享其成的另一头猪早已吃了不少。

"笼中猪"博弈的具体情况如下:如果两只猪同时踩踏板,同时跑向食槽,大猪吃进7份,实得5份,小猪吃进3份,实得1份;如果大猪踩踏板后跑向食槽,这时小猪抢先,吃进4份,实得4份,大猪吃进6份,付出2份,实得4份;如果大猪等待,小猪踩踏板,大猪先吃,吃进9份,得益9份,小猪吃进1份,但是付出了2份,实得-1份;如果双方都懒得动,所得都是0。

利益分配格局决定两头猪的理性选择:小猪踩踏板只能吃到1份,不踩踏板反而能吃上4份。对小猪而言,无论大猪是否踩动踏板,小猪将选择"搭便车"策略,也就是舒舒服服地等在食槽边,这是最好的选择。现在来看大猪。由于小猪有"等待"这个优势策略,大猪只剩下了两个选择:等待,1份也得不到;踩踏板得到4份。所以"等待"就变成了大猪的劣势策略,当大猪知道小猪是不会去踩动踏板的,自己亲自去踩踏板总比不踩强吧,只好为一点残羹不知疲倦地奔忙于踏板和食槽之间。

在做广告这个问题上,大企业和小企业也面临着"智猪博弈"的现象,小企业知道自己财力有限,投入广告经费虽然也能获得利益,但还不如等待大企业做好广告宣传,自己也生产同类产品来"搭便车"更划算。因此,小企业往往不会投入巨资打广告,这项任务更多落在大企业身上。

二、企业间界面管理的基本原则:尽量避免冲突与恶性竞争

企业间的界面管理主要是指对企业在创新活动中因为产品或技术创新而与其他企业间所产生的交互关系进行的管理。

一般而论,同行业之间不一定因为竞争的关系才发生矛盾或冲突。但由于各自的目标不同,利益的纷争,相互之间亦可能发生冲突。冲突就是两种目标的互不相容和互相排斥。当企业面临两个互不相容的目标时,如果一方要达到的目标受到另一方的阻碍,就会发生冲突。

买方市场条件下,由于市场产品供大于求,产品积压严重。企业为寻找商机,占领市场,会采取各种途径和手段,利用技术创新,进行科学管理,降低成本和其他费用。还有的企业会降低产品销售价格(或服务价格),以此与其他同行业竞争对手抗衡与竞争,以保持市场占有份额。

在我国,恶性竞争事件近年来层出不穷,这些案例遍布在各行各业,其中不乏轰动一时的鲜明个案,例如2010年腾讯与360之间的恶性竞争引发众多关注。直至今日,恶性竞争事件仍层出不穷。许多企业不惜跨过道德和法律的底线,用拆台的方式驱逐对手,使舆论哗然,令公众唏叹。恶性竞争的频繁发生不仅不利于行业的进步与发展,同时可能产生严重的行业内耗,甚至引发市场秩序混乱。

对于农夫山泉而言,虽然一再的斗争为它带来了利润和市场占有率的提高,但始终处于

舆论风口浪尖上的日子应该也不好过,这种利益的获得需要付出较大的成本和代价。尤其是用广告、实验等方式进行公开的产品宣传,大张旗鼓地向同行,甚至是整个行业宣战,这种策略是否合适呢?

"斗士"并不总是能成功的。成与败,关键是看产品的品质是否过硬,能否接受消费者不断的检验,而不是仅凭广告或营销手段就能永远辉煌的。农夫山泉的广告及营销手段的确在很多方面更胜一筹,但长远的市场绩效,一定是基于产品品质和对消费者服务的提升。农夫山泉自认为比较擅长高调斗争,以吸引消费者的注意力;但是,当人们更加关注之后,也许一切小事情都将被放大。那就需要企业及产品的确是更胜一筹的,否则一切都将成为泡影。

案例讨论

1. 农夫山泉的"标准门"事件以撤诉告终,这算华润怡宝的胜利吗?
2. 你能举例说明"智猪博弈"的基本原理在生活中的运用吗?

资料来源:作者整理自百度、中国知网等网络资料和相关文献。

①https://wenku.baidu.com/view/21e27e7b02768e9951e738f2.html.

②https://wenku.baidu.com/view/f2a0a39db84ae45c3a358cac.html.

③熊艳,李常青,魏志华.恶性竞争的触发及约束机制研究——基于"3Q大战"的案例[J].经济管理,2017,(8):72-85.

案例10　从苹果公司上市看科创型企业的金融支持

案例内容

1976年,史蒂夫·乔布斯(以下简称乔布斯)和史蒂夫·沃兹尼亚克(以下简称沃兹尼亚克)研制出了苹果一号计算机。早在这种计算机上市以前,它就已经美名远扬,因为它在当时的微型计算机中,性能稳定,质量上乘。于是他们决定设立自己的公司,生产他们自己设计的苹果电脑。

幸运的是,他们获得了38岁的百万富翁迈克·马古拉(以下简称马古拉)的支持。这位从英特尔公司提前退休的马古拉与乔布斯和沃兹尼亚克经共同讨论花了两个星期时间拟定出一份苹果电脑公司的经营计划书。马古拉自己投资9.1万美元,还争取到美国商业银行25万美元的信用贷款。然后,三人共同带着苹果公司的经营计划书,走访马古拉认识的风险投资家,结果又筹集了60万美元的创业风险投资。苹果公司终于在加利福尼亚州库柏蒂诺的一套宽敞明亮的房子里正式开业。

1977年苹果公司研制出苹果二号计算机,在设计方面又上了一个台阶。它看起来比当时流行的大部分计算机更专业化,外壳和键盘是米色的,重量还不到15磅,搬动起来很轻便,每台价格1350美元,可以为广大用户所接受。苹果二号计算机内装有7个扩充槽,可供使用者根据需要来增添图像、打印和通信等功能。新产品的问世给苹果公司带来的新的销售增长,当年销售额为250万美元。

1978年,苹果二号计算机开始提供磁盘驱动器,1979年底,苹果公司又推出了专门为苹果二号计算机编制的套装软件VisiCalc。这正是许多经理人所迫切需要的。苹果公司不遗余力的宣传活动,再加上苹果机专用的VisiCalc软件的充分供应,使苹果二号计算机成为热门畅销货。VisiCalc软件已经被证明是苹果公司第一套最成功的软件。顾客们常常走进计算机商店说他们要买VisiCalc和能使用这种软件的计算机。这样,苹果二号计算机就和VisiCalc一道卖给顾客了。苹果公司很快就占领了微型计算机市场,并为这初露锋芒的产业在用户心中建立了信任。到1980年,苹果公司的营业额已突破了1亿美元。

1980年12月12日,苹果公司首次公开发行股票（IPO）,以每股22美元的价格,公开发行460万股,集资1.01亿美元。乔布斯、马古拉、沃兹尼克、斯科特（迈克尔·斯科特,苹果公司首任CEO）四人共拥有苹果公司40%的股份,其中:乔布斯拥有750万股,价值1.65亿美元,马古拉拥有700万股,价值1.54亿美元;沃兹尼亚克拥有400万股,价值8800万美元;斯科特拥有50万股,价值1100万美元。

早先在苹果公司投下赌注的风险投资家,都获得了丰厚的回报。阿瑟·罗克1978年花5.76万美元,以每股9美分的价格买了64万股苹果公司的股票,苹果首次公开发行时其股票价值达1400万美元,增值243倍。而马古拉最初投入的9.1万美元已增值1637倍。苹果公司在上市的当月还产生了另外40多个百万富翁。

到1982年,苹果公司还不到5周岁,已跻身世界500强行列,时间之短,在当时企业界独一无二。通过上市,风险投资完成了其循环:退出风险企业。风险企业家变现了自己的投资。

案例评析与拓展

一、金融与科技融合的理论基础

金融与科技融合最主要的理论基础是科技企业生命周期理论。科技企业生命周期与普通企业具有一致性,均可划分为初创期、成长期、成熟期、衰退转型期四个阶段。科技企业又具有研发要求高、无形资产比重高等特征,与普通企业相比存在差异性,对金融资源的需求也有所不同。现代科技创新的显著特点是研发周期较长、资金投入较大、不确定性较高及科研成果研发和向市场转化、成熟的过程较长,由此决定了科技企业在生命周期的不同阶段有着不同的金融需求。

（一）初创期

初创期是科技企业研发具有较高开发价值的科技项目、实现科技成果向产业化转化的阶段。通常,初创期科技企业的启动资金主要是自有资金或民间借贷,往往不具有可持续性,而科技研发、产品开发都需要大量、长期的资本性资金投入,使得初创期科技企业常常遭遇资金瓶颈。一方面,由于初创期科技企业具有"轻资产、高发展、重创意"的特征,规模较小,缺少抵押担保品,管理制度不健全,现金流入几乎为零;另一方面,科技创新成果的专业性较强,专利技术等无形资产价值难以评估,新技术向产品转化、产品能否被市场接受也存在着不确定性,导致金融机构难以评估科技企业的价值。由于上述因素,商业银行往往不愿意涉足初创期科技企业信贷业务。因此,需要社会提供引导性的资金支持初创期科技企业,如政府设立创业引导基金或采取天使投资等民间融资方式。

苹果公司在初创期得到风险投资,并通过上市给投资人带来了丰厚的利润,这既是风险资本运作的完美典范,也是科技创新型企业获得金融支持的良好示例。

（二）成长期

成长期是科技企业的科技产品获得市场认可、逐步形成经济规模、风险由科技创新向经营方面转移的阶段。科技企业的发展重心转移到维持企业正常运营和高速发展上,需要继续加大科研成果转化及市场开拓的资金投入。而这对流动资金的需求较大,不能仅靠产品销售收入的支持。在成长期,科技企业发展前景逐渐明朗,投资风险相对降低,融资渠道逐渐多样化,更加容易受到风险投资机构的青睐,商业银行也逐渐介入,也可以谋求在创业板上市以获取资金。

（三）成熟期

成熟期是科技企业具有一定的市场份额和知名度、现金流较为稳定的阶段。在此阶段,科技企业的生产规模不断扩大,盈利能力逐渐增强,资金需求压力有所缓解。但是,随着现有产品的市场逐渐饱和或者面临新产品的竞争,企业利润率逐步下降。此时,科技企业的战略重点是实施变革、整合资源、加大科技创新力度、寻找新的利润增长点,对资金的需求也随之增加。由于成熟期科技企业的前景较好,企业的融资渠道较多,议价能力也较强,其既能从银行获取信贷资金,也能够采取在主板上市、发行债券等直接融资方式获取资金。

（四）衰退转型期

衰退转型期是科技创新企业的核心技术被取代或是因为经营不善导致市场份额萎缩的阶段。在此阶段,企业产品销售量下降,现金流入减少,经营风险逐渐上升,科技企业必然面临着退出生产经营或者转型升级的选择。如果企业继续开展新的技术研发创新,将会进入新一轮的企业生命周期。有的企业通过并购来实现转型发展,就会产生并购融资需求,这需要证券、银行等多家金融机构共同完成。

二、美国风险投资行业发展的经验借鉴

风险投资是一项复杂、专业性强、风险高的活动,从其汇集资金、选择项目、参与企业管理到最后上市退出,都需要有熟知金融、法律、企业管理和高新技术的专业性、复合型人才。这样,一方面,他们能在金融市场顺利融通资金,并在所支持企业取得较高成长之后帮助其上市,进而实现退出,获得高额收益;另一方面,他们能用战略的投资眼光,选取有较高成长潜力的科技企业进行投资,并帮助企业进行管理,力图使投资收益最大化。一项高新技术的产业化通常经历技术酝酿和发明阶段、技术创新和试销阶段、技术发展和扩大阶段、技术成

熟和产品工业化阶段,每一阶段的完成和向后一阶段的过渡,都需要资金的配合,因此,根据每一阶段所需资金的性质与规模,风险投资可分为种子期、导入期、成长期、成熟期的风险投资,分别在对应的四个阶段投入。风险资金可在任一阶段投入,也可在任一阶段通过被投资企业上市、股权回购、股权向外转让、收购兼并、拍卖清算等形式退出。

风险投资由于投资回收期长且风险较高,因而需要募集大量稳定的资金。美国风险投资的资金来源较广,包括私人资本、机构资本和公司资本。私人资本主要是富有的个人和家族将闲置资金投资于风险投资机构,这是美国风险投资发展初期的主要资本来源。机构资本主要指养老基金和保险基金等,20世纪80年代后,养老基金在风险资本中的比重不断上升,并逐渐成为风险资本的主要来源。公司资本是一些大型公司通过成立专门的风险投资机构来支持具有创新性的科技企业,微软、英特尔等公司都参与了风险投资。目前,从总体看,风险资本中机构资本占比最高,1993年,养老基金在美国风险投资资本中占比约为59%,再加上银行、保险基金、各类捐赠基金,机构资本在风险投资总资本中占比高达81%,此后一直维持在80%多的高额占比;即使在风险投资处于低谷的2003年,机构投资占比依然高达88%。

一直以来,美国都注重创新型人才的培养,在国家层面建立创新活动的领导网络,加强对创新型人才的教育和培训。美国从小学到大学都普遍开设就业与创业课程,尤其是许多大学都开设跨学科、跨领域的课程。美国风险投资的发展很大程度上依赖于经验丰富的风险投资家们,培养了一大批有敏锐判断力、熟悉高科技领域、善于资本市场操作、有冒险和创新精神的风险投资人才。同时,美国形成了一套完善的激励机制。为激励风险投资经理人尽最大努力为企业获取高额收益,除正常薪金外,美国最高还给经理人投资收益的20%作为奖励。

三、中国解决科技创新型企业资金短缺问题的政策

科技创新型企业如何解决资金缺乏的难题,始终是资本市场的重要研究方向。我们都知道,科技创新具有投入大、周期长、风险高等特点,间接融资、短期融资在这方面力有不逮,科技创新离不开长期资本的引领和催化。资本市场对于促进科技和资本的融合、加速创新资本的形成和有效循环,具有至关重要的作用。这些年,我国资本市场在加大支持科技创新力度上,也已经有了很多探索和努力,但囿于种种原因,二者的对接还留下了不少"缝隙"。很多发展势头良好的创新企业远赴境外上市,说明这方面仍有很大提升空间。

设立科创板,为有效化解这个问题提供了更大可能。补齐资本市场服务科技创新的短板,是科创板从一开始就要肩负的重要使命。从市场生态看,科创板应体现出更加包容、平衡的理念。资本市场是融资市场,也是投资市场。科创板通过在盈利状况、股权结构等方面的差异化安排,将增强对创新企业的包容性和适应性。与此同时,投资者也是需要被关注的一方。在投资者权益保护上,科创板一方面要针对创新企业的特点,在资产、投资经验、风险承受能力等方面加强对科创板投资者的适当性管理,引导投资者理性参与。同时,应通过发行、交易、退市、证券公司资本约束等新制度及引入中长期资金等配套措施,让新增资金与试点进展同步匹配,力争在科创板实现投融资平衡、一二级市场平衡、公司的新老股东利益平

衡,并促进现有市场形成良好预期。

案例讨论

1. 为什么苹果公司能够得到风险投资的青睐?

2. 科创板等资本市场新举措能够解决科技创新型企业的资金短缺问题吗?你觉得在资本市场完善的过程中,还需要注意些什么?

资料来源:作者整理自中国知网、风险投资网、凤凰网等网络资料和相关文献。

① http://chinavcpe.com/school/Casestudy/2008-10-01/4465cb32a18d9c42.html?script-%E6%A1%88%E4%BE%8B;

② http://finance.ifeng.com/a/20181112/16566951_0.shtml.

③ 中国人民银行广州分行课题组.金融与科技融合模式:国际经验借鉴[J].南方金融,2015,(3):4-20.

④ 张佳睿.美国风险投资支持科技企业发展的经验及启示[J].现代经济探讨,2014,(3):84-87.

案例11 输掉"对赌"的太子奶

案例内容

从100万元的起步资金到50亿元的辉煌战绩,再到负债25.6亿元的窘境,14年的时间里,太子奶经历了数次过山车式的大起大落。辉煌之时,太子奶的广告曾一度频繁出现在中央电视台的黄金时段。然而自2008年开始,随着三鹿奶粉事件、全球金融危机等一系列外在因素影响,以及资金链断裂危机的拖累,太子奶这个集食品、旅游、房地产、服装等多种经营于一体的大型企业,就在距上市一步之遥时,倒在了终点线前面。

1996年,手握日本乳酸菌技术的李途纯,以100万元启动资金在湖南建立了第一家工厂——株洲太子牛奶厂。同年底,第一批活性乳酸菌饮料产品面世。为了打开全国市场,李途纯将目光转向了昂贵的电视广告。

1997年10月,中央电视台即将举办黄金段广告招标,李途纯闻讯后立即赶往北京。11月8日的招标,李途纯以88888898元的高价夺取到了当年日用消费品的标王,这令太子奶一炮而红。而令人无法想象的是,当时太子奶整个企业的实际资产总额尚未达到这个数目,甚至连李途纯去央视竞标的20万元入场券都是借钱买的。

这一次与市场的"对赌",以李途纯的胜利告终。从1998年开始,太子奶在全国知名度急速提升,销售额更是逐年飙升,市场占有率最高达76.2%。2000年8月,发展壮大的太子奶成功实现股份制改造,株洲太子牛奶厂联合清华紫光(集团)总公司、北京北大先锋科技有限公司等,共同组建了湖南太子奶生物科技股份有限公司。

随着市场逐步打开,李途纯扩大产业的愿望也急剧膨胀。2001年太子奶在北京的全国第一家子公司成立,正式进军北方市场。从2002年开始,李途纯疯狂地跑马圈地,先后投资20亿元在北京密云、湖南株洲、湖北黄冈、江苏昆山、四川成都兴建了五大生产基地。此外,李途纯还将触角伸向了食品、童装、房地产等领域。仅北京一地,就先后注册成立了北京太子童装有限公司、北京红胜火投资管理有限责任公司、北京太子奶房地产开发公司、北京太子传媒广告有限责任公司、北京太子奶生物美容化妆品公司等。截至2005年,太子奶集团公司在全国29个省市、260个大中城市、1000多个县建立了营销网络,零售终端3万多个,其中大型商超9000多家。李途纯构建的九大区覆盖全国市场,在56个重点城市建立了销售办事处。

2003—2005年,北京太子奶的销量一路扶摇直上,截至2005年,其销售额已从不到1万元上升到了几千万元。与此同时,随着各地太子奶销量的稳步增长,李途纯开疆拓土,将太子奶建成一个庞大商业帝国的野心也愈发强烈。也许是被缔造商业帝国的美好愿景蒙住了眼睛,李途纯没有考虑到,以太子奶的实力,这样大的局面能否承担。而对于本来就资金链紧张的太子奶而言,过度的资金分散无异于雪上加霜。李途纯的贪心令原本就没有绝对优势的太子奶错过了乳酸菌市场的发展良机。

2006年年底,湖南太子奶集团接受高盛、英联及摩根士丹利7300万美元的注资。在双方的协议条款中,暗藏着如下"对赌"协议:在收到7300万美元注资后头3年,如果太子奶集团业绩增长超过50%,就可调整(降低)对方股权;如完不成30%的业绩增长目标,太子奶集团董事长李途纯将会失去控股权。2008年11月底,由于奶业危机,太子奶的净资产从22亿元缩减到2亿元,仅为高盛、英联和摩根士丹利2006年末注资额的40%。最后李途纯被迫签订了"不可撤销协议",从此净身出户,失去了对企业的控制。对于投资机构和企业而言,"对赌"造成了"双输"的结果,投资机构必须去寻觅合适的第三方经理人管理企业,从而为将来并购早做准备。

由于缺乏对潜在风险的正确评估,抱着"扩张,再扩张,挤进世界500强"愿望一步步深陷债务泥潭的李途纯,这一次,全盘皆输。随着全球金融危机的阴云蔓延到中国,2007年11月份,就在签订对赌协议不久,花旗银行提出提前还款要求,太子奶的资金链立刻断裂。一石激起千层浪,许多国内银行和供应商也纷纷向太子奶提出还款要求,加上随之而来的三鹿奶粉事件,太子奶与整个奶制品行业一起陷入了低谷。

更大的打击接踵而至。在遭遇逼债的同时,由于太子奶集团没有达到"对赌"增长率,李途纯被迫交出了控股权。截至2009年,总资产26亿元的太子奶已经负债25.4亿元,彻底陷入资不抵债的困境。进入2010年以后,太子奶湖北、成都等地的子公司先后进入破产程序;接着7月23日,湖南太子奶也被法院裁定进入破产重整程序;7月27日,李途纯因涉嫌非法吸收公众存款罪,被检察机关批准逮捕。

案例评析与拓展

"对赌"一词听来刺激,其实与赌博无甚关系。"对赌协议",又叫价值调整协议(valuation adjustment mechanism),它实际上是一种带有附加条件的价值评估方式。是投资机构与融资企业在达成协议时,双方对于未来不确定情况的一种约定。若约定的条件成立,双方的某一方便可以有一种权利。所以,"对赌协议"实际上就是期权的一种形式,也是一种对管理层的激励鞭策机制,可以提高资本的使用效率。

对于股权基金投资人而言,通过"对赌"条款的设计,可以有效保护投资人利益,但由于多方面的原因,"对赌协议"在我国资本市场还没有成为一种制度设置,也没有被经常采用。但在国际企业对国内企业的投资中,"对赌协议"已经被广泛采纳。研究国际企业的这些"对赌协议"案例,对于提高我国上市公司质量,也将有极为现实的指导意义。

在国内,"对赌协议"的内容通常可以分为业绩保障和退出保障两类。业绩保障即要求企业在一个阶段内营收达到一定指标,如果未达标,投资机构会要求企业管理层退还部分投资本金或者增加其在企业的持股比例,以保证投资前后估值不变。其他补偿方式还可以是增加董事会席位等。退出保障是要求企业在一定时间内以上市或其他形式提供资本获利了结的渠道,如果到期未能上市,则企业管理层需要以约定的溢价回购投资机构的股权。相比之下,国外投资机构的"对赌"条款往往要苛刻许多,一旦企业没有达到要求,投资机构会直接夺取企业的控制权。

2003年,摩根士丹利等投资机构与蒙牛乳业签署了类似于国内证券市场可转债的"可换股文据",未来换股价格仅为0.74港元/股。投资机构通过"可换股文据"向蒙牛乳业注资3523万美元。"可换股文据"实际上是股票的看涨期权。不过,这种期权价值的高低最终取决于蒙牛乳业未来的业绩。如果蒙牛乳业未来业绩好,"可换股文据"的高期权价值就可以兑现;反之,则成为废纸一张。为了使预期增值的目标能够兑现,摩根士丹利等投资者与蒙牛管理层签署了基于业绩增长的"对赌协议"。双方约定,2003—2006年,蒙牛乳业的复合年增长率不低于50%。若达不到,公司管理层将输给摩根士丹利约6000万~7000万股的上市公司股份;如果业绩增长达到目标,摩根士丹利等机构就要拿出自己的相应股份奖励给蒙牛管理层。2004年6月,蒙牛业绩增长达到预期目标。摩根士丹利等机构"可换股文据"的期权价值得以兑现,换股时蒙牛乳业股票价格达到6港元以上;给予蒙牛乳业管理层的股份奖励也都得以兑现。摩根士丹利等机构投资者投资于蒙牛乳业的业绩"对赌",让各方都成为赢家。

从"对赌"协议实际的运作案例分析,它有这样的特征:"对赌"过程中,机构投资者仅作为财务投资身份介入,不(擅长)参与公司的日常管理,他们的活动更多集中于资本运作上。对于机构投资者来说,这是一种管理成本很低的治理方法,以高超的资本运作能力做支撑,并在协议中考虑各种结果,再作附加条件予以限制,将自己的风险降到最低。对于机构而言,如果"对赌"输了(企业业绩达标),那么企业业绩提升,反应在资本市场,即公司股价成倍上涨,虽然"输"给管理层,但资本得利会远超过他们的付出;如果"对赌"赢了,那么机构会在证券市场"用脚投票",同时又以协议约定补回持股比例,获取股票价差收益。所以,无论"对赌"的结果如何,投资机构都不会有输得太惨的情况发生。而管理层股东如果"对赌"输了,则会面临不少问题。但在融资的需求下,这也是可以预估到的。

综上所述,"对赌"协议是机构投资人保障投资利益的有效手段之一,同时,作为激励企业管理人的方式,"对赌"往往可以带来共赢的结局。但是,"对赌"协议要有适度的弹性,在宏观大环境没有显著变化的情况下,允许企业的盈利在一定区间内浮动是比较合适的。最后,"对赌"协议中不宜将股价纳入考虑,融资企业在寻求资本时需要有更合理的盈利预期及更保守的协议设置。

案例讨论

1. 太子奶案例给中国企业融资以怎样的启示?

2. 企业为什么要接受"对赌"协议,你还能举例说明更多成功或失败的"对赌"协议吗?

资料来源:作者整理自百度文库等网络资料。

①https://wenku.baidu.com/view/d79917a201f69e3142329477.html.

②https://baike.baidu.com/view/804901bb86c4bb4cf6ecd175.html.

案例12 从ofo看共享单车行业融资潮起潮退

案例内容

一、ofo的企业成长与融资简史

2014年,北京大学毕业生戴威与4名合伙人共同创立ofo,致力于解决大学校园的出行问题。

2015年6月, ofo共享计划推出,在北京大学成功推出2000辆共享单车。

2015年10月,完成Pre-A轮融资。

2016年1月,完成A轮融资。

2016年6月,完成B轮融资。

2016年8月, ofo宣布完成A+轮融资。

2016年9月,自行车共享项目"ofo"已经获得了经纬中国领投、金沙江、唯猎资本跟投的数千万美元B轮融资。

2016年9月,共享单车项目ofo宣布完成获得滴滴出行数千万美元C1轮战略投资。

2016年10月10日, ofo共享单车完成1.3亿美元C轮融资。

2017年2月22日,共享单车平台ofo宣布与中国电信、华为达成合作,三方将共同研发基于新一代物联网NB-LoT（narrow band internet of things,窄带物联网）技术的共享单车智能解决方案。根据合作内容,中国电信将为ofo提供无线网络资源；华为将为ofo提供NB-LoT芯片,并提供网络技术支持。

2017年3月1日,ofo宣布完成D轮4.5亿美元（约合31亿元人民币）融资。此次融资由DST领投,滴滴出行、中信产业基金、经纬中国、Coatue、Atoniico、新华联集合等多家国内外知名机构跟投。

2017年7月6日,ofo完成超7亿美元E轮融资,由阿里巴巴、弘毅投资和中信产业基金联合领投,滴滴出行和DST继续跟投。

2018年3月13日,全球最大的共享单车平台ofo小黄车宣布完成E2-1轮8.66亿美元的融资。本轮融资由阿里巴巴领投,灏峰集团、天合资本、蚂蚁金服与君理资本共同跟投。

二、共享单车行业的融资盛宴

中国共享单车市场已经历了如下3个发展阶段。

2007—2010年为第一阶段,国外兴起的公共单车模式开始引进国内,由政府主导分城市管理,多为有桩单车。

2011—2014年为第二阶段,专门经营单车市场的企业开始出现,但公共单车仍以有桩单车为主。

2015年至今为第三阶段,随着移动互联网的快速发展,以ofo为首的互联网共享单车应运而生,更加便捷的无桩单车开始取代有桩单车。

在共享单车快速发展的过程中,风险投资起到了巨大的推动作用。因为对出行模式的看好,以及对行业寡头垄断溢价的追求,从2015年开始,风险投资开始进入共享单车领域。以市场占有率最大的两个企业ofo和摩拜单车为例,ofo于2015年3月收到第一笔数百万元天使投资,2016年起开始扩大融资规模,当年9月收到滴滴出行数千万美元投资引发了市场的狂热。当ofo一个月以后再次进行融资时,参与投资的公司都是中国知名的企业或风险投资机构,融资额更是达到了1.3亿美元,估值超过10亿美元。摩拜单车与ofo的融资历程类似,不到1年半的时间内融资6次,金额从最初的数百万美元,一路攀升至2.15亿美元,估值近100亿美元。据电子商务研究中心监测数据显示,2017年共享单车领域融资金额达258亿元。其中仅摩拜单车和ofo单车两家融资金额就达155亿元,成为共享单车领域的领军平台。

中国以外,国外共享单车也吸引了不少投资者的目光。美国市场,从硅谷市场切入的共享单车运营商LimeBike(目前更名为Lime)2019年上半年完成3.1亿美元的D轮融资,由互联网资本a16z、贝恩资本、富达投资、谷歌风投等领投,谷歌母公司Alphabet、DCM创投、GGV纪源资本、新加坡主权基金GIC等老股东跟投。所融资金将主要用于拓展新市场,提升技术和引进人才,同时也将在用户骑行安全及政府合作共赢方面加大投入。印度市场,Bounce,这个收购了阿里巴巴投资的无桩共享单车平台ofo印度股份的公司,2018年B轮融资中获700多万美元资金,并计划在2019年底前将滑板车数量增加至3万辆。

三、共享单车陷入行业危机

如果说,2017年是共享单车融资的"风口",2018年,则是共享单车急转直下的一年。

小鸣单车、酷骑单车和小蓝单车……共享单车平台"死亡"名单正在不断增加成员。相比之下,在由热转凉的共享单车市场上,摩拜和ofo两强相争的格局已经形成,并且迅速壮大,向全民级的互联网平台迈进。资本似乎也不再愿意往其他公司身上下注。"彩虹大战"中陆续倒下的共享单车创业者是行业发展的第一批牺牲者,原因无非是融资不到位、资金链断裂,被迫退出。ofo与摩拜是暂时的胜利者,因为运营时间够长、背后资本支持足够充足。但是,赔本赚吆喝毕竟不能持久,共享单车的发展已陷入困境。

据中国执行信息公开网公布的信息,从2019年1月1日至1月21日,ofo的运营公司东峡大通(北京)管理咨询有限公司被列为"被执行人"的案件高达26件,执行标的总额达1.41亿元。其中最大的单笔标的高达8100万元。2018年3月,戴威身价超过35亿元,荣登胡润富豪榜,一年不到,27岁的戴威就因拖欠供应商货款,被北京海淀区法院正式列入"老赖"名单。如今,和戴威一起创业的4名好友,有两位联合创始人已经悄然退出了子公司股东行列。此前,ofo押金问题集中爆发,排队退押用户一度超过1000万名。据媒体报道,从2018年12月18日至2019年1月21日14时18分,已完成退押人数近43万人,但仍有数量众多的用户在排队等候退还押金。

案例评析与拓展

一、"互联网+"出行的商业模式创新

之所以共享模式能够引起风险投资的巨大兴趣,是因为共享单车的创新模式。共享单车是一种商业模式上的创新,解决了大城市出行的难题。在日渐拥挤的大城市,短距出行一直都是巨大难题,公交、地铁、出租、私车都无法解决。共享单车的出现将移动互联网和自行车结合了起来,由企业投放车辆,用户只需打开手机应用就能查看附近的车辆,看到有合适的还可以提前预约,不用停车桩,不用办卡,二维码一扫就能开锁,使用完毕停在任意合法非机动车停车点即可,用车成本低到可以忽略,简单方便易用,几乎彻底、完美解决了城市"最后一公里"的困扰。

共享单车与普通的自行车相比,也有了较大的创新。部分共享单车采用了GPS智能锁,用户可以通过手机预约用车,查询骑行轨迹和消耗的卡路里等信息。为了降低损耗和维修成本,有些单车以封闭式轴传动取代了传统的链条传动,杜绝了灰尘、降低了噪音、避免了掉链子和意外卷进衣服的尴尬。同样出于降低维修成本的目的,有些企业采用实心内胎加专业凯夫拉防爆层的设计,在免维护的基础上有效降低了骑行过程中的颠簸感。经过这些创新之后,原本已经几十甚至上百年没有太大变化的自行车,完成了科技创新的升级改造。

除了共享单车之外,近些年我国在网上购物、移动支付、出行、即时通信领域诞生了一大批优秀企业,这些领域的创新速度之快,创新能力之强达到世界领先水平。2016年全球十大互联网企业中,中国企业占据四席,过去中国互联网的创新是"copy to China"(拷贝到中国),即将国外(主要是美国)的互联网创新复制到中国,而现在转变为美国等发达国家"copy from China"(从中国拷贝),模仿中国互联网的创新。例如,美国模仿共享单车推出的LimeBike,苹果公司在其即时通信中模仿微信增加支付功能,Facebook在其应用中添加打车和支付功能等。

二、风险投资的"马太效应"

风险投资机构剑桥协会有限公司（Cambridge Associates, LLC）的数据显示："只有大约20家机构——或者说风险投资公司总数的3%——收获了该行业95%的回报，而3%的顶级公司的'垄断'现象，不会随着时间的推移而发生改变。"《2017年互联网创业群体调查报告》显示，10%的项目拿走了90%的钱，投资向少数优质项目靠拢。

风险投资能否成功的一个强有力的决定因素是，是否只投资于有良好判断力的聪明人发起的"优质交易"。拥有最优秀人才的高素质初创企业会被风投公司过去的成功所吸引，而这种投资上的成功又会自我强化，且良性循环下去。更重要的是，随着时间的推移，接触到更聪明/更好的初创企业，实际上会让风投机构变得更聪明，拥有更好的鉴别能力和判断力。

案例讨论

1. 请以ofo为例，说明风险投资的特征。
2. 请列举出其他风险投资青睐有加的行业，并说明该行业发展与风险投资的关系。

资料来源：作者整理自腾讯网、人民网、搜狐网等网络资料。
①http://tech.qq.com/a/20190220/010534.htm.
②http://theory.people.com.cn/n1/2017/0703/c40531-29378052.html.
③https://www.sohu.com/a/230144988_99926643.

案例13 罗记星级擦鞋店：开发产品档次的案例

案例内容

罗福欢1993年他以优异的成绩考入了四川师范大学，学习市场营销专业。1997年大学毕业后，他应聘到成都一家信息咨询公司工作。由于他才能出众，不久就被提升为班组长，每月收入3000元，迈进了当时令人羡慕的白领阶层。

然而，罗福欢并不快乐，一成不变的工作让他没有成就感，内心的空虚让他开始寻找自己事业的突破口。

1997年10月初的一天，罗福欢正在街上散步，一位老太太叫住他："先生擦鞋吧，一次1元，你只当少抽了支烟。"他心里一动，坐了下来，换上拖鞋接受老人的服务。仅仅几分钟，鞋子就被擦好并整齐地摆放在罗福欢脚下了。他掏出10元钱递了过去，顺便问老人每天能挣多少钱，老人回答："80元，生意好的时候还不止这个数呢。"蓦地，罗福欢觉得那个困扰他许久的问题刹那有了答案。他激动不已地推辞着老人递过来的零钱，用颤抖的声音说："谢谢您，钱不要找了。"说完，像小孩儿一样跳跃着跑开了。

经过一番激烈的思想斗争，罗福欢还是毅然辞职了。随后，他将自己的想法写成了一份"合作计划书"，满怀信心地来到成都一家大茶楼找到经理，他说："您好，我想在您这里设一个擦鞋专柜，您看……"说着把资料递过去，可还没等罗福欢说完，对方就一脸平静地努努嘴说："对不起，我们这里有擦鞋机。"经理的冷漠让罗福欢的自尊心大受伤害，可他宁愿相信这只是个特例。接下来，他一家挨一家地走遍了大半个成都，然而人们的答案几乎如出一辙。一时间，"神经病大学生要求擦鞋合作"的笑谈在各大茶楼、酒楼迅速传开……听到传言，早已无法忍受的女朋友怒气冲冲地提出了分手。

面对困难，罗福欢没有气馁，他把当初调查的所有原始材料摊在床上，一个一个环节地推敲，最后他终于明白，自己急于做的不是进驻还不成熟的高端市场，而是要培育这个存在潜在需求，但又尚待开发的市场，引导消费。目标明确后，罗福欢选择从底层的街头小摊做起。

1997年12月，罗福欢花300多元钱买了一个十分精致的擦鞋箱，鞋箱里装上价值2000多元的国内外各种高档鞋油。然后又制作了一本擦鞋菜单，用中英文分别标明擦拭各种高档皮鞋的收费价格，同时详细介绍了不同类型皮鞋的护理、保养、美容等方面的知识。之后，罗福欢做了一块十分精致醒目的标牌，绘制了"罗记擦鞋"的图案，同时在标牌上标出了价目表。他扛着这块标牌在成都市太升南路通信市场一条街找到了一个摊位，然后将自己的大学毕业文凭摆在摊位上，开始了擦鞋生涯。一时间，大学生擦皮鞋的消息传遍了太升南路，引得一些老板开车前来，看看罗福欢究竟怎么个擦鞋法。

其实，对摆摊的位置罗福欢是经过琢磨的，"当时太升南路是通信市场一条街，那里人流量大，而且来买手机的人就不会在乎擦鞋的那点钱"。罗福欢觉得这里最有前景。经过考察，他就在这条街摆摊了。

虽然是街边摆摊，但罗福欢的鞋摊跟传统的擦鞋摊有天壤之别。

首先，罗福欢注重鞋摊的行头。"相对于其他鞋摊来说，我是'五星级'的了。当时别的鞋摊一般都只备黑色、无色、棕色3种鞋油，而我差不多有15种不同鞋油，这些鞋油来自不同的品牌和5个国家；在工具和硬件方面，我也准备得特别漂亮，哪怕是一双替换的拖鞋，都是60多元钱买来的，甚至有顾客在擦完鞋之后，要把我的拖鞋买下来。此外，罗福欢还买了很多的塑料袋，如果有的客人考虑脚气等卫生问题，不愿意跟别人共用一双拖鞋，就可以套上塑料袋再穿上替换拖鞋。"

其次，罗福欢一直具备着"五星级"的服务意识。最初主要体现在他擦鞋坐的凳子和客人坐的凳子上。罗福欢坐的是两块砖头，在外面用报纸一裹的"凳子"，而客人坐的却是很好的椅子，"我特意从家具店挑选那时候挺时髦的沙滩椅，我觉得需要有差别有距离才行，自己不能坐得比顾客高，顾客是上帝，他们坐的肯定要比我好才行"。

最后，突显自己的创新与特色。为了突出自己擦鞋与众不同，罗福欢还专门制作了一个价目表，上面赫然写着——擦鞋3元、5元、10元、30元到50元，这样的价格对于成都普遍存在的一元钱擦鞋的行情来说，简直就是天价。而罗福欢觉得：既然是创业，就不能走别人的老路子，只有创新才能行得通。

1998年年底的一天中午,一个40多岁的老板来到了罗福欢的摊位前,他下车坐到椅子上把一只脚放到擦鞋箱沿上,笑着说:"小伙子,我先不让你擦鞋,你看看我这双鞋是什么牌子,他的价格是多少？"罗福欢将那双皮鞋仔细打量了一番,十分肯定地说:"你穿的是价值15000多元的'铁狮东尼'牌皮鞋,他产自皮鞋之乡意大利……"老板显然很满意:"那你能不能说一下它为什么要卖1万多元呢？"罗福欢胸有成竹地说:"他贵在皮革的质地,柔软光滑而且不显一点毛孔,要获得这样的皮质,鞋厂在养牛时就采取了许多措施,比如'罩养'不让蚊虫叮咬、饲喂特殊的配方饲料等,一张牛皮也只能裁出一双这样的精品,而且每一道工序都是手工制作……"老板听了罗福欢的准确介绍,十分满意。他掏出100元钱说:"小伙子,你最高价50元太低了,服务水平高价格也要与国际接轨嘛,我还是愿意按国外护理的标准给你付费。"

从此,那位顾客经常光顾罗福欢的擦鞋摊,一个月后,他正式向罗福欢发出了合作邀请。原来他叫李正,是意大利某名牌皮鞋的中国总代理。他认定罗福欢擦鞋工艺科学、操作细致规范,符合售后服务的合作人选条件,是个不可多得的人才。

2003年,中国第一家高档擦鞋店"罗记星级擦鞋店"在寸土寸金的桐梓林路开张了。罗福欢花了整整一天的时间,别出心裁地用72把鞋刷拼凑成"擦鞋"二字字样,然后在店名两边做了一幅"寄放式皮鞋美容,让家中鞋柜不再香浓"的标语,又花了2200元钱为自己的鞋店注册了商标。后来,罗福欢向原国家工商总局申请注册了"罗记"擦鞋商标。据了解,这也是我国第一个擦鞋匠向国家申请注册商标,他因此成为中国品牌建设十大杰出企业家之一。2004年1月1日,罗福欢梦想成真,他投资5万元,成立了四川第一家大学生星级擦鞋连锁店。

案例评析与拓展

一、细分市场无止境

（一）细分市场的必要性

擦鞋是人类的一种生活习惯。人们只要穿皮鞋,必然会设法保持皮鞋清洁、光亮并通过擦鞋来养护皮革;行业的发展离不开品牌巨大的市场需求,中国人口众多,市场潜力无限,加之人们有擦鞋习惯,为擦鞋服务行业提供了无限广阔的市场。

从消费的层面分析,擦鞋行业作为一种新兴的服务业满足了人们的生活需求。一是人们普遍缺乏皮鞋保养的专业知识,而擦鞋行业的服务满足了这一需求;二是随着城市生活节奏的加快,人们的时间管理观念正在发生变化,一部分人为了节省工作时间,提高工作效率,而把各种皮鞋送到擦鞋店去养护;三是人们的消费水准与生活水准同步提高,生活品位不断提升,对擦鞋行业的服务水准提出了更高的要求,传统的街头临时性、流动性擦鞋服务已无法满足消费者的生活需求,客观上要求擦鞋行业经营模式和服务档次同步转型。

（二）细分市场的种类

众所周知,三百六十行,行行出状元。据了解,目前我国服务行业门类众多,已远远超过三百六十行,而且,每一行业都能细分出无限市场。常用的细分市场种类如下。

1.地理细分

这是按地理特征细分市场,主要包括按地形、气候、交通、城乡、行政区等来划分。

2.人口细分

这是按人口特征细分市场,主要按年龄、性别、家庭人口、收入、教育程度、社会阶层,宗教信仰或种族等来划分。

3.心理细分

这主要是根据消费者个性或生活方式等变量对客户进行细分。

4.行为细分

这主要是通过对消费者行为进行评估后再细分。

5.社会文化细分

这是按社会文化特征细分市场,主要以民族和宗教进行细分。

6.使用者行为细分

这是按个人特征细分市场,主要按照职业、文化、家庭、个性等来划分。

二、大学生创业的方向

（一）方向一：高科技领域

随着就业形势越来越严峻,越来越多的大学生投入创业的领域中。从另一个角度看,大学毕业生的创业热情是比较高,但是,大学生创业也有很多弱点,如眼高手低,在创业过程中除了能纸上谈兵之外,对具体的市场开拓缺乏经验与相关的知识,光凭着创业热情而去创业,只能适得其反。所以,大学生创业前,应先做市场调研,对所创业的项目的可行性进行分析,再有计划地投入资金。要注意防范创业风险,创业之初,不求利润最大化,要求风险最小。只有风险小了,创业的基础才更扎实。

大学生创业,注重自身的优势,结合用户的需求,成功概率会提高很多,以下创业方向值得推荐。

有一些大学生所学专业偏重于高新技术领域,他们在这一领域创业有着近水楼台先得月的优势,但并非所有的大学生都适合在高科技领域创业,一般来说,技术功底深厚、学科成绩优秀的大学生成功的把握会大一些,如软件开发、网页制作、网络服务、手机游戏开发等领域。

（二）方向二：智力服务领域

智力是大学生创业的资本,在智力服务领域创业,大学生游刃有余。例如,家教领域就非常适合大学生创业,一方面,这是大学生勤工俭学的传统渠道,积累了丰富的经验；另一方面,大学生能够充分利用高校教育资源,更容易赚到第一桶金。如家教、家教中介、设计工作室、翻译事务所等。

（三）方向三：连锁加盟领域

统计数据显示,在相同的经营领域,个人创业的成功率低于20%,而加盟创业的成功率则高达80%。对创业资源十分有限的大学生来说,最好选择运营时间在5年以上、拥有10家以上加盟店的成熟品牌。如快餐业、家政服务、校园小型超市、数码速印站等。

（四）方向四：开店

大学生开店，一方面可充分利用高校的学生顾客资源；另一方面，由于熟悉同龄人的消费习惯，因此入门较为容易。大学生创业的客户群体主要是学生，因此要靠价廉物美来吸引顾客。此外，由于大学生资金有限，不可能选择热闹地段的店面，因此推广工作尤为重要，需要经常在校园里张贴广告或和社团联办活动，才能提高店铺知名度。

罗福欢提供了一个大学生创业创新的案例。其实，创业不在于项目的大小，只要能起航就注定与众不同，毕竟条条大路通罗马，只要出发，人生就存在着无限的可能性。

案例讨论

1. 对于产品档次的开发，从这个案例中可以得到什么启示？
2. 以身边的故事为例，说明大学生创业需要具备哪些条件。

资料来源：作者整理自央视网、搜狐网等网络资料。

①http://www.cctv.com/news/china/20050724/100660.shtml.

②http://www.xiaogushi.com/Article/chengbai/20111010112952.htm.

③https://www.sohu.com/a/222111733_658697.

案例14 江中健胃消食片：市场定位创新

案例内容

一、竞争压力

自1989年吗丁啉（多潘立酮片）第一个在国内开拓"消化不良"用药市场以来，"消化不良找吗丁啉帮忙"，这个广告在消费者的头脑中留下了深刻的印记，当消费者消化不良，就自然联想到吗丁啉这一品牌。领先的品牌几乎总是那些最先进入消费者心目的品牌。吗丁啉，几乎就是消化不良药中的"可口可乐"。到20世纪90年代末，吗丁啉的销售一直稳定在5亿～6亿元，而江中健胃消食片也一直维持在1亿多元，可以说消化不良用药市场多年来非常平稳。

2001年，对于国内制药企业而言，是极不平静的一年。国内药企纷纷重组，随着越来越多的中小企业被兼并，一些大型企业也在逐渐成形，如哈药集团、广药集团等。在这个大趋势下，江中药业要避免被更大的鱼吞噬，就必须自己成长为一条大鱼。成长的压力，迫使江中药业寻找新的增长点。2002年，由于一些客观原因，江中药业寄予厚望的新产品被延期上市。同时，健胃消食片的"国家中药品种保护"权限即将被终止（即国家不再限制其他制药企业生产健胃消食片），使江中健胃消食片的市场受到威胁。

考虑到内部对江中健胃消食片市场前景存在不少疑惑，必将给后面的工作带来很大的不确定性，江中药业市场部委托其战略合作伙伴成美营销顾问有限公司（以下简称"成美"），对健胃消食片的市场潜力进行系统评估，并协助完成江中健胃消食片的品牌定位和推广工作。

二、市场调研

在研究中，成美发现消化不良用药市场的行业集中度并不高，明显不符合成熟市场的一般规律（行业集中度指行业前四位品牌的市场份额占总市场的比例，比例高则市场集中度高，市场竞争趋于垄断）。在消化不良用药领域中，研究发现消费者的认知中仅有一个强势品牌吗丁啉，没有明显的第二品牌、第三品牌，市场格局并不清晰。而从长远看，任何市场最终将形成两大主要品牌（非两大厂家）进行竞争的局面，如可乐中的可口可乐与百事可乐。而吗丁啉在消化不良用药市场一枝独秀，再无其他强势品牌，这也进一步证实了消化不良用药市场远未成熟。江中健胃消食片至少可以争取成为第二品牌，夺取"杂牌军"市场。

研究同时还发现，消化不良用药市场的用药率较低，部分的消费者出现消化不良症状（肚子胀、不消化）时用药需求未被唤起，多采取揉揉肚子或散散步等方法来缓解。儿童市场用药率低的情况尤为突出。儿童由于脾胃尚未发育完全，消化不良的发病率高于其他人群，主要症状是挑食、厌食。一方面，儿童正处在长身体阶段，家长担心消化不良会影响其生长发育，解决消化不良的需求更为迫切；而另一方面，家长又担心药品毒副作用会伤害到儿童的身体健康，在用药选择上非常谨慎，宁缺毋滥。因此，很多家长因为找不到合适的药，而多采用一些民间土方、食疗等方式，最终造成儿童市场发病率高，需求最迫切，但用药率低的怪圈。

为什么出现这个现象？一方面市场空白，消费者的需求得不到满足，一方面吗丁啉花大力气推广了多年，知名度极高却销量停滞不前？要解释这个奇怪的现象，就需要了解吗丁啉在消费者心目中的品牌形象是什么样的。因此研究人员从吗丁啉宣传的信息内容与投放情况等开始，弄清了他们可能存在于消费者心中的品牌定位，以及他们的优势和弱点。

吗丁啉的品牌名、产品名（多潘立酮片）、包装盒、白色药片等产品形态，都有非常明显的西药甚至处方药特征，加之消费者第一次服用吗丁啉主要作为处方药由医生开出，这些信息综合起来，给消费者一种强烈暗示——这是一个治疗较严重病症的药品，药效较强。按照消费者对于药品的一贯认知：药效越强，副作用也越大，在不得不吃时才服用，更不能经常吃。而调查数据显示：认为消化不良是"常见的小毛病"的消费者超过50%。人们普遍认为对于消化不良这个小毛病，特别是饮食不当引发的消化不良，用点酵母片之类"小药"就可以了，药效较强的吗丁啉并非首选。也正因为这些认知，西安杨森推出的儿童装吗丁啉悬浮液，始终没有占到儿童消化不良用药市场多少份额。

2003年底的市场调查中发现，消费者将吗丁啉、斯达舒及三九胃泰视为同一类产品，认为其是用来治"胃病"的。消费者认为，胃炎或胃溃疡才叫"胃病"，"消化不良"则是另一种"病"。"胃药"是用来治胃病的，即胃炎、胃溃疡，其表现症状主要是"胃酸、胃痛"，当然也能解决部分"胃胀"。而消化不良则是平时饮食不当引发的，是一种常见小毛病，甚至不能算病,这个时候就要吃助消化药物来帮助消化,解决其"胃口不好""肚子胀"的问题。在他们的头脑中,不存在胃动力障碍这个病症,因此也没有胃动力药一说。

消费者的上述认知,对研究消化用药市场意义非常重大。吗丁啉脚踏两个截然不同的市场,满足两种不同需求,使自己更倾向于作为一种"治疗胃病的药品";而被消费者普遍称为"小药"的酵母片等,在消费者的经验中单纯"助消化",没什么副作用,这种较大的差异性,是大量消化酶市场存在的核心原因。

三、市场定位

对消费者观念中的吗丁啉进行全面深入的研究后,成美的研究人员进一步坚定了消化不良用药市场存在大量空白——既有地域性市场空白,也有吗丁啉无法覆盖的"日常助消化"功能性需求市场空白。在发现助消化药市场存在巨大的空白后,研究人员立即与江中药业的专家们(销售人员、主力经销商)进行了详细的访谈,主要是从产品、渠道等各方面论证江中健胃消食片能否占据这个空白市场。在一一得到肯定的答复后,成美向江中药业提出江中健胃消食片的品牌定位——"日常助消化用药"。

定位在"日常助消化用药",避开了与吗丁啉的直接竞争,与无人防御且市场容量巨大的消化酶、地方品牌夺取市场(据当时权威机构的全国统计数据来看,酵母片、乳酶生、多酶片的销售数量与销售金额均排名靠前,三者合计数超过吗丁啉),同时也在地域上填补吗丁啉的空白市场,从而满足江中药业现实需要。同时,根据企业提供的资料,江中健胃消食片的现有消费群集中在儿童与中老年,他们购买江中健胃消食片主要是用来解决日常生活中多发的"胃胀""食欲不振"症状。显然,定位在"日常助消化用药"完全迎合这些现有顾客的认识和需求,并能有效巩固江中健胃消食片原有的市场份额。

报告同时指出,做出"日常助消化用药"定位的第一步是向酵母片、乳酶生等产品要市场份额,而这些没有品牌,仅靠低价渗透的产品,在省会城市只有一定的市场,二三线城市才是他们的主要销售市场。

江中药业接受了成美的市场评估及相关建议。

四、广告策略

由于本身避开了和吗丁啉的竞争,面对的是需求未被满足的空白市场,广告只需反复告知消费者,江中健胃消食片是什么,它能起什么作用,就能不断吸引消费者尝试和购买,从而开拓这个品类市场。成美为江中健胃消食片制定了广告语"胃胀腹胀,不消化,用江中牌健胃消食片"。传播上尽量凸现江中健胃消食片是一种"日常用药、小药",广告风格则相对轻松、生活化,而不采用药品广告中常用的恐怖或权威认证式的表现方式。

由于儿童是一个特殊的群体,其胃不适的主要症状是"食欲不振",而不是成人的"胀"。另外,儿童及家长的媒体收视习惯、儿童及成人适用药品在广告的表现上均有较大不同。这样一条广告片很难同时影响两个迥异的人群,企业决定对儿童再单独拍摄一条广告片,在儿童及家长收视较高的时段投放,推广主题为"孩子不吃饭,快用江中牌健胃消食片"。

在广告片创作中，成美建议为江中健胃消食片选用一个和品牌定位的风格、形象趋于一致的艺人，并推荐了小品、影视演员郭冬临，主要是看中他在以往的作品中塑造的大多是健康、亲切、关爱他人、轻松幽默的形象。而且，当时郭冬临拍摄的广告片数量较少，消费者不易混淆。同时，郭冬临一人演绎了江中健胃消食片的"成人""儿童"两条广告片，避免消费者误认为是两个产品，从而加强两条片之间的关联。

在针对成人消费者的电视广告中，穿浅绿衬衣的郭冬临关怀地对着镜头询问，"您肚子胀啦？"接着镜头拉远，他坐在椅子上，做出胃胀腹胀的表情——"胃胀？！腹胀？！"随后引出解决之道，"胃胀、腹胀、不消化，用江中牌健胃消食片"。广告片的画面干净简单，去除了过多的装饰，广告内容直击消费者心智，从而快速引起消费者共鸣。这使得众多的消费者在出现消化不良和胃胀腹胀的症状时，立即会想到服用江中健胃消食片来解决问题。

针对儿童的电视广告，同样简单明确，直接提出家长的烦恼：孩子不喜欢吃饭，哄也不吃，喂也不吃。这是最真实的写照，能引起家长的共鸣。最后告知其解决之道："孩子不吃饭，快用江中牌健胃消食片！"这样的广告片，直击消费者需求，能够快速地拉动销售——这就是直接见效的品牌广告。

五、市场突破

正因为企业上下都具备了这一意识，江中健胃消食片很快得到了集团在财力上的最大力度支持，在2002年就投入了过亿元的广告费用，为迅速抢占"日常助消化用药"市场打下坚实基础，市场也给企业丰厚的回报，当年销售额就直线上升到了3亿多元，终于突破了江中健胃消食片年年销量不过2亿元的销售瓶颈。在2004年第十一届广告节上，江中药业市场部和成美广告公司共同选送的作品——江中健胃消食片《抢占"日常助消化药"第一品牌》广告片夺得艾菲奖（Effie Awards）实效奖。艾菲奖创立于1968年，是美国纽约营销协会为表彰每年度投放广告达到目标，并获得优异成绩的广告主、广告公司而专门设置的特别广告奖项。

江中健胃消食片的重新定位与传播，不仅使销售额获得从1个多亿元到9亿元的飞升，而且仅用5年时间就成为国内OTC（over the counter，非处方药）药品单品销量第一。2004年年初，中国市场与媒体研究（China Market & Media Survey，CMMS）在调查全国7万个15～64岁消费者后，发布的《2003年度最具竞争力品牌调查》中显示，江中健胃消食片品牌竞争力在"整个肠胃药市场"排名第二，"成长指数"名列第二。而此次品牌调查，还未涵盖江中健胃消食片具有绝对优势的儿童市场。2010年，江中健胃消食片的销售额更高达15亿元。

在残酷的市场竞争中，靠强力促销赢得的胜利，已经变得稀松平常，乏善可陈。通过江中健胃消食片和吗丁啉这场侧翼战，江中健胃消食片完全在"日常助消化用药"市场确立了领导地位。对消费者而言，江中健胃消食片几乎成为"解决胃胀腹胀不消化"的代名词。

案例评析与拓展

著名营销管理大师菲利普·科特勒认为,解决定位问题,能帮助企业解决营销组合问题。营销组合（产品、价格、渠道、促销）,从本质上来讲,是定位战略战术运用的结果。一个品牌如果要在市场上取得根本性胜利,其关键就是市场定位战略的制定与实施。

一、市场定位,攻心为上

（一）市场定位的意义

定位理论最初是由美国著名营销专家艾·里斯与杰克·特劳特于20世纪70年代早期提出来的。里斯和特劳特认为,"定位是你对未来的潜在顾客的心智所下的功夫,也就是把产品定位在你未来潜在顾客的心中"。从中可以看出,市场定位就是对现有产品进行的一种创造性试验。

随着市场营销理论的发展,人们对市场定位理论有了更深的认识。菲利普·科特勒对市场定位的定义是:所谓市场定位就是对公司的产品进行设计,从而使其能在目标顾客心目中占有一个独特的、有价值的位置的行动。市场定位的实质是使本企业和其他企业严格区分开来,并且通过市场定位使顾客明显地感觉和认知到这种差别,从而在顾客心目中留下特殊的印象。

定位是对产品在未来的潜在顾客的脑海里确定一个合理的位置。定位的基本原则不是去创造某种新奇的或与众不同的东西,而是去操纵人们心中原本的想法,去打开联想之结。定位的真谛就是"攻心为上",消费者的心灵才是营销的终极战场。

（二）消费者五大思考模式

杰克·特劳特认为,消费者有以下五大思考模式。

1.消费者只能接收有限的信息

在过量的信息中,消费者会按照个人的经验、喜好、兴趣甚至情绪,选择接受哪些信息,记忆哪些信息。因此,较能引起兴趣的产品种类和品牌,就拥有打入消费者记忆的先天优势。例如,我国的杭州娃哈哈集团,最初是以生产"娃哈哈"儿童营养液而一举成名。它的成功就是由于产品定位准确,其广告定位更是让人过目不忘,因为它源于一首人人熟知的儿歌,很容易引进儿童与家长的共鸣。

2.消费者喜欢简单,讨厌复杂

在各种媒体广告的狂轰滥炸下,消费者最需要简单明了的信息。广告传播信息简化的诀窍,就是不要长篇大论,而是集中力量将一个重点清楚地印入消费者心中,突破人们痛恨复杂的心理屏障。

3.消费者缺乏安全感

由于缺乏安全感,消费者会买跟别人一样的东西,免除花冤枉钱或被朋友批评的危险。所以,人们在购买商品（尤其是耐用消费品）前,都要经过缜密的商品调查。而广告定位传达给消费者简单而又易引进兴趣的信息,正好使自己的品牌易于在消费者中传播。

4.消费者对品牌的印象不会轻易改变

虽然一般认为新品牌有新鲜感,较能引人注目,但是消费者真能记到脑子里的信息,还是耳熟能详的东西。比如,对可口可乐公司的员工而言,它是总部设在亚特兰大市的一个"公司",一个"机构",而在一般消费者心目中,可口可乐是一种甜美的、深色的碳酸饮料,可口可乐是一个著名的饮料品牌。如果,可口可乐公司哪天心血来潮,去生产热门的香烟或者是啤酒,也许正是可口可乐的可叹可悲之时。

5.消费者的想法容易失去焦点

虽然盛行一时的多元化、扩张生产线增加了品牌多元性,但是却使消费者模糊了原有的品牌印象。美国舒洁公司在纸业的定位就是一例。舒洁原本是以生产舒洁卫生纸起家的,后来,它把自己的品牌拓展到舒洁面巾纸、舒洁餐巾纸及其他纸产品,以至于在数十亿美元的市场中,拥有了最大的市场占有率。然而,正是这些盲目延伸的品牌,使消费者失去了对其注意的焦点,最终让宝洁公司乘虚而入。

所以,企业在定位中一定要掌握好这些原则:消费者接受信息的容量是有限的,广告宣传"简单"就是美,一旦形成的定位很难在短时间内消除,盲目的品牌延伸会摧毁自己在消费者心目中的既有定位。

二、市场定位的进攻战、侧翼战、游击战、防御战

（一）进攻战

进攻战适用于处于市场第二位或第三位的公司,这家公司应有足够的力量向领导者发动持久的进攻。领导者位置的强势是重要考量因素,应从领导者强势中的弱点出击,尽可能地收缩战线。

（二）侧翼战

在许多企业家看来,侧翼战只不过是一种军事上的概念,在商战中难有用武之地。其实事实并非如此,侧翼攻击是商战中最具创新性的方法。许多军事家在制定作战计划时,花费大量时间寻找发动侧击行动的途径,美国最近一次重要的登陆胜利就是一次侧翼战,即1950年麦克阿瑟将军在仁川港的登陆。但侧击行动并不总能成功,1944年盟军在意大利安奇奥的失败就是著名案例。不管对于商业还是军事来说,侧翼攻击都是一种大胆的行动。比起其他战略形式来,侧翼攻击更需要掌握作战原则,进攻开始后,还要有预见战局发展的远见,这些能力同一位优秀的棋手所拥有的特质相差无几。

本案例中,江中健胃消食片也是较好地使用了侧翼战。需要说明的是,侧翼战不适合那些胆小或谨慎的人,侧翼战是一种赌博,有可能大获全胜,也有可能惨败而归。发动侧翼攻击还需要有独到的眼光和先见之明,优秀的侧翼战营销就是要极力影响顾客的选择面。

（三）游击战

从中国到古巴,再到越南,历史事实证明了游击战的威力。在商业中,游击战也能拥有很多战术优势,使小公司在巨头林立的市场中生存发展。在某种程度上游击战看起来像侧翼战,但是侧翼战和游击战之间有一点关键差别,侧翼战是在贴近领导者的位置刻意发动的进攻,其目标是夺取或切割领导者的市场份额。

游击性的公司应该把眼光放在多小的市场上呢？这里需要判断力，设法找到一块细分市场，小到足以让你成为领导者。然而人们总是倾向于反着干，即夺取尽量大的市场。我们很少听说哪家公司因为专注在很小的市场上而破产，相反常可以听到，有的公司因为过度扩张而解体，它们在太大的地理范围上，在太多的市场中，推出了太多的产品。

（四）防御战

无论企业通过什么战略形式来定位，成功者最终都会成长。一旦成为某个领域的领导者，企业就必须考虑打一场防御战，以确保新的定位发展。第一条防御战原则，只有市场领导者才能打防御战；第二条防御战原则，最佳的防御就是有勇气攻击自己；第三条防御战原则，强大进攻必须加以封锁。

吉列公司是防御战的一个典范，它最初凭借"蓝吉列"刀片及随后的"超级蓝吉列刀片"占据了剃须刀市场。20世纪60年代初，竞争对手威尔金森刀具公司（Wilkinson Sword）推出了不锈钢刀片，开始抢占市场。1970年，威尔金森公司又推出了黏合刀片，这是一种以"最佳剃须角度"黏合在塑料上的金属刀片。这时，吉列公司开始集中力量，打一场漂亮的防御战。吉列公司推出了"特拉克II"（Trac II）剃须刀，这就是世界上第一个双刃剃须刀，公司在广告中说："双刃总比单刃好。"吉列的顾客很快就开始购买它的新产品，并认为"胜过单片的超级蓝吉列"（把生意从自己手中夺走总比让别人夺走强得多）。6年之后，吉列又推出了"阿特华"（Atra）剃须刀，这是第一个可调节的双刃剃须刀，据说新产品比无法调节的双刃剃须刀"特拉克II"还要好。这之后，吉列公司又毫不犹豫地推出了"好消息"（Good News）剃须刀，这是一种廉价的一次性剃须刀（双刃）。这对比克（Bic）公司来说是一次沉重打击，因为它也正想推出自己的一次性剃须刀。

案例讨论

1. 关于市场定位，从江中健胃消食片的案例中可以得到什么启示？

2. 请再列举一例，说明该品牌的市场定位成功或失败之处。

资料来源：作者整理自百度、搜狐等网络资料及相关文献。

①https://wenku.baidu.com/view/8a070acd6137ee06eff91816.html.

②https://www.sohu.com/a/146944805_380874.

③杰克·特劳特，史蒂夫·里夫金.重新定位[M].谢伟山，苑爱冬，译.北京：机械工业出版社，2011.

案例15 好孩子：创新"推"出来的世界级中国品牌

案例内容

一、新起步

1989年，当时还是江苏昆山一所中学副校长、数学教师的宋郑还，在教育局领导的反复动员下，来到已经负债累累、濒临破产的校办工厂——昆山县信艺模具厂任厂长。为了企业能生存下去，宋郑还和员工们想尽了办法，但都收效不大。

一个偶然的机会，宋郑还自己设计了一款可以当摇篮的儿童推车，以4万元的价格把专利卖给了另外一家企业。带着掘到"第一桶金"的兴奋，他又设计了一款集"摇椅、推车、学步车、摇篮"四种功能于一体的儿童推车。当这款推车的专利在一次展销会上被几家企业争到15万元的时候，宋郑还决定不卖了，开始自己制造童车，并注册了"好孩子"商标。

这款童车一上市，销售就异常火爆，好孩子终于吃上了"饱饭"。但困扰接踵而至，在知识产权为何物还不为众人所知的年代，许多企业见到好孩子童车好卖便纷纷仿制，好孩子深受其痛。无奈之下，宋郑还做出了一个令好孩子受益至今的决定：造世界上没有的童车！

好孩子加大了研发力度，一款新童车上市，还没等仿制者的山寨车出厂，更新、更漂亮的童车又面市了。好孩子从包围圈中杀出一条血路，而那些靠抄袭过活的对手则被落下得越来越远。

1993年，好孩子成为中国市场占有率第一的童车品牌。4年时间做到中国童车第一，好孩子并不满足，甚至连放缓脚步休息一下的想法都没有，便奔向了海外市场。

二、走向全球

1994年，好孩子开始拓展海外市场，将美国作为要攻克的第一个"桥头堡"。但是，要想让喜欢新奇的美国人接受当时在国际市场上还没有名气的中国童车，并不容易。宋郑还知道自己产品的质量没有问题，需要的是尽快找到适合美国消费者口味的新产品和快速进入这个市场的渠道。出差荷兰的时候，宋郑还在一家商场里看到，一位正在购物的母亲为了让童车里的孩子停止哭闹，把车轻轻往墙上撞，可一停下来，车里的孩子又大哭不止。宋郑还灵机一动，马上把自己的想法告诉了研发人员。很快，一款既可以大幅度地弧线摆动，又可以轻柔地水平摆动，造型流畅优美的童车被设计出来了，这款具有颠覆性的童车被形象地命名为"爸爸摇、妈妈摇"。

如何让美国人接受这辆有趣的童车？很快，宋郑还得到一条重要的消息：美国青少年用品的领先企业——多利尔青少年集团公司（Dorel Juvenile Group）在卖婴儿车的轮子。仔细一问，原来多利尔公司由于童车市场竞争太过激烈，正准备退出去。天赐良机！宋郑还立即要求与多利尔北美区总裁尼克·考斯代德见面。宋郑还用了5分钟把样车的功能演示了一遍之后，尼克的眼睛一下子就亮了。回国三天后，尼克·考斯代德总裁追到了昆山，考察了好孩子的研发和生产情况，并决定与好孩子开展战略合作。

1996年底，好孩子童车正式进入美国市场，大获成功，直接打进美国最大的连锁超市沃尔玛，随即又进入了凯玛、玩具反斗城等11个美国最主流的儿童用品销售连锁渠道。1999年，新品不断的好孩子在美国童车市场的占有率达到34%，一举夺冠。

随后，好孩子又转战欧洲，仍然采取与当地一流品牌建立品牌联盟的战略，根据欧洲消费者注重时尚潮流的特点，用整整4年的时间搞市场调查和产品研发，在2003年推出面向欧洲市场的系列产品，一炮打响。2006年，好孩子又凭借花样翻新的个性化产品坐上了欧洲童车市场的头把交椅。趁热打铁，携在北美、欧洲攻城略地的威势，好孩子以品牌联合或品牌合作的方式迅速占领市场，相继进入日本、俄罗斯、东南亚等地。

2009年，好孩子成为全球最大的婴儿车供货商，供应中国、北美和欧洲市场所销售婴儿车总数的1/3。2010年，公司股票在香港联合交易所主板挂牌交易。目前，好孩子国际在全球拥有12000多名员工，8个坐落于美洲、欧洲和亚洲的研究与发展中心，并在11个国家建立了销售、市场营销和分销办事处。

三、海外并购加速创新

与人们对"中国制造"的旧式印象不同，依靠自主设计起家的好孩子早已不是原始初级的OEM（original equipment manufacturer，原始设备制造商），而是不仅完全包揽OEM加工制造、ODM（original design manufacturer，原始设计制造商）的产品开发，更将业务扩展至附加值更高的技术研发、产品组合规划、市场规划领域的OPM（original planning manufacturer，原始规划制造商）。不过，在设计理念与水平上，中外还是有着巨大的差距。但在中国企业不断走出去的今天，通过并购等方式直接获取世界顶级设计能力，已成常态。

2014年，好孩子先是收购了成立于1920年、在美国中低端消费者中享有广泛知名度和市场份额的老牌儿童用品企业婴芙乐（Evenflo），获得了包括汽车座椅、旅行系统、高脚椅、便携式婴儿游戏床、活动中心等产品品类。同年，好孩子又收购了位于德国拜罗伊特的高级汽车座椅品牌商Cybex GmbH。该公司创始人马丁·珀斯和马塞尔·万德斯都是欧洲顶级的设计大师。借由Cybex（赛百斯）的高知名度，好孩子不仅加大了曝光度，还打开了高端汽车安全座椅市场。

将Cybex收入囊中，可谓让好孩子在新市场中的起点，向前推进了一大步。迄今，这个品牌已获250多个安全创新大奖，8次获得"红点"设计奖，在2011—2015年"ADAC（Allegemeiner Deutsche Automobil Club，全德汽车俱乐部）安全座椅测试"中综合得分第一。这笔并购除了给了好孩子提供"走出去"的渠道、提升了企业品牌建设水平，更让好孩子获得了"可调整前置护体"和"蜂窝结构"的座椅壳体等国外创新技术，为好孩子安全座椅产品的后续发展奠定技术基础。

除普通安全座椅外，好孩子还主动开辟了同行没有甚至不愿触及的新品类市场——高速儿童安全座椅。与普通安全座椅相比，高速安全座椅面临的冲击更大，企业担负的责任也更大。好孩子将航天器着陆时用于吸能缓冲的铝蜂窝技术，应用到儿童座椅之上。在业内首次时速94.7千米的真车实撞测试中，能够把儿童胸部承受的最大冲击力降到29.5重力加速度,相比国际通行标准,大幅提升了儿童乘车安全保障;在时速80千米的测试中,依然能够提供出色的保护。

如果说好孩子通过并购,借助Cybex及其技术延伸出高速安全座椅这一新品类打响了市场,那么在自己的老本行——童车领域,一款适应汽车社会家庭需求的口袋车,则体现出好孩子自己的国际级设计能力。2018年3月,素有国际工业设计领域"奥斯卡"之称的德国IF产品设计奖宣布, 好孩子设计生产的折叠童车"口袋车",成为婴童类产品的唯一金奖获奖者。评委会称之为"一款可以折叠到这么小尺寸的婴儿车,折叠及展开还是这样简便迅捷,是为日常使用而设计的极致创新的产品"。在此之前,该车被吉尼斯世界纪录官方授予"全球折叠后最小婴儿车"的称号。

中国第一辆多功能童车、世界第一辆有摇篮功能的童车、全球座位最高的童车、全球第一辆双向手推超级伞把车、世界上第一辆电动婴儿车、全世界最轻的童车……这些"第一"和"之最"代表了好孩子强大的创新研发能力,也形成了他人难以超越的核心竞争力。公司2018年报显示,好孩子集团2018年全年新增申请专利450项,累计创造全球专利9612项,2018年集团总收益增加20.8%,达86亿港元(约合76亿人民币)。

案例评析与拓展

一、中国制造业的全球价值链升级

在我国工业化进程中,以代工方式切入全球价值链(global value chains, GVC)被认为是发展中国家在新的全球化格局下实现工业化道路的有效战略。代工生产普遍存在于我国纺织、服装、玩具、家电、信息技术等行业。这种基于全球价值链代工体系的工业化发展道路虽然有助于发展中国家实现起飞或促进低端阶段的工业化进程,但是在迈入高端工业化时广泛陷入被"俘获"境地。即参与全球价值链的发展中国家企业在实现由低附加值的价值链环节向高附加值的价值链环节攀升过程中,特别是在经历功能升级(functional upgrading)或链的升级(inter-chain sectoral upgrading)时,由于与价值链核心企业在上游研发环节和下游销售环节存在巨大的知识鸿沟及能力差距,进而被限制在低附加值、微利化的价值链低端生产制造环节。

产品层次低、技术水平低、企业利润低几乎是所有中国代工生产企业具有的通病。更为严重的是,在不断变化的经济环境下,一些大型代工企业纷纷倒闭。以我国代工制造业重镇东莞为例,继2008年最大玩具代工厂合俊玩具倒闭之后,至2011年,东莞的3500家玩具厂中共倒闭1800余家,目前仅剩数百家。2015年,东莞代工企业又进入新一轮代工倒闭潮。台资企业万事达、联胜纷纷关闭其东莞工厂,一直为三星代工的万人工厂东莞普光也停产了。

好孩子一路创新,走向全球市场的案例堪称经典,既避免了代工企业陷入低端"锁定",又获得了较高的市场份额和利润。中国制造全球价值链升级过程中,也亟须更多这样的企业脱颖而出,成为行业佼佼者。但是,首先需要强调的是,企业需要有创新意识;其次,需要有放眼海外的开阔视野;再次,是要不断地研发创新,提高对先进技术的吸收能力;最后,企业的战略布局也很重要。好孩子一路走来,坚持打造童车相关产品,并未像很多企业一样进行多元化扩张,这样的坚持还是值得赞誉的。

二、并购影响企业技术创新的路径

近年来,我国对外直接投资呈迅猛上升势头,跨境并购案例也大量增加,引起学界高度关注。据联合国贸易和发展组织2007—2016年《全球投资趋势监测报告》数据,中国大陆企业跨境并购数量为593起,增长3.73倍,并购金额达到922亿美元,增长61.47倍。2017年制造业共有114起并购交易,交易金额占当年中国跨境并购总金额的41%。

跨境并购是实施产业链整合的重要途径,可以在全球范围内完成技术、市场及网络创新的获取。文献研究指出,通过跨境并购可以快速获取生产要素、优势技术、市场空间及管理经验等,加快补足关键性知识的短缺以克服后发劣势从而实现"蛙跳"赶超。另外,基于发展中国家企业并购发达国家企业的现象,分别有学者从赶超论、跳板论等角度进行解释。

跨境并购策略受产业链整合动机的影响。三种跨境并购方式与三种产业链整合方式形成对应关系,即技术导向的跨境并购往往采取纵向整合,市场导向的跨境并购往往采取横向整合,而价值导向的跨境并购往往采取跨链整合。

一般情况下,发达经济体企业拥有更多技术和创新资源,而发展中国家企业则拥有更多市场资源。因此,要获取技术和嵌入创新网络往往通过并购发达经济体企业来实现,而要获取市场资源的时候则往往是并购发展中国家企业。在发展中国家企业亟须抢占价值链高端环节的背景下,往往将具有技术优势的发达国家企业锁定为并购对象。

当企业产能超越原有市场需求或企业面临新的宏观环境变化时,可能会产生将其现有产能向新市场转移的趋势。由于进入全新市场,企业会面临着政治、经济、文化等风险,控制风险便成为企业进入新市场首先要解决的问题。因此,企业往往会通过绿地投资或者跨境并购的方式来控制风险。产业链核心企业对海外同类企业实施约束以提升其在东道国市场的集中度,扩大市场影响力和占有率,从而获取市场和利润。在此过程中,通过市场扩展反向扩大并购方产业链规模效应,让其积累的资本和知识对现有产业链实施进一步优化。

价值导向的跨境并购通常采用跨链并购(混合并购),具体方式包括持有同类企业股权、兼并或收购拥有全新产业链技术方向的目标企业,其目的在于通过进入全新产业链创新中心,共享全新产业链技术,通过技术扩散实现原有产业链网络创新,为企业发展提供新动能。

案例讨论

1. "好孩子"为什么能够进入欧美、日本等国家的高端市场?联系全球价值链理论,想想它与中国传统制造业模式的区别在哪里。

2. 在中国企业海外并购,尤其是向发达国家实施并购时,企业应该注意些什么?

资料来源:作者整理自好孩子企业官网及其2018年度报告、搜狐网、中国知网等网络资料和相关文献。

①http://www.gbinternational.com.hk/company/overview/?lang=zh-hans.

②https://www.sohu.com/a/231628858_100154767.

③尚涛,陶建宏.全球价值链中代工企业转型盲区、知识搜寻与升级机制研究[J].科技进步与对策, 2018, 35（7）: 141-147.

④易淼清.我国制造业产业链整合与跨境并购协同策略研究[J].商业经济研究，2019,（11）: 172-175.

案例16 ▲ 卓越组织成就创新服务：海底捞的管理智慧

案例内容

一、海底捞最令人称道的服务

海底捞品牌创建于1994年,经历20多年的发展,海底捞国际控股有限公司已经成长为国际知名的餐饮企业。2018年,海底捞服务了超过1.60亿人次顾客,全年平均翻台率为5.0次/天。截至2018年年底,海底捞已经在中国100多个城市及新加坡、美国、韩国、日本、加拿大、澳大利亚、马来西亚等国家经营466家直营门店,拥有超过3600万名会员和60000多名员工。

说起海底捞,人们往往会提到它极致的服务。海底捞的门口总是排着很长的队伍,在等待就餐区,服务员会为你提供免费的酸梅汤、零食、水果等食品,即使等待时间太长,也不会饿着肚子。去海底捞吃饭的人络绎不绝,他们因此又提供了在等待就餐时不一样的服务:周一至周五免费美甲,周六周日按摩手部,服务员们态度既温和又细心。就餐时,服务员还会提供皮筋、手机袋、围裙,这是每个去海底捞的人都会享受到的服务。

海底捞的"极致服务"还体现在以下方面。

最贴心的服务:找不到小伙伴陪你吃火锅,一个人孤身前往,总是显得落寞。这时,海底捞的员工会抱来一个超大的玩偶放在你对面,让你看起来不那么孤单。

最真诚的服务:服务员如果不小心上错菜,之后会免费送上一盘菜品作为补偿,并且还会写上"对不起"表达歉意,令顾客不仅不会指责他的小差错,反而还会感动于他的真诚。

最令人感动的服务:海底捞服务因人而异,许多服务感动了很多人。如果顾客是孕妇,不仅会请她提前就餐,还会在就餐时提供靠枕;若是带小孩的顾客,服务员还会免费为他/她带小孩,以便他/她安心就餐。

顾客们明显地感觉到,海底捞的热情是骨子里真心散发出来的,服务也是好到"变态"。这也是其超越其他火锅店的秘诀,在这里,你会觉得花的钱超级值得。他们热情服务的理念,会打动每一位消费者。去过海底捞的人们直呼:等待很有趣,口味很不错,服务很热情,去了一次还想去。

二、海底捞如何对待员工

海底捞的董事长张勇说："要想让员工对待顾客像对待家人一样好，你就必须对待员工像对待家人一样好。"要让员工对公司死心塌地，对组织忠诚，就要研究他们的心理和需求，真切地明白他们最需要的是什么。

餐饮业服务员大部分来自农村，而且家境不太富裕，受教育程度不高，他们出来打工，为的就是能够找份安稳的工作，多挣一点工资好用来养活家中的老小。至于吃饭和住宿，当然是没有奢望太多。但海底捞做得比任何一个员工想象的还要周到。海底捞的工资在行业内算是高的，虽然可能也比其他公司辛苦一些，但海底捞为员工做的远远不止是在工资方面。海底捞有很完善的晋升机制，层层提拔，大多数管理人员包括店长、经理都是从内部提拔上来的，这是留住员工的关键所在。

其他餐饮行业的服务员一般都住在比较差的宿舍，甚至是地下室，而海底捞则为员工专门租住正规的楼房公寓。为了解除员工乘车或坐地铁上班的麻烦，海底捞的员工公寓一般都找在距离海底捞门店步行不到15分钟路程的地方，海底捞所在的地段繁华程度可想而知，而员工的宿舍也就在繁华地区的中高档小区。

伙食上面，其他饭店的伙食一般都是一天三顿，菜品也较单一，海底捞则聘请专门的宿管阿姨为员工做饭，几乎每天都不重样儿地做。而海底捞考虑到员工晚上下班时间较晚，还特地加了一顿夜宵，实在是用心良苦，体贴入微。

海底捞的员工一般都是上有老下有小。为了替员工解除家里的后顾之忧，海底捞每个月特地往员工的老家寄几百元钱，一是作为对表现优异的员工的奖励，二是为员工在家乡争个脸面。在海底捞工作满一年的员工，若一年累计三次或连续三次被评为先进个人，该员工的父母就可探亲一次，往返车票公司全部报销，其子女还有 3 天的陪同假，父母享受在店就餐一次。公司还设立了专项基金，每年会拨100万用于治疗员工和直系亲属的重大疾病。农民工出来打工，孩子留守家中，无法顺利上学接受教育，海底捞特地在四川多地出资建设"海底捞希望小学"，让海底捞员工的孩子有学可上，有书可读。

海底捞为员工所做的这一切，都只是为了一个目的，那就是让员工感到幸福，从而带动他们的工作积极性，为海底捞的顾客带来幸福。事实证明，效果显著。

工资、住宿、生病、父母或是员工的子女教育等可能引起员工担忧的一切问题，海底捞全部给员工想到位、做到位，而且超过员工的预期，彻底解决员工的后顾之忧，给员工安全感。只有员工在组织里拥有了安全感，幸福感才会增强，心才会稳定下来，才会对组织忠诚。

海底捞制造出了一个传播幸福的工作磁场，员工在充满安全、信任的环境里，热情地工作，把对待家人般的爱传递给了顾客，顾客的幸福感又传递给了海底捞的员工，员工感受到了工作的意义和快乐，让工作变成了使命而不是任务，从而产生了极大的幸福感。员工肯用心去工作，这是天下所有老板的梦想，在海底捞这里，梦想终于成了现实。

每一个去过海底捞就餐的人都无法忽视洋溢其中的热情和人情味儿，没有人能不被服务员脸上真挚的笑容所感染，没有人能够否认这是一家神奇的火锅店，因为里面飘着的，除了食物的香味，还有人世间最宝贵的味道，那就是幸福的味道。

海底捞在服务差异化战略指导下，秉承"服务至上、顾客至上"的理念，以创新为核心，变传统的标准化、单一化的服务为个性化特色服务,为顾客提供"贴心、温心、舒心"的服务。海底捞实施人性化和亲情化管理模式,提升员工价值,倡导双手改变命运的价值观,为员工创建公平公正的工作环境。海底捞的核心业务不是餐饮,而是服务。在海底捞,顾客能真正找到"上帝的感觉",海底捞的服务已经征服了绝大多数的火锅爱好者。

三、海底捞如何鼓励员工

海底捞的员工鼓励机制一直备受赞誉,体现在以下几个维度上。

（一）战略维度

在战略维度,海底捞将员工满意度和客户满意度作为考核目标,打造优质服务体验。与传统餐饮企业不同,海底捞摒弃了对利润、利润率、营业额、翻台率等的考核目标,转而将顾客满意度提升到战略层面,始终遵循企业战略目标:保证顾客满意,以达到品牌建设的目的。除了以顾客满意度作为企业长期战略目标外,对员工满意度的关注也是企业战略中不可或缺的一部分,如人才的培养,员工工作积极性等。

（二）平衡维度

在平衡维度,海底捞以员工能力差异合理体现收入差距。其薪酬体系制度充分体现薪酬公正、公开的原则。海底捞严格依据不同职位、不同能力的差异给员工发放工资。同样是普通员工,一般员工的总工资=月薪=基本工资+加班费+岗位工资+其他—员工基金,而劳模员工的总工资=月薪+级别工资+荣誉奖金+工龄工资+分红。在薪酬结构上就充分体现了相应的差距,而薪酬结构的差异直接体现了月度收入的差距,一般员工月度收入维持在4000元左右,而部分劳模员工月度收入能达到7000元。

（三）竞争维度

在竞争维度上,海底捞突破了传统餐饮企业的薪酬体系。传统餐饮企业在薪酬体系中只对企业的高层管理人员设置分红结构,普通职工只能根据企业的运营状况获得一定的奖金。而海底捞的薪酬体系却能够提供给普通职工分红权,尽管奖金和分红都是从企业的利润当中拿出一部分来鼓励职工,但是分红给职工一种主人翁的感觉,这是其他餐饮企业难以提供的。

（四）鼓励维度

在鼓励维度上,海底捞职工的薪酬收入与其绩效表现直接联系,并直接参与公司利润分享。海底捞薪酬结构中的奖金直接与职工的绩效表现联系在一起,通过卓越的绩效表现会评选出先进职工、标兵职工、劳模职工、勋绩职工等荣誉,进而获得相应的奖金:先进职工和标兵职工获得80元的奖赏,劳模职工获得280元的奖赏,勋绩职工获得500元的奖赏,并且这些荣誉会成为职工今后职业发展的重要依据。另外海底捞的薪酬结构中分红部分将分店的运营状况与店员切身收益紧密结合在一起,所有一级及以上职工共同分红所在分店纯利润的3.5%,作为普通职工也能够拥有分红权,这能鼓励职工为企业创造更多的价值。

为帮助职工成长,海底捞选用多渠道提升薪酬的方式。其薪酬构成是建立在"职工发展途径"之上的,不想走管理路线的职工也能通过评级提升在服务员这一岗位的级别,从二级职工一步步到勋绩职工,勋绩职工的总收入能够超越大堂经理,乃至高出自己领班,并且勋绩职工能享受更多的福利待遇。

海底捞的薪酬体系结构分明,清晰可见,每位员工都能够清楚地知道自己当月的收入情况,什么职级获得什么样的薪酬,一目了然,规矩明确,避免了上级领导凭主观臆测决定下属劳动报酬的弊病,实实在在做到了薪酬的明晰与一致。

案例评析与拓展

一、员工关系管理是组织管理的重要内容

员工关系管理(employee relations management, ERM)从广义上讲,员工关系管理是在企业人力资源体系中,各级管理人员和人力资源职能管理人员,通过拟订和实施各项人力资源政策和管理行为,以及其他的管理沟通手段调节企业和员工、员工与员工之间的相互联系和影响,从而实现组织的目标并确保为员工、社会增值的管理。从狭义上讲,员工关系管理就是企业和员工的沟通管理,这种沟通更多采用柔性的、激励性的、非强制的手段,从而提高员工满意度,支持组织其他管理目标的实现。其主要职责是协调员工与管理者、员工与员工之间的关系,引导建立积极向上的工作环境。

（一）员工关系管理的起点是让员工认同企业的远景

企业所有利益相关者的利益都是通过企业共同远景的实现来达成的。因此,员工关系管理的起点是让员工认同企业的远景。没有共同的远景,缺乏共同的信念,就没有利益相关的前提。但凡优秀的企业,都是通过确立共同的远景,整合各类资源,当然包括人力资源,牵引整个组织不断发展和壮大,牵引成员通过组织目标的实现,实现个体的目标。所以,认同共同的企业远景和价值观,是建设和完善企业员工关系管理体系的前提和基础。

（二）完善激励约束机制是员工关系管理的根本

企业有多种利益相关者,但其创立和存在的核心目标在于追求经济价值,而不是为了单纯满足员工个体利益需求。因此,明确企业组织的目标和其所处的竞争状况,并建立企业与员工同生存、共发展的命运共同体,是处理员工关系的根本出发点。完善激励约束机制,建立科学合理的薪酬制度包括晋升机制等,合理利用利益关系就成了员工关系管理的根本。

（三）心理契约是员工关系管理的核心部分

20世纪70年代,美国心理学家埃德加·施恩提出了心理契约的概念。虽然心理契约不是有形的,但却发挥着有形契约的作用。企业清楚地了解每个员工的需求和发展愿望,并尽量予以满足;而员工也为企业的发展全力奉献,因为他们相信企业能满足他们的需求与愿望。

显然,海底捞的员工与企业达到了心理契约,这是企业经营管理中最为难能可贵的一点,做到了这点,员工就能真正与企业荣辱与共,将企业看作是自己的家,倾心呵护与全力拼搏。

二、餐饮行业的科技创新趋势

如今,从美食团购、外卖、外送,再到用高科技代替人工,如用智能系统代替点餐员、收银

员,引入迎宾机器人、服务机器人,使用智能炒菜机、刷脸支付等智能手段,甚至出现了无人餐厅,科技创新正在引领餐饮行业发展。

2015年,海底捞第一次尝试推出智能化餐厅,通过数字化屏幕投放,实现后厨透明智能化。2017年11月,阿里口碑宣布全面开放无人餐厅技术;2018年2月,盒马开出首家机器人餐厅"Robot.HE",开业4个月便实现盈亏平衡。2018年7月,饿了么更是宣布其专注于智能餐饮基础设施的"未来餐厅"的项目年交易额已突破10亿元,目前已在30多个城市开设数百家线下店,坪效最高可达普通餐厅的5倍。另一个互联网巨头京东也奋起直追,推出"JOY'S智慧餐厅",可实现点菜、做菜、传菜全程无人化,并预计在2020年,将运营约1000家这样的餐厅。2018年11月,海底捞全球首家智慧餐厅在北京正式营业了。所谓智慧餐厅,体现在从等位点餐,到厨房配菜、调制锅底和送菜,都融入了一系列"黑科技",高度实现了"无人化"。

目前,中国餐饮业经营业态多元化、个性化和细分化趋势增强。餐饮企业更应该主动调整业态结构,深入探索差异化服务方式,创新业态形式,避免业态同质化,在个性化、智能化、体验化等方面进一步精耕细作。

案例讨论

1.你认为海底捞顾客至上的服务对餐饮业有何启示?

2.有人认为,海底捞的特色就在于服务,而"无人餐厅"的新型业态可能会毁了它的特色。你怎么看?

资料来源：作者整理自搜狐、百度、新浪、海底捞官网等网络资料。

①http://www.sohu.com/a/248628957_466326.

②http://www.sohu.com/a/286656085_797399.

③http://finance.sina.com.cn/money/fund/fundzmt/2018-11-01/doc-ifxeuwwt0331866.shtml.

案例17 ▲ 美图：有关"美"的创意

案例内容

一、美图的诞生

2008年10月,一个名为"美图大师"的电脑软件上线,到了12月,用户增长到100万,如此快速的爆发,让美图公司觉得应该有一个比较好的品牌规划,之后美图大师改名叫美图秀秀。2011年的情人节,美图秀秀的手机版上线了。2011年底,PC版和手机版用户总数超过了1亿。

目前,美图公司已经拥有十几款产品,其中,美图秀秀、美拍、美颜相机是最主要的三个应用。

美图秀秀软件提供了美化图片、人像美容、拼图、万能相机等功能,以简单好用的特性广受用户好评,让普通用户也能拍出媲美专业相机效果的照片。在2008年10月8日正式发布后,其陆续覆盖了Windows、iOS、Android、Windows Phone等主流操作平台。目前,美图秀秀仍旧是美图公司系列产品中用户量最大的一款,也是国内最大的图片编辑、美化的应用软件。截至2018年12月31日,美图秀秀月活跃用户总数增长至1.174亿。2019年2月,美图秀秀月活跃用户达到1.192亿,创下历史新高。根据艾瑞咨询报告,在中国主流社交网络上传的照片中,有约53.5%的照片经过了美图应用的处理。

美颜相机是一款专为女性用户设计的自拍美颜应用软件,拥有"一秒自动美颜"的强大功能,可以把普通手机变成超级自拍神器,帮用户节省了宝贵的后期处理时间。美颜相机为美图旗下第二大应用,2015年7月,用户日活跃量为2906万人,日启动次数高达3亿多人次。

美拍是超好玩短视频社区,在2014年5月上线后,因全球首创的一键式MV特效在短时间内聚集了大量用户,连续24天蝉联App Store免费总榜冠军,并成为当月App Store全球非游戏类下载量第一的应用软件。美拍的内容十分丰富,有搞笑、美妆时尚、美食、音乐、舞蹈等近20个频道,均为用户原创视频,拥有惊人的观众群。美拍产品2015年7月的日活跃用户量为1080万,日启动次数为1亿人次。

二、美图的主要优势

（一）聚焦颜值

美图创始人吴欣鸿开发这款软件就是为了帮助女孩们"美容",于是在普遍的图形处理功能之外,他将"人像美容"单独作为一个功能选项列了出来。年轻女性群体是美图公司的核心用户,通过对用户行为和心理的深入洞察,美图公司以"让更多人变美"为使命,希望"成为全球最懂美的科技公司",于是创造了美图秀秀、美颜相机、美拍、美妆相机、海报工厂、美图手机等互联网和智能软硬件产品。通过消费者洞察,美图的产品创新正从"让用户看起来美"向"真正让用户变美"转变。

（二）简单易用

很多用户使用PS是为了让自己的照片更好看,比如使用"液化"功能,可以让人的脸变瘦、腰腿变细,"图章"功能可以用于"磨皮",让皮肤看起来更白更光滑。但普通用户很难理解"液化"和"图章"是什么意思,更难搞定PS的图层操作,而美图秀秀将相关功能取名为"瘦脸瘦身"和"磨皮美白",一目了然,并可以一键操作,方便快捷。

（三）免费有趣

阿多比公司在中国长年坚持付费策略,美图秀秀则继承了国产软件的优良传统——免费;同时美图还会高频地听取用户试用反馈,工程师们和产品人员一起走访高校;在早期几乎每周美图都会进行版本升级,增加各种有趣的新功能,比如染发、唇彩、消灭黑眼圈……统统一键搞定。

2019年3月,乘着女生节的东风,美图在上海静安大悦城推出IP主题营销"女性研究所"，开展摄影展互动，鼓舞女性主动去追求美。摄影展共有摩登都市、潮酷玩家、彩色时光、质感棚拍、文艺电影、甜美少女六大主题展，每个主题展的布置风格也是不同的，无论你是甜美女孩还是霸气御姐都能在摄影展中找到自己的style，拍下专属自己的最美大片。同时，每个展馆内还会围绕着自己的主题展出美图秀秀用户拍摄的6幅作品，一共是36幅作品，每一幅作品后面都有一个摄影师的故事。3月7日起，摄影展一经展出后就备受瞩目。现场人山人海，高峰期的时候更是摩肩接踵。摄影展之所以这么火爆，不仅仅是因为美图的用户多、粉丝多，而是因为其整合美图APP产品矩阵及优质内容资源，聚焦更多社交场景，洞察消费者的心理需求，从而讲述最真实的故事，让用户在拥有强烈的视觉体验的同时也调动了触觉和听觉等感官的互动，激起强烈的情感共鸣，让女生主动地将现场拍摄的照片发到社交平台以进行二次传播，从而为品牌带来多次交叉长尾传播效应。

案例评析与拓展

一、客户中心型创新的关键在于消费者洞察

麦肯锡全球研究院采用"原型"分析模式，通过对国内30多个行业企业的创新活动进行研究，提出了创新的四大基本类型：效率驱动、客户中心、工程技术和科学研究。

效率驱动型创新是指通过改进流程来降低成本、缩短生产时间、提高产品质量，即通过对现有生产流程的梳理、完善和改进，在质量、成本、速度、服务等效率评价指标上取得新的突破。

客户中心型创新是指通过产品、服务或业务模式上的进步来解决消费者的问题。此类创新主要来源于消费者洞察，找出消费者未被满足的需求，针对性地开发新的产品、服务与业务模式，然后依据市场反馈不断进行修改和更新。滴滴、美团、共享单车、盒马鲜生为代表的新零售等企业创新均属于此类创新。

工程技术型创新是指整合、吸收供应商和合作伙伴的技术，设计开发新产品。工程技术型创新来源于企业自身的知识储备，以及供应商和技术合作伙伴的反馈，是科研与实践技艺的结合，通常需要专利保护。

科学研究型创新是指企业和学术研究人员合作，通过研究成果的商业转化，获取商业价值。

本案例中美图公司属于客户中心型创新，这种创新的关键在于消费者洞察。我国的消费市场庞大，充满机遇；同时，在消费升级的总体趋势下，伴随着"90后""00后"等新生代消费群体的崛起，企业也面临消费观念转变的巨大挑战。企业需要做好消费者洞察，挖掘消费者的内心需求，为发现新的市场机会创造条件。

美图公司通过精准、深入的消费者洞察开发新产品，获得了用户黏性和支持，因此能够在10多年的时间里一直保持较为稳定的增长。"为用户创造价值"是美图公司创立至今始终坚持的理念，美图公司将一切以用户为核心，围绕用户需求，将创新技术与用户洞察结合，不断推出富有创意和乐趣的产品和服务，为用户提供极致产品体验。基于用户洞察的客户中心型创新，也让美图公司在用户体量、用户活跃度、用户黏性、用户忠诚度等方面具备竞

优势,同时也提高了企业的商业变现能力。

二、体验经济时代的女性消费市场拓展

女性消费者是消费市场中最为活跃的主角,具有很大的市场潜力。在体验式经济时代,体验式营销与女性消费市场有着天然的契合度,通过体验式营销开拓女性消费市场必将给企业带来巨大商机。2016年年底,波士顿咨询公司消费者洞察智库通过对女性消费趋势进行调查研究得出结论:第一,中国有超过六成的家庭消费是由女性决定的;第二,2016年中国女性消费市场交易额超过3万亿元;第三,女性消费群体当中,以25~35岁的中上层阶级和年轻妈妈为主力军。

女性作为消费市场的主力军,其消费观念、消费行为直接影响市场消费水平的高低及消费的活跃程度。尤其是体验经济时代,女性消费行为的特点发生了很大变化,其消费行为逐渐从温饱型向享受型、个性型发展。女性消费的特点主要体现在以下四个方面:第一,消费多样化、个性化;第二,消费过程更关注感官体验;第三,喜欢参与互动体验;第四,注重商品的便利性和生活的创造性。

爱美之心人皆有之,尤其是女性,因此企业也要迎合女性爱美的心理,注重商品的色彩美、包装美及艺术美,强调商品本身的个性与气质,赋予品牌更深层次的寓意,通过将亲情、友情、爱情融合到产品上,从而提升女性消费者的情感体验。由于女性消费者大多趋向感性消费,她们内心情感较为细腻,感情比较丰富,因此在消费的过程中不仅要注重产品品质与服务,更要注重产品和服务所具备的情感特征。所以,在体验经济时代,企业应该注重将产品或者服务的细节做好,将美感融入每一个细节当中,从而与女性消费者细腻的内心和敏感的情感相照应,产生美的共鸣,提高产生消费的可能性。

案例讨论

1. 请举例说明客户中心型创新为企业带来的成长及创造的价值。
2. 你认为哪些营销方式对女性更适用,哪些更容易遭到反感?

资料来源:作者整理自新浪网、搜狐网、百度、中国知网等网络资料和相关文献。

① https://finance.sina.cn/hkstock/gsxw/2019-03-20/detail-ihrfqzkc5486154.d.html.

② http://www.sohu.com/a/251981149_505841.

③ http://www.sohu.com/a/301541905_587311.

④ 王业祥.基于体验式营销的女性消费市场拓展[J].商业经济研究, 2019, (10):63-66.

案例18 HOPE开放创新平台：海尔打造创新生态圈

案例内容

一、打造开放创新平台HOPE

互联网时代，时空不是问题，距离不是问题，因此，海尔提出了"世界就是我的研发部"的理念，探索搭建开放创新模式，把传统的瀑布式研发颠覆为迭代式研发，通过搭建线上开放创新平台HOPE（Haier open partnership ecosystem），全球的用户和资源可以在平台上零距离交互，实现创新的来源和创新转化过程中的资源匹配，持续产出颠覆性创新成果。

HOPE成立于2009年10月，最初是海尔成立的开放式创新团队，经过多年来的发展，目前已经成为海尔旗下独立的开放式创新服务平台。作为中国最大的开放创新平台，海尔早在20世纪90年代就展开了对开放创新模式的探索，并在全球亚、欧、美地区设立十大研发中心，每个研发中心都延伸出众多的触角，形成遍布全球的创新资源网络，实现生态圈内共创共赢。

简单地说，海尔开放创新平台可以帮你匹配到在创新过程中所缺乏的资源，通过平台的支持将这些创新资源进行转化及生产，最终实现各相关方的利益最大化，以此达成真正意义上的开放式创新。

HOPE平台采用交互开放创新的研发模式，打破了原来单向的研发模式，即企业研发产品卖给消费者，或者获取用户的需求和创意后，再由企业研发产品卖给消费者。而海尔采用全流程交互的创新研发模式，将用户和资源吸引到HOPE平台上，让用户和资源参与深度的交互，交互出来的产品再去转化、销售，即实现真正的让用户和资源都参与产品研发过程的并联研发模式。

该平台已经形成了空气生态圈、美食生态圈、洗护生态圈、用水生态圈、健康生态圈等多个大生态圈，通过用户与合作伙伴之间的交互持续不断产生引领性的创新成果和颠覆性的用户体验。在这个平台上，不同的创新机构互相吸引，协同创新。其中有麻省理工、斯坦福等顶尖大学，有中科院、德国弗莱恩霍夫协会等顶尖的研究机构，有新创的小型技术公司，也有资深的创新企业，甚至包括很多互联网企业，所有人为了创造美好的用户体验共同努力。

HOPE平台自身使用了大数据、深度学习等智能技术，大大提升了资源配置效率。平台后台数据可以根据全球技术热力图和用户需求（痛点）图进行叠加匹配，迅速识别用户的痛点，并确定在全球有哪些资源能够满足他的需求，然后把这些方案反馈回来，用创意方案跟用户去交互创新。

二、HOPE平台三大板块

HOPE平台上分三大板块：社区交互、技术匹配和创意转化。

（一）社区交互

通过社区的运营，平台吸引了大批用户参与各种交互活动，积累了用户流量以后，通过后台的数据分析与整理，可以全面了解用户使用家电过程中对各种电器产品的需求，再加工整理，快速转化成产品规划。同时，大用户流量，也能够为创意验证提供阵地和可靠的用户验证基础。

（二）技术匹配

目前HOPE平台已经注册了10多万用户，而且每个用户都是带着技术方案上平台的，这些技术方案结构化的数据为大数据匹配提供良好的数据基础，任何的用户需求提到平台后，通过后台的大数据匹配，都能够快速精准地匹配到合适的解决方案，这使海尔能够快速推出满足用户需求的新产品。

（三）创意转化

HOPE平台上已经拥有了大量的用户需求信息和技术方案信息，再将这两者进行加工整理，就形成多种可行性产品方案，再加上海尔的六大转化基金的支撑，不断推出满足需求的产品并进行产品的迭代创新。

三、HOPE平台五大核心能力

通过以上的三大板块，HOPE平台构建了五大核心能力，并由此支撑平台快速发展，实现快速的创新和颠覆。

（一）核心能力一：捕捉最新的行业技术动态

除了HOPE平台大数据爬虫系统之外，HOPE平台有专家分析团队，能够对最新科技情报进行系统的分析，第一时间推送趋势分析，为小微提供决策支持。

（二）核心能力二：建立专业的交互圈子

在家庭生活相关的各类技术领域，HOPE平台都聚集着几十乃至数百个一流专家，这些专家都在线与用户和资源方交互，从而打造出一个个的细分技术领域交互的圈子，每一个圈子都是解决一类技术问题的子生态圈。

（三）核心能力三：持续产出各类颠覆性创意并孵化

平台上的发烧友用户和技术大咖不断交互出各种创意。参与创意交互的用户，都能够获得未来上市产品收益的分享。

（四）核心能力四：快速精准匹配全流程资源

HOPE强大的搜索匹配引擎，能够快速将后台资源库、方案库、需求库、创意库进行配对，匹配精准度高达70%。

（五）核心能力五：创意转化全流程支持

海尔为创客提供从创意的提出、交互、孵化，到产业化、营销等全产业链条上的支持。

四、HOPE平台的价值

HOPE平台的价值在于通过各种分享机制和创新伙伴分享市场价值。

（一）共建专利池

海尔已与陶氏化学公司（DOW Chemical Company）、利兹大学等共建专利池，共同纳入的专利数量达到100件以上，联合运营获取专利授权收入。迄今，海尔已经和合作伙伴共建了7个专利池，其中2个专利池上升为国家标准。

（二）模块商参与前端设计，超利分享

例如，E公司是一家专注于制冷解决方案的公司，凭借优秀的设计能力，和海尔一起开发出极受用户欢迎的产品，成功成为海尔供应商。这种模式比传统的模式提高了整体产品研发效率的30%，新产品开发时间缩短了70%。目前已有超过50%的模块商参与前端研发过程，未来海尔所有供应商将全部参与产品前端研发过程，实现全流程的交互研发。

（三）投资孵化

例如，美国某大学孵化出的C公司，拥有固态制冷技术模块顶尖技术，并且处于孵化融资阶段。海尔参与该公司前期孵化、融资及技术的产业化，成功孵化出全球首款真正静音的固态制冷酒柜。

（四）联合实验室，成果分享

海尔与D公司、L公司等成立技术研发联合实验室，双方共同投入基本的运营费用，从各个领域实现技术的开放性，实现双方技术的交互与应用共享，技术研发的成果双方共同拥有，产品上市后实现价值分享。

（五）成为供应商伙伴获取收益

具备交互用户、模块化设计、模块化检测、模块化供货四个能力的平台参与者，可享有优先供货权，即优先保障享有70% ～ 100%的供货配额。同时享有6 ～ 12个月的反超期。例如，S公司参与天樽空调研发，参与前端模块研发，同时具备供货能力，在量产后直接享受80%的模块供货配额。

由于海尔在模式转型过程中坚持去中心化、去中介化、去"隔热墙"，海尔的在册员工比最高峰时减少了45%，但海尔平台为全社会提供的就业岗位超过160万个。基于海尔在"双创"领域的突出成就和示范作用，2016年5月，国务院确定的首批双创示范基地中，海尔成为家电行业唯一一个入选企业。

截至2017年8月，在海尔共享式创业平台上聚集了2246个创业项目，平台上有4316家创业创新孵化资源，1333家风险投资机构，118家孵化器空间，120亿创投基金，15个创业创新孵化基地，为创客提供了丰富的创业资源。海尔平台上有200多个创业小微公司、3800多个节点小微公司和122万家微店正在努力实践着资本和人力的社会化，已有超过100个小微公司年营收过亿元，有52个小微公司引入风投，18个小微公司估值过亿。

海尔已经三次入选哈佛商学院案例：1998年，"海尔文化激活休克鱼"案例进入哈佛案例库。这是中国企业第一次因一种商业思想为世界所关注。当海尔集团董事局主席、首席执行官张瑞敏以第一个登上哈佛讲堂的中国企业家身份开讲时，中国企业在商业创新上的探索成果在全世界获得认可，也开启了海尔的新阶段。2015年5月，海尔再次走进了哈佛大学讲堂，"海尔：与用户零距离"案例，让海尔再一次成为学者、学子关注的焦点。2018年3月，张瑞敏第三次走进哈佛课堂，就"海尔：一家孵化创客的中国企业巨头"案例，分享了管理心得和海尔的实践。在此之前，全世界从未有一家企业有这样的勇气去尝试这样巨大的转型。海尔的探索伴随着质疑一路同行，从违背科斯定律，到去掉中间层，再到拿探索过程中的数字说话，海尔周边从不缺抱着"看笑话"心态的对手或看客。但远在万里之遥的哈佛商学院通过数年调研，用其专业权威性，将海尔的模式打上创新、物联网的标签。

案例评析与拓展

一、互联网时代倒逼企业进行开放式创新

开放式创新作为一种新的创新范式受到了学者和企业界的普遍关注。宝洁公司宣称在组织内部引入开放式创新理念，使得产品开发成功率增加了50%，研发效率提高了60%；飞利浦在企业内部建立了良好的开放式创新环境；西门子在2009年启动了大规模的开放式创新项目。目前我国企业多数仍采用封闭式创新模式，对外部资源利用十分有限；同时对开放式创新存在误解，认为开放式创新就是依赖引进技术或引进先进装备实现创新，并且认为开放式创新不利于形成核心技术优势。事实上，开放式创新对我国企业尤其重要。相比跨国公司，我国企业在内部创新资源上明显处于劣势，单纯依赖自身能力很难实现创新。尤其是在知识型员工流动性增强、知识创造与扩散速度越来越快的情况下，企业封闭式创新也难以为继。因此，开放式创新将成为我国企业应对新一轮经济竞争的可持续发展战略。并且，由于互联网时代的到来，企业进行开放式创新也是顺应形势之举。

"用户个性化"倒逼开放式创新。互联网时代，信息获取越来越简单，用户可获取完美详尽的产品信息，同时随着互联网原住民的成长，用户的需求变得个性化、碎片化，个性化定制产品的呼声也越来越高。因此企业必须改变传统的创新方式，为了满足用户的个性化需求，需要和用户、一流资源一起创新。

"产品创新加速"倒逼开放式创新。正如《大爆炸式创新》一书中所描述的，技术的指数级发展和产品的快速迭代改变了原有的创新方式。创新产品不断冒出，倒逼企业缩短产品研发周期，持续迭代产品，提升用户体验，这只有利用全世界聪明人的智慧才能做到。

"产业颠覆"倒逼开放式创新。互联网时代，各个行业都受到互联网的冲击，颠覆式创新无处不在。企业的颠覆往往出现在"意料之外"，又在"意料之中"，封闭系统注定消亡。只有变成开放的平台，建立开放的创新生态系统，才能持续创新，涅槃重生。

二、中国已经具备形成开放式创新生态圈的基础条件

"开放式创新"正在逐渐成为企业创新的主导模式。麻省理工学院黄亚生教授认为，一种众人参与创新、更加开放、自下而上的自发的社会创新模式在各个领域悄然兴起，并在整个社会创新活动中发挥着越来越重要的作用。开放式创新能够以更快的速度、更低的成本，获得更多的收益与更强的竞争力。

海尔在开放式创新方面，走在了世界的前列，其之所以能够建立基于开放创新的生态圈，是与中国已有的基础设施建设及互联网业态的发展有关系的。

首先，中国已经建立起全球领先的大平台、巨网络、富生态，能够帮助创新者更方便快捷

地在互联网开放的市场环境中寻找市场需求、风险投资、技术合伙、委托研究、技术特许、战略联盟、商业模式等,并能更快更好地把创新思想变为现实产品与利润,这极大地降低了创意从产生到最终成为产品进入市场过程中的损耗。尤其是移动互联网和云计算的应用在中国迅速蔓延,这进一步扩大了中国的竞争优势,超过7亿的网民随时、随地、高频的"连接",让越来越多行业开始接受和拥抱"互联网+"。

其次,中国的制造业生态系统规模庞大,市场巨大的规模和发展健全的供应链,能够给中国企业家提供约15% ~ 20%的成本优势。未来,生产要素的重新组合能够产生一系列革命性创新产品,而在西方国家,光靠一两个企业主导的改革是比较困难的,很难做出革命性变化。中国目前具有大量的小型制造企业,非常分散,以前我们说是弱点,但是在网络时代很有可能转化为一种优势。随着互联网的连接,小型制造企业能够快速适应市场的变化,更好地进行自由组合,更好地进行柔性供应。让柔性生产网络在中国进一步兴起,这也许是中国的另一种后发优势。

最后,产业的迁移是中国当代面临的重大机遇。目前,我国服务业占GDP的贡献率持续攀升,提供的就业机会也越来越多,但大多数人仍未意识到服务创新的重大意义和前景。2011—2015年前后发生的移动互联网浪潮,让中国的生活服务业以"O2O"的形式发生了一次巨大飞跃,租车、洗车、代驾、外卖、按摩、药品,甚至手机贴膜都可在线下单,更重要的是,作为信息技术与商业深度结合的全新产物,一种基于互联网的、新范式的"商务服务业"迅速地崛起,平台与服务商融合发展,服务商生态集聚化,平台上多方之间互动频繁,服务商之间交流竞争更加充分、创新层出不穷,形成了一个巨大的"商业服务业生态圈",共同为亿万的买家、卖家提供丰富多彩的服务。

基于如前所述的三个基础条件,海尔成为创业孵化器,建立创新生态圈,其实就是在创业资源、创业环境、创业培训各方面培育创业主体的生态圈。

如何实现开放创新,将各利益相关者,如创业者、技术服务者、企业、高校、科研机构等联系起来,打造开放的创新生态圈,海尔给我们提供了一个很好的模板,未来一定有更多企业加入,将开放创新基础上的创新生态圈越做越大,越做越好。

案例讨论

1.海尔为什么能够三次入选哈佛商学院案例库?

2.企业应该如何做到开放创新?

3.创新生态圈对"大众创业,万众创新"有什么影响?

资料来源：作者整理自海尔企业官网、百度、新华网、中国知网等网络资料。

①http://hope.haier.com/.

②https://wenku.baidu.com/view/12aad64558f5f61fb73666c7.html.

③http://www.xinhuanet.com//itown/2017-01/12/c_135976159.htm?from=singlemessage.

④https://wenku.baidu.com/view/d28c4a47fe00bed5b9f3f90f76c66137ee064fe5.html.

⑤陈劲,吴航,金珺.企业如何实施开放式创新:组织变革的视角[J].中国地质大学学报(社会科学版),2012,(1):74-81.

案例19 传音手机：非洲市场开拓之道

案例内容

一、拓荒与留守

"波导手机，手机中的战斗机。"2006年，这句广告语响遍大江南北，当时波导手机连续第六年成为国产手机销量冠军。那是波导最辉煌的时候，正值智能手机兴起，功能机的春天已经过去，且中国手机市场已经一片红海。

彼时，竺兆江从波导销售公司常务副总经理的位置上离开，在香港成立传音科技，专门从事移动通信产品的研发、生产、销售和服务。当年，由于国内手机厂商的残酷厮杀，他为开拓波导的国际业务走遍了90多个国家和地区，经常看到日韩手机品牌的广告，但几乎难以看到中国手机的广告，于是他立志做一款受全世界瞩目的手机，希望有朝一日中国人自己的品牌也能在国际上受到关注。

虽然功能机时代即将翻篇，但传音并未选择和中国其他手机厂商一样进军智能手机市场，而是留守功能机阵地。据公开报道，早期传音依靠给一些印度和东南亚的手机品牌做贴牌维持生存。

"非洲是仅次于中国、印度的全球人口第三多的市场，人口数达到10亿等级"，竺兆江当时判断，"非洲市场的发展又比中国慢，如果能够运用自己的技术与资源，推出适合当地市场的产品，应该会有不错的机会。"成立两年多后，在激烈拼杀的中国市场难以找到立足之地的传音，选择去非洲拓荒。

2007年，传音带着旗下的TECNO和itel试水非洲。2008年7月，传音锁定非洲市场。彼时非洲手机市场竞争者寥寥，仅有三星、诺基亚等少数几个品牌，竞争远没有国内市场那么激烈。而且，手机对于那时的非洲消费者而言，就像早年中国人使用"大哥大"一样，逐渐被中国等市场淘汰的功能机，在非洲拥有广阔的市场。所以，在国内手机厂商用智能机打响肉搏战时，传音选择用功能机撬开非洲市场大门，以相对较少的投入获取更多的销量和利润。

二、适应本土需求，开拓非洲市场

2008年6月，传音在非洲第一人口大国尼日利亚设立第一个非洲分支机构——尼日利亚办事处；当年10月，传音已在7个非洲国家成立分公司和办事处。TECNO和itel是传音培育最久、在非洲最受欢迎的品牌：前者价格较高，针对中高端消费者，配套的市场推广策略更具质感；后者价格较低，针对年轻消费者，因此市场推广主打活泼、个性的标签。2012年，传音又在智能手机领域全面发力，推出智能高端手机品牌Infinix。

既然要开拓非洲市场，必须了解非洲当地人对手机的需求。传音深挖市场，充分了解消费者的诉求，手机一经推出，就在非洲市场上引起强烈反响。传音做了很多适应本土需求的工作。

（一）功能机主导的市场

非洲市场消费者的底子薄、起点低，很多人还挣扎在温饱线上。文盲在非洲很多国家的民众中占很大比重。所以在此情况下，主打语音通话的功能机，在非洲更有市场。

（二）依据非洲市场的特性设计出特色功能

在非洲，晚上大部分地方是没有路灯的。所以传音就在手机上加入大功率的手电筒。以提升手电筒的亮度。很多地区并没有很充分的电力供应，所以传音就在手机上用了超大容量的电池，号称可以待机一个月。

非洲人民喜欢音乐，喜欢随时随地载歌载舞，传音就在保障音色的情况下加大了扬声器的功率，并且在手机包装盒中附赠头戴式耳机。

非洲用户大多有两张以上的SIM卡，但大多数人受消费能力所限只有一部手机，且非洲不同运营商之间通话很贵，但2007年的非洲市场只有单卡手机出售。传音抓住这一机会，将国内寻常的双卡双待手机推向非洲市场，甚至一度推出四卡手机，深受非洲消费者欢迎。《经济学人》杂志曾报道过TECNO等中国手机风靡尼日利亚，称配有两个SIM卡槽的手机可方便用户使用两个不同的网络，"对一个信号不好的国家来说很实用"。

（三）定制化拍照模式，解决非洲人民的最大痛点

传音的研发团队专门针对非洲人的肤色和面部特征，开发出了用牙齿和眼睛来识别脸部的技术，并且在此基础上推出了非洲版的美颜和滤镜，深受非洲用户特别是非洲女性用户的喜爱。

（四）自建渠道开拓市场

可以想象在一个没有成熟的广告市场的非洲，想建立和宣传一个手机品牌的难度有多大。但传音花了10年左右时间做到了。传音宣传的渠道也非常接地气：买下当地的地标性建筑整栋刷墙广告，在各种路边广告牌宣传；还有最传统的宣传方式——电线杆子上贴小广告。事实证明，这些在别的地区已经落伍的宣传模式，在非洲大陆确是最有效的广告模式。

三、努力得到回报，传音非洲封王

经过多年的发展，传音现已成为全球新兴市场手机行业的中坚力量。2018年，传音手机出货量为1.24亿部，超越三星，成为名副其实的"非洲之王"。

市场调研公司Canalys季报显示，2018年一季度，三星在非洲的销售额同比增长42%，占据非洲市场23%的份额，但传音旗下的手机品牌TECNO、itel和Infinix以38%的市场总份额超越三星，成为非洲手机市场最大的赢家。凭借在全球新兴市场的卓越表现和品牌号召力，传音成功入选由Facebook与毕马威联合发布的2018"中国出海领先品牌50强"之一。2019年5月，传音荣膺Twitter"最具海外影响力品牌奖"。在知名泛非洲商业杂志*African Business*（2019年6月版）发布的"2018/2019年度最受非洲消费者喜爱的品牌"百强榜中，传音旗下三大手机品牌TECNO、itel及Infinix分别位列第5名、第17名及第26名；在百强榜中，TECNO连续多年位居入选的中国品牌之首，itel位居入选的中国品牌第二名。

案例评析与拓展

一、非洲是一个充满商业机会的大陆

麦肯锡2017的一份报告中的数据表明,在过去10年里,中非关系发展迅猛,双边贸易每年增长约20%,直接投资每年增长约40%。目前在非洲的中国公司已超过1万多家,比原先估计的多4倍,其中约90%的公司是民营企业,这些公司规模不同,业务范围涉及各个领域。中国企业给非洲带来了投资、管理经验及创新活力,从而促进了非洲经济的发展。在贸易、投资、基础设施、融资和援助等方面,中国都是非洲的前五大合作伙伴。报告称,"中国在非洲的这种参与程度没有哪个国家能与之匹敌"。

中国商品在非洲很受喜欢。中国的名牌货是东非人的首选目标。如果谁能买上一辆凤凰牌自行车,像流星似的在马路上驶过,别人看着都很羡慕。至于雄鸡牌锄头恐怕鲜为中国人所知,但在东非几乎是家喻户晓,老少皆知,因为它钢口好,既锋利又坚固耐用,多年来供不应求。东非人钟情的其他名牌货还有蝴蝶牌缝纫机、向阳牌热水瓶、熊猫牌电视机、长城牌电扇、三环牌锁具、美加净化妆品、两面针牙膏。

至于中国生产的抗疟疾药那更受欢迎了。联合国统计的数据显示,疟疾每年对非洲的GDP造成1.3%的损失。但是,非洲却是个严重缺医少药的地区,医药工业产值在世界医药工业中所占的比例很小,大部分药品依赖进口。绝大多数非洲国家的人均药品消费很少,除了南非、利比亚少数富裕国家相对较高以外,像尼日尔、坦桑尼亚和赞比亚等国居民人均消费药品目前还不足1美元。

中国商品不仅满足了经济不很富裕的普通百姓的需要,同时也造就了一批靠经营中国商品先富起来的当地人。在以广州越秀区小北为中心的大片区域里,居住着大量非洲来客,这里俨然成了他们的商贸天地。 在中国商家看来,这些黑皮肤的商人都是"挑剔的提包客", 携着几万元来采办货物,然后将其全塞在两三个大行李包内,直接坐客机拎回非洲。而在全球最大的小商品集散地浙江义乌,聚集了大量来自非洲的贸易商人。据义乌市商务局提供的数据显示,目前有3000多名非洲人常驻义乌经商,约占义乌外商人数的1/4。有的非洲商人事业做大了,全家人移居于此,孩子们在中国接受教育,从小学说汉语,与中国孩子成为小伙伴儿。

传音手机的成功,是中国制造在非洲市场获得成功的典型案例,可以说,一方面,成功得益于他们对手机市场的细分和定位专门的市场,在智能手机的红海中找到了一片属于自己的蓝海。另一方面,这也告诉我们,企业开拓市场需要有准确的分析和判断,最好能在自己擅长的市场中扎根下去。

二、适应本地需求是企业制胜的法宝

在经济全球化的大背景下,国际化是企业发展壮大的必由之路,而本地化是跨国公司推动国际化进程的重要选择。一个真正的跨国公司只有在东道国扎根、生长,实现了全面的本地化,才能真正走向国际,成为国际化的跨国公司。

企业开拓市场,就需要首先了解这个地区的经济状况、收入水平、文化环境、社会环境,更重要的是,了解当地消费者偏好。这就给企业设置了一道高高的门槛。只有在这方面下足功夫的企业,才能够最终获得成功。

非洲市场潜力大,传音最初选择在尼日利亚打开非洲市场,也是有充分的考虑的:首先,尼日利亚是非洲人口大国,经济总量在非洲排名前列;其次,拥有9188万网民的尼日利亚是非洲国家中网民数量最多的国家。因此,尽管电力稀缺,但只要市场定位准确,能够打造出非洲当地消费者喜欢的产品,开拓市场的成功率还是比较高的。至于如何满足消费者需求,只能说,没有最好,只有更好。所以,产品创新、服务创新、工艺创新,都是无止境的。

说到产品的本地化策略,肯德基在中国的做法也值得一提。为了更好地迎合中国人的口味,肯德基在口味上做了很大的调整,推出了奥尔良口味、墨西哥风味、黑椒口味、藤椒口味等,这些都是美国没有的。另外,肯德基在种类上做了调整,原有的快餐系列里,只有汉堡、薯条、可乐、原味炸鸡、鸡翅等,但是在中国,肯德基推出了卷饼、粥、油条、米饭套餐。可以说,肯德基在中国的快餐霸主地位与其本地化策略是分不开的。

案例讨论

1. 传音手机在非洲的成功对于投资海外的中国企业有哪些启示?
2. 请举例说明企业在适应当地化需求方面成功或失败的情况。

资料来源:作者整理自百度、传音企业官网、新华网、搜狐网等网络资料。
① http://baijiahao.baidu.com/s?id=1601988412837037593&wfr=spider&for=pc.
② http://m.sohu.com/a/225563075_100128024.
③ http://business.sohu.com/20140827/n403812809.shtml.
④ http://www.xinhuanet.com//fortune/2017-06/29/c_1121232986.htm.

案例20 阿里巴巴的商业模式创新

案例内容

现在的"90后"并不知晓,他们出生那会儿互联网世界是有多么荒芜。当马云1999年创立阿里巴巴时,互联网最流行的搜索引擎是雅虎,而非谷歌;互联网上最流行的商品交易方式是网上拍卖,最火的企业叫eBay。那时候没有iPod,iPhone或者iPad,在美国每10户家庭也只有4家有互联网接入,互联网对于大多数中国人来讲,如同遥远的外星球一般陌生。而今,通过阿里巴巴的平台,每天有超过3000万笔交易产生。国人早就接受了全新的购物方式,打开了一个全新的世界。

一、1.0时代：B2B横空出世

1999年初,阿里巴巴在杭州正式推出旗下第一个平台——B2B（business to business,企业对企业）平台,为中小企业提供"网站设计+推广"服务,即打造"网络义乌"模式,核心是帮助有绝对成本优势的中小制造企业"走出去"。当时一个大的背景是,阿里巴巴成立前,做外贸生意的中国中小企业可选途径一般只有广交会（中国进出口商品交易会）,但广交会门槛高,中小企业参展是件很困难的事。随着平台的发展,尤其是欧美经济的回落,阿里巴巴B2B将内贸和外贸置于同等重要的位置。2010年3月,阿里巴巴中国交易市场采用1688.com作为新域名,同时完成战略升级,成为网上批发交易平台,将传统商业模式中信息搜寻、报价、下订单、合同签订等需要线下完成的流程电子化,极大提高了中小批发交易的效率。

二、2.0时代：B与C的融合演化

2003年初,在阿里巴巴B2B核心业务盈利稳定后,马云为寻找新增长点开始日本之行。马云发现,雅虎（Yahoo）日本凭借本土化策略在日本C2C（customer to customer,消费者对消费者）市场大胜eBay日本,这坚定了他推出C2C业务的决心。2003年5月淘宝成功上线,2003年7月阿里巴巴宣布投资1亿元到淘宝, 2005年10月阿里巴巴宣布再向淘宝网投资10亿元。在5年时间内,淘宝网市场份额从0做到86%, eBay则从90%跳水至6.6%。

淘宝网的成功,除了开创性地推出具备担保交易（能同时解决支付信用与安全问题）的第三方支付工具支付宝之外,更重要的在于"免费模式",即不向买家和卖家收取交易佣金、商品展示费。免费模式正是淘宝网彻底击垮eBay中国的法宝。之所以如此,是因为阿里巴巴对中国经济和消费的深刻理解——与欧美等发达国家相比,当时的中国人并没有太多的二手货可供交易,基于二手货交易收费的eBay模式在中国本土明显缺乏市场基础。

通过免费模式,淘宝网迅速聚拢了中国零售市场大批分散的中小型卖家,但"增量不增收"也成为困扰阿里巴巴集团的一大问题。通过调研发现,淘宝网虽然卖家众多,但真正的品牌卖家较少,产品品质也参差不齐,甚至成为"山寨"商品的天堂,很大程度上影响消费者的购物体验。消费者的负面口碑又反过来影响优质商家的进驻和资源投入,从而影响到整个平台的公信力,形成恶性循环。于是, 2008年初,对商家资质和商品品质有相对控制的品牌商城淘宝商城推出,希望借此开辟与C2C淘宝集市完全不同的B2C（business to customer,企业对消费者）品牌商城,借以吸引优质商家和中高端消费者。

2010年11月,阿里巴巴宣布淘宝商城域名独立,同时彻底将商城与集市的组织架构隔离开来。2011年6月,宣布采用全新的中文名称"天猫",希望彻底与淘宝网划清界线,成为完全独立业务。与此同时,除C2C淘宝集市和B2C天猫之外,淘宝网还分拆出一家专门聚焦于购物搜索的一淘网。

在核心平台层面,阿里巴巴基本形成了阿里巴巴B2B平台、淘宝集市C2C平台、天猫B2C平台等。此外, to B和to C两大业务线条中,发育出一系列服务于平台或基于平台延伸的公司,如to B系列的速卖通（外贸B2C）、阿里金融（为中小企业提供融资服务）等。

三、3.0时代：C2B应运而生

阿里巴巴凭借电子商务商业模式不断创新,成为中国乃至世界最大的电子商务企业。然而,随着B2B业务日益没落,C2C淘宝深受假货困扰,B2C天猫难成大器,阿里巴巴受到一些负面新闻的影响,面临着历史上最大的危机。在重重危机下,阿里巴巴适时进行了结构性调整。2012年7月23日,阿里巴巴宣布新"七剑"架构调整,淘宝、一淘、天猫、聚划算、阿里巴巴B2B及阿里云六大子公司,被重新调整为淘宝、一淘、天猫、聚划算、阿里国际业务、阿里小企业业务和阿里云七大事业群。阿里巴巴B2B的中小企业,将通过淘宝、一淘、天猫、聚划算,与消费者对接起来,阿里云则在打通底层数据中起到基础性作用,最终形成一个有机的整体——从消费者到渠道商,再到制造商的CBBS(C, customer,消费者; 第一个B, business,渠道商; 第二个B, business制造商; S, service partner,电子商务服务提供商)市场体系,加速推进OneCompany的目标,把阿里巴巴中小企业和淘宝市场体系有效结合。

2013年1月,阿里巴巴集团聚划算事业群宣布启动C2B(customer to business,消费者对企业)的消费者驱动战略,推出大规模定制产品平台聚定制,表示聚定制将在家电、家居、旅游、电信等行业发力。根据聚定制规则,其应用场景主要是品牌商品预售和新品定制。品牌商品预售通过前期数据分析或调研,提前定制成品或半成品来销售,根据订单安排生产和发货,通过降低库存,让消费者拿到更高性价比的东西; 而新品定制,提供模块化的维度供消费者选择,满足个性化需求,然后根据成本安排生产。

目前,阿里巴巴平台活跃着超1000万的商家和4.23亿的消费者,平台成交额达到3.092万亿元,整体规模已不亚于欧美一些发达国家全年的GDP。平台创造的直接就业机会超过1500万个,带动了3000万左右人口的间接就业,同时带动上游制造业税收增长近1800亿元。

案例评析与拓展

一、阿里巴巴的创新是以大数据为基础的商业模式创新

创新研究的鼻祖熊彼特将创新定义为现有资源的"重新组合",认为经济发展就是不断创新的结果,并给出了创新的几种类型：新产品、新的生产方法(工艺)、新的市场、新的供应源、新的企业组织方式,这几种创新均能够推动经济发展产生质变。组织创新并不只局限于在特定的企业内部采用新的方法组织生产过程。按照熊彼特的观点,组织创新还包括企业之间的安排,比如整个产业的重组。根据熊彼特对创新的分类,阿里巴巴所探索的新商业模式、新零售业态重新组织了企业的生产和销售,应当属于组织创新,或称之为商业模式创新。

通常,人们大多关注前两类创新,即产品创新和工艺创新。但是不能因此而忽略其他创新。商业模式创新同样能够推动经济发展,与产品创新同等重要。例如,在20世纪上半叶,美国经济"领先"于其他资本主义国家的原因在于产生了许多组织方面的创新,包括全新的组织生产和分销的方法。在我国,典型的商业模式创新——电子商务带来了巨大的经济效益,也对社会产生了重大的影响。因此,商业模式创新与产品创新一样具有重要意义。当前的新零售业态直接的效益是节省交易费用,提升零售业效率和服务质量,从更广的范围来

看,提质增效无疑将推动整体社会进步。

阿里巴巴的商业模式创新背后,是阿里的全世界最好的交易性数据库,2017年"双11"每秒钟要处理32万笔的交易量,阿里巴巴在此基础上发展了一套非常成熟的知识图谱技术,不仅仅做大数据计算分析,还进一步提供专门工具,让知识图谱可以自学习,形成新的发现,这是全球没有第二个地方能够做到的。在IoT(internet of things,物联网)领域,阿里巴巴也展示了一组亮眼的数据。只用一年的时间,天猫精灵就实现累计销量500万台,创下智能音箱销量中国第一、全球第三的成绩。语音也成为智慧家庭的主要交互入口,目前阿里的语音交互技术已经能支持5000万台家庭智能设备。因此,阿里巴巴商业模式创新能够获得成功,就不足为奇了。

二、C2B模式已经成为互联网时代的必然趋势

"C2B"背后折射的是一种典型的IT式思维。B2C模式是传统工业经济时代的运作模式,随着互联网的发展,未来的商业模式中定制会是主流,这就是"C2B",它对背后商业运作的要求是个性化需求、多品种、小批量、快速反应、平台化协作。实际上,定制化的商业模式自古有之。不可否认,互联网的出现使得定制的信息传递效率更高,边际成本更低,但定制是否会成主流,从来就不是某种技术决定的,而是人心,即是由消费者心智所决定的。在多数时候,消费者并不知道自己需要的是什么,除非你把它们设计出来摆在他们的面前,让他们比较和选择。即使在网络高度发达的今天和可预见的未来,定制仍然将是非主流,这是由人类的本性决定的。当然,毋庸置疑的是,互联网的出现让企业可以比以往更快、更全面、更深刻地跟踪和理解消费者,把握消费趋势。

2016年3月16日,国务院总理李克强在全国两会上答记者问的时候,将定制化生产纳入了"新经济"的范畴,就是要培育新动能,促进中国经济转型。除了阿里巴巴,许多企业正积极试水C2B,将私人定制作为企业的发展方向。服装、汽车、工艺品等已经进入人们的视线,受到消费者热捧。

三、阿里巴巴的商业模式创新为持续创新提供了平台

阿里巴巴在零售领域推出的一系列商业模式创新,包括最近的无人超市等新零售业态本身是一种创新,这种创新还将带来更多的创新,因为创新为新商业机会和未来的创新提供了可能性,并为持续变革提供了平台。阿里巴巴持续创新商业模式,在潜移默化中影响国人消费习惯的同时,也改变了生产、批发、零售等整个产业链,大大提升了商业的协同效应。

近期出现的阿里无人超市也是一种新零售业态,无人零售不仅仅只是提高销售效率,也不局限于更精准地获知客户需求,实现按需生产和供应,更重要的是,这种新零售业态对整个零售产业链进行数字化改造后,将为提高全行业效率、推动产业创新提供基础,从长远看,解放出的体力劳动力将为人类从事更多创造性和创新性活动提供基础和机会。

今天的阿里巴巴已经不单纯是一家电子商务公司。随着饿了么、盒马鲜生的加入,阿里巴巴需要打造一个全新的横跨线上、线下的零售操作系统,将线上、线下的消费体验连接成

一体。未来还有很长的路要走,而阿里巴巴的创新之路也将一直持续下去。

案例讨论

1.阿里巴巴的商业模式创新惠及众多的制造商、商家及消费者,为什么这种模式创新会在当今的中国产生巨大的影响?

2.阿里巴巴和普通的电子商务企业相比,有什么不同之处?

资料来源:作者整理自人民网、企业官网、浙江在线、搜狐网等网络资料。

①http://cpc.people.com.cn/n/2013/0128/c83083-20345403.html.

②http://zjnews.zjol.com.cn/zjnews/hznews/201608/t20160826_1872205.shtml.

③http://www.sohu.com/a/65135061_320733.

④https://news.mydrivers.com/1/595/595369.htm.

参考文献

Acs, Z., Audretsch, David B., Feldman, M. P. Real effects of academic research: comment [J]. *The American Economic Review*, 1992, 82(1): 363-367.

Acs, Z., Anselin, L.,Varga, A. Patents and innovation counts as measures of regional production of new knowledge [J]. *Research Policy*, 2002,31: 1069-1085.

Acs,Z., Armington, C. Employment growth and entrepreneurial activeity in cities [J]. *Regional Studies*, 2004,38(8):911-927.

Adams, J.D. Endogenous R&D spillovers and industrial research productivity [R]. NBER Working Paper 7484, 2000.

Adams, J.D., Clemmons, J.R., Stephan, P.E. How rapidly does science leak out? [R]. NBER Working Paper 11997, 2006.

Adams, J.D.,Jaffe, A.B. Bounding the effects of R&D: an investigation using matched establishment-firm data [J]. *The RAND Journal of Economics*, 1996,27(4):70-721.

Aghion, P. , Howitt, P. A model of growth through creative destruction [J]. *Econometrica*, 1992,60(2): 323-351.

Aghion, P., Harris,P., Howitt, P.,et al. Competition, imitation and growth with step-by-step innovation [J]. *The Review of Economic Studies*, 2001,68(3):467-492.

Aghion, P., Bloom, N., Blundell, R, et al. Competition and innovation: an inverted U relationship [R]. NBER Working Paper 9269, 2002.

Aitken, B., Harrison, A. Do domestic firms benefit from foreign direct investment? Evidence from venezuela [J]. *The American Ecomomic Review*, 1999,(89):605-618.

Almeida, P., Kogut, B. Localization of knowledge and the mobility of engineers in regional networks [J]. *Management Science*, 45(7):905-917.

Andersson, R., Quigley, J.M., Wilhelmsson M. Agglomeration and the spatial distribution of creativity[R]. CESIS working Paper, No.42,2005.

Aoki, R. R&D competition for product innovation: an endless race[J]. *The American Economic Review*, 1991,81(2):252-256.

Arita, T., McCann, P. Industrial alliances and firm location behaviour: some evidence from the U.S. semiconductor industry [J]. *Applied Economics*, 2000,32:1391-1403.

Arrow, K. J., Marc N. Optimal advertising policy under dynamic conditions [J]. *Economica*, 1962,29(114):129-142.

Audretsch, D.B., Acs, Z.J. Innovation and size at the firm level [J]. *Southern Economic Journal*, 1991, 57(3): 739-744.

Audretsch, D.B., Feldman, M.P. R&D spillovers and the geography of innovation and production [J]. *The American Economic Review*, 1996, 86(3): 630-640.

Audretsch, D.B. Agglomeration and the location of innovative activity [J]. *Oxrord Review of Economic Policy*, 1998, 14(2):18-29.

Barro,R.J., Sala-i-Martin, X. *Economic Growth* [M]. New York: McGraw-Hill, Inc, 1995.

Baumol, W. J. Contestable markets: An uprising in the theory of industrial structure[J]. *The American Economic Review* ,1982,72: 1-15.

Blundell, R., Griffith R., Reenen J. V. Dynamic count data models of technological innovation [J]. *The Economic Journal*, 1995, 105(429): 333-344.

Borensztein, E., De Gregorio, J & Lee, J.W. How does foreign direct investment affect ecomomic grwoth? [J]. *Journal of International Economics*, 1998, (45):115-135.

Bottazzi, L. & Peri,G. The international dynamics of R&D and innovation in the short and in the long run [R]. NBER Working Paper 11524, 2005.

Branstetter, L. G. Are knowledge spillovers international or intranational in scope? Microeconometric evidence from the US and Japan [J]. *Journal of International Economics*, 2001, 53:57-79.

Braunerhjelm, P. & Borgman, B. Agglomeration, Divesity and Regional Growth [R]. CESIS Working Paper, No.71, 2006.

Breschi, S. & Lissoni, F. Localised knowledge spillovers vs innovateion milieux: Knowledge "tacitness" reconsidered [J]. *Regional Science*, 2001a,80 :255-273.

Breschi, S. & Lissoni, F. Knowledge spillovers and local innovateion systems: A critical survey [J]. *Industrial and Corporate Change*, 2001b ,10:975-1005.

Breschi, S. & Malerba, Orsenigo, L. Technological regimes and schumpeterian patterns of innovation [J]. *The Economic Journal*, 2000,110(463):388-410.

Bruland, K. *British Technology and European Industrialization: The Norwegian Textile Industry in the Mid-nineteenth Century* [M]. Oxford: Oxford University Press. 2002.

Bruland, K., Skills, *Learning and the International Diffusion of Technology* [M]//. Berg, M. & Bruland K. *Technological Revolutions in Europe*. Oxford: Oxford University Press, 1998.

Caballero, R.J. & Jaffe, A.B. How high are the Giant's shoulders: an empirical assessment of knowledge spillovers and creative destruction in a model of economic growth [R]. NBER Macroeconomics Annual 8, 1993.

Caniels,M. *Knowledge Spillovers and Economic Growth* [M]. Cheltenham: Edward Elgar, 2000.

Cantwell, J.A.& Iammarino,S. *Multinational Corporations and European Systems of Innovation* [M]. London: Routledge, 2003.

Castells, M., Hall, P.G. *Technopoles of the World: The Making of 21st Century Industrial Complexes* [M]. New York: Routledge ,1994.

Caves, R.E. & Barton D.R. *Technical Efficiency in US Manufacturing Industries* [M]. Cambridge,MA: The MIT Press, 1990.

Ciccone, A. & Hall, R.E. Productivity and the Density of Economic Activeity [J]. *The American Economic Review*, 1996,86:54-70.

Clark, J M. Toward a Concept of Workable Competition [J]. *The American Economic Review*, 1940,30(2):241-256.

Coe,D.T. & Helpman,E. International R&D Spillovers [J]. *European Economic Review*,1995, 39: 859-887.

Cohen, W.M. Levinthal, D.A. Innovation and learning: the two faces of R&D [J]. *The Economic Journal*, 1989,99(397):569-596.

Cohen ,W.M.& Klepper, S. A reprise of size and R&D [J]. *Economic Journal*, 1996,106:925-951.

Chimitz, B. Contrast in Agglomeration: New York and Pittsburgh [J]. *American Economic Review*, 1961,51:279-289.

Crepon,B. Duguet,E. Estimating the innovation function from patent numbers: GMM on count panel data [J]. *Journal of Applied Econometrics*, 1997, 12(3):243-263.

Crepon, Bruno & Duguet, Emmanuel & mairesses, jacques, research, innovation and productivity: an econometric analysis at the firm level [J]. *Economics of Innovation and New Technology*, 1998, 7(2): 115-158.

David,B. & Audretsch. Agglomeration and the location of innovative activity [J]. *Oxford Review of Economic Policy*, 1998,14(2):18-29.

David, P. A., Hall, B.H.& Toole, A. A. Is public R&D a complement or substitute for private R&D? A Review of the econometric evidence [J]. *Research Policy*, 2000, 29:497-529.

Demestz, Harold. Information and efficiency: another viewpoint [J]. *Journal of Law and Economics*, 1989:11.

Dixit Avinash K. & Stiglitz, Joseph E. Monopolistic competition and optimum product diversity[J]. *American Economic Review*, 1977,67(3):297-308.

Dosi, G. Technological Paradigms and Technological Trajectories [J]. *Research Policy*, 1982,11(2):147-162.

Duranton, G.& Puga, D. Nursery cities: Urban diversity, process innovateion, and the life cycle of products [J]. American Economic Review, 2001,91(5):1454-1477.

Eaton,J.& Kortum,S. Trade in ideas:patenting and productivity in the OECD [J]. *Journal of International Economics*, 1996,40: 251-278.

Fischer, M. & Varga, M. Spatial knowledge spillovers and university research:Evidence from Austria [J].*The Annals of Regional Science*. 2003,37:303-322.

Freeman,C. *Innovation and Growth* [M]//Dodgson, Mark & Rothwell Roy: *Handbook of Industrial Innovation*. Northampton: Edward Elgar, 1994.

Gallini, N.T. Pantent policy and costly imitation [J]. *The RAND Journal of Economics*, 1992, 23(1): 52-63.

Madden, Gary & Savage, Scott J. Telecommunications productivity,catch-up and innovation [J]. *Telecommunications Policy*, 1999, 23:65-81.

Gaspar, J.& Glaeser, E. L. Information technology and the future of cities [J]. *Journal of Urban Economics*,1998 ,43:136-156.

Gilbert,R. & Newbery,D. Preemptive patening and the persistence of monopoly [J]. *American Economic Review*, 1982,72:574.

Glaeser, E. Learning in cities [J]. *Journal of Urban Economics*, 1999, 46: 254-277.

Glaeser, E. L. Urban colossus: Why is New York American's largest city? [R] NBER Working Paper 11398, 2005.

Glaeser,E.L., Kallal, H.D. & Scheinkman, J.A. et al. Growth in cities [J]. *The Journal of Political Economy*, 1992, 100(6):1126-1152.

Grabher, G. Ecologies of creativity: The village, the group and the heterarchic organization of the British advertising Industry [J]. *Enviroment and Planning A*, 2001, 33: 351-374.

Green A.& Mayes D. Technical inefficiency in manufacturing industries[J]. *The Economic Journal*, 1991,101(406): 523-538.

Greenwald, B.& Stiglitz, J.E. Externalities in economics with imperfect information and incomplete markets [J]. *Quartely Journal of Economics*,1986,101(2):229-264.

Griliches, Z. Issues in assessing the contribution of R & D to productivity growth [J]. *Bell Journal of Economics*, 1979,10(1):92-116.

Griliches, Z. Productivity, R&D and basic research at the firm level in the 1970s [J]. *The American Economic Review*, 1986,76(1):141-154.

Griliches, Z. Patent Statistics as economic indicators: a survey [J]. *Journal of Economic*, 1990, 28(4):1661-1707.

Griliches, Z. *R&D and Productivity* [M]. Chicago: The University of Chicago Press, 1998.

Grossman, G. M. Helpman, E. Endogenous innovation in the theory of growth [J]. *The Journal of Economic Perspectives*, 1994, 8(1):23-44.

Hall, B. H., Link, A. N. & Scott, J. T. Universitys as research partners [C]. NBER Working Paper 7643, 2000.

Hall, B. H. Innovation and diffusion [R]. NBER Working Paper 10212, 2004.

Hall, B. H. & Mairesse, J. Empirical studies of innovation in the knowledge driven economy [R]. NBER Working Paper 12320, 2006.

Hall, P.G. *Cities in Civilizeation: Culture, Innovateion and the Urban Order* [M]. London: Weidenfeld and Nicolson, 1998.

Hansberg, E. R. Wright, M.L. Urban structure and gzrowth [R]. NBER Working Paper 11262, 2005.

Harris, C. & Vickers,J. Racing with uncertainty [J]. *The Review of Economic Studies*, 1987,

54(1): 1-21.

Hausman, J., Hall, B. H. & Griliches, Z. Econometric models for count data with an application to the patents-R&D relationship [J]. *Econometrica*, 1984, 52(4):909-938.

Herzog, H. W., Schlottmann, A. M.& Boehm, T. P. Migration as spatial job search: A survey of empirical findings [J]. *Regional Studies*, 1993, 27(4)327-340.

Jacobs, Jane. *The Economy of Cities* [M]. New York: Random House,1969.

Jaffe, A. B. Technological opportunity and spillovers of R&D: Evidence from firms'patents, profits and market value [J]. *American Economic Review*, 1986,76: 948-999.

Jaffe, A. B. Real effects of academic research [J]. *The American Economic Review*, 1989, 79: 957-970.

Jaffe, A. B., Trajtenberg, M. &Henderson, R. Geographic localization of knowledge spillovers as evidenced by patent citations [J]. *Quarterly Journal of Economics* 1993, 108: 577-598.

Janz, N., Lööf, Hans & Peters, B. Firm level innovation and productivity—Is there a common story across countries? [R]. CESIS Working Paper No. 24, 2003.

Javorcik, B. S., Does foreign direct investment increase the productivity of domestic firms? In search of spillovers through backward linkages [J]. *The American Economic Review*, 2004, 94(3): 605-627.

Jovanovic. B & Lach, S. Product innovation and the business cycle [J]. *International Economic Review*, 1997, 38(1): 3-22.

Jovanovic. B & Nyarko, Y. Learning by doing and the choice of technology [J]. *Ecnometrica*, 1996, 64(6): 1299-1310.

Kaiser, U. Measuring knowledge spillovers in manufacturing and services: An empirical assessment of alternative approaches [J]. *Research Policy*, 2002, 31: 125-144.

Kamien,MortonI., & Schwartz, Nancy L. Optimal "Induced" Technical Change [J]. *Econometrica*, 1968, 36(1): 1-17

Kamien, Morton I.& Israel Zang. Meet me halfway: research joint ventures and absorptive capacity[J]. *International Journal of Industrial Organization*, 2000(18): 995-1012.

Katz, Michael L. An analysis of cooperative research and development [J]. *The RAND Journal of Ecomomics*, 1986, 17(4):527-543.

Keller W. Geographic localization of international technology diffusion [J]. *The American Economic Review*, 2002,92(1):120-142.

Klepper, S. Entry, exit, growth and innovation over the product life cycle [J]. *The American Economic Review*, 1996, 86(3): 562-583.

Krugman, P. *Geography and Trade* [M]. Cambridge, MA: MIT Press, 1991.

Krugman, P. History and industry location:the case of the manufacturing belt [J]. *The American Economic Review*, 1991,81(2):80-83

Krugman, P. Increasing returns and economic geography [J]. *The Journal of Political Economy*, 1991,99(3):483-499.

Krugman, P. *Development, Geography and Economic Theory* [M]. Cambridge,MA: MIT Press, 1995.

Lapan, H. E. & Moschini, G. Incompete adoption of a superior innovation [J]. *Economica*, 2000, 67(268): 525-542.

Lerner, J. Patent production and innovation over 150 years [R]. NBER Working Paper 8977, 2002.

Levin, R., et al. Appropriating the returns from industrial research and development [R]. Brookings Papers on Economic Activity, 1987, 3: 784-829.

Lööf, Hans. & Brostrom, A., Does knowledge diffusion between university and industry increase innovativeness? [R]. CESIS Working Paper, 2006.

Loury, G. C. Market structure and innovation [J]. *The Quartly Journal of Economics*, 1979, 93(3):395-410.

Mansfield, E. *Industrial Research and Technological Innovation* [M]. New York: Norton.1968.

Mansfield, E., Schuartz, M. & Wagner S. Imitation costs and patents: an empirical study [J]. *The Economic Journal*, 1981, 91: 907-918.

Mansfield, E. How rapidly does new industrial technology leak out? [J]. *The Journal of Industrial Economics*, 1985,34(2):217-223.

Mansfield, E. Academic research and industrria innovation [J]. *Reseach Policy*,1991,20:1-12.

Marshall, A. *Principles of Economics* [M]. London: Macmillan, 1890.

Markusen, A. *Profit Cycles, Oligopoly and Regional Development* [M]. Cambridge: MIT Press, 1985.

Mata, D.D., Deichmann, U. & Henderson, J. V. et al. Determinants of city growth in brazil [R]. NBER Working Paper 11585, 2005.

Gertler, M.S. Tacit knowledge and the economic geography of context or the undefinable tacitness of being there [J]. *Journal of Economic Geography*, 2003, 1(3): 75-99.

Mohnen, P., Mairesse, J. & Dagenais, M. Innovativity: A comparison across seven European countries [R]. NBER Working Paper 12280, 2006.

Mowery, D. C. & Rosenberg, N. The influence of market demand upon innovation: a critical review of some empirical studies [J]. *Research Policy*, 1979,8:102-153.

Munro, H. & Noori, H. performance of canadian companies due to technology adoption [R]. National Centre for Management Research and Development,1988.

Myers, S. & Marquis, D. *Successful Industrial Innovations* [M]. Washington, DC: National Science Foundation, 1969.

Nelson, R. R. & Winter, S. G. *An Evolutionary Theory of Economic Change* [M]. Cambridge,

MA: Harvard University Press, 1982.

Perez, C. & Soete, L. *Catching up in Technology: Entry Barriers and Windows of Opportunity* [M]. London: Pinter Publisher, 1988.

Polanyi, Michael. The Logic of tacit inference [J]. *Philosophy*, 1966, 41(155): 1-18.

Power, D. & Lundmark, M. Working through knowledge pools: Labour market dynamics, the transference of knowledge and ideas and industrial clusters [J]. *Urban Studies*, 2004,41(5-6): 1025-1044.

Reinganum, J.F. Pratical implications of game theoretic models of R&D [J]. *The American Economic Review*, 1984, 74(2): 61-66.

Rogers, E. M. *Diffusion of Innovations* [M]. 4th ed. New York: The Free Press. 1995.

Romer, P. M. Increase of revenue and long growth [J]. *Journal of Political Economics.* 1986, 49: 1002.

Romer, P. M. Endogenous technological change [J]. *The Journal of Political Economy,* 1990, 98(5): s71-102.

Rosenberg, N. Factors affecting the diffusion of technology [J]. *Explorations in Economic History*, 1972, 10(1): 3-33.

Rosenberg, N. On Technological expectations [J]. *The Economic Journal*, 1976, 86(343):523-535.

Rosenberg, N. *Inside the Black Box* [M]. London: Cambridge University Press, 1982.

Saxenian, A. *Regional Adventage: Culture and competition in Silicon Valley and Route 128* [M]. Cambridge MA: Harvard University Press,1994.

Scherer, F. M. Firm size, market structure, opportunity and the output of patented inventions [J]. *American Economic Review*, 1965, 55: 1097-1125.

Scherer, F. M. *Industrial Market Structure and Economic Performance* [M]. 2nd ed. Chicago: Rand McNally. 1980.

Scherer, F. M. Inter-industry technology flows and productivity growth [J]. *The Review of Economics and Statistics*, 1982, 64(4): 627-634.

Schumpeter, J. A. *Business Cycles* [M]. New York: McGraw-Hill, 1939.

Schumpeter, J. A. *Capitalism, Socialism and Democracy* [M]. New York: Harper,1942.

Schmookler, J. *Invention and Economic Growth* [M]. Cambridge:Harvard University Press,1966.

Segerstrom, P.S. Innovation, imitation and economic growth [J]. *The Journal of Political Economy*, 1991, 99(4): 807-827.

Simmie, J. Knowledge spillovers and Reasons for the concentration of innovative SMEs [J]. *Urban Studies*, 2002,39(56):885-902.

Spence, A. M. Product selection, fixed costs, and monopolistic competition [J]. *Review of Economic Studies*, 1976,43:217-235.

Storper, M. & Venables, A. J. Buzz: face-to-face contact and the urban economy [J]. *Journal of Economic Geography* ,2004,4:351-370.

Utterback J.&Abernathy W. J. A Dynam IC Model of Process and Product Innovation [J]. *Omega*,1975, 33:639-656.

Varga, Attila. *University Research and Regional Innovation* [M]. Boston: Kluwer Academic Publishers, 1998.

Vossen, R. W. Market power,industrial concentration and innovative activity [J]. *Review of Industrial Organization*, 1999.15: 367-378.

Walz, U. Innovation, foreign direct investment and growth [J]. *Economica, New Series*, 1997, 64(253): 63-79.

Wiethaus, L. Absorptive capacity and connectedness: Why competing firms also adopt identical R&D approaches [J]. *International Journal of Industrial Organization*,2005(23):467-481.

Williamson, O. E. Innovation and market structure[J]. *Journal of Political Economy*, 1965,73:67-73.

Winter, S.G. Schumpeterian competition in alternative technological regimes [J]. *Journal of Economic Behavior and Organization*, 1984,5:287-320.

E.M.罗杰斯. 创新的扩散 [M].辛欣,译. 北京: 电子工业出版社,2016.

克瑞斯提诺·安东内利. 创新经济学: 新技术与结构变迁 [M].刘刚,等译. 北京: 高等教育出版社, 2006.

布朗温·H.霍尔, 内森·罗森伯格. 创新经济学手册 [M]. 上海市科学学研究所,译. 上海: 上海交通大学出版社, 2017.

陈劲.演化与创新经济学评论 [M]. 北京: 科学出版社, 2018.

摩尔特·多普菲. 演化经济学:纲领与范围 [M]. 贾根良,等译. 北京: 高等教育出版社, 2004.

克利斯·弗里曼, 罗克·苏特. 工业创新经济学 [M]. 华宏勋, 华宏慈,等译. 北京: 北京大学出版社, 2005.

傅家骥. 技术创新学 [M]. 北京: 清华大学出版社, 1998.

G.M.格罗斯曼, E. 赫尔普曼.全球经济中的创新与增长 [M]. 何帆,等译. 北京: 中国人民大学出版社, 2003.

霍亚楼. 论企业并购 [M]. 北京: 中国农业科学技术出版社, 2006.

杰弗里·M.霍奇逊. 演化与制度: 论演化经济学和经济学的演化 [M]. 任荣华,等译. 北京: 中国人民大学出版社, 2007.

柳卸林. 技术创新经济学: 第2版 [M]. 北京: 清华大学出版社, 2014.

亚当·杰夫, 乔西·勒纳. 创新及其不满: 专利体系对创新与进步的危害及对策 [M]. 罗建平,译. 北京: 中国人民大学出版社, 2007.

李文博,林云,张永胜. 集群情景下企业知识网络演化的关键影响因素——基于扎根理论的一

项探索性研究 [J]. 研究与发展管理, 2011,(6):17-24.

林云, 金祥荣. 区域技术创新的"马太效应"——基于中国30个省市面板数据分析 [J]. 经济学家, 2008, (3): 78-85.

林云. 内生性技术创新动力与效率研究 [M]. 北京: 中国社会科学出版社, 2011.

林云. 知识溢出、企业内生技术创新与城市经济 [J]. 技术经济, 2007,(8):24-27.

刘顺忠, 官建成. 区域创新系统创新绩效的评价 [J].中国管理科学, 2002,(1):75-78.

石磊, 寇宗. 产业经济学 [M]. 上海:生活·读书·新知三联书店, 2003.

泰勒尔. 产业组织理论 [M].北京: 中国人民大学出版社, 1997.

乔治·泰奇. 研究与开发政策的经济学 [M]. 苏竣,柏杰,译. 北京: 清华大学出版社, 2002.

孙福全, 等. 主要发达国家的产学研合作创新 [M].北京: 经济管理出版社, 2008.

唐晓云. 技术创新,转移与非线性经济增长 [J]. 财经研究, 2004,(6): 114-124.

王奋,韩伯棠. 科技人力资源区域集聚效应的实证研究 [J].中国软科学, 2006,(3): 91-98.

王娟茹, 等. 基于知识溢出和吸收能力的知识联盟动态模型 [J]. 中国管理科学, 2005,(2):107-110.

王伟光. 中国工业行业技术创新实证研究 [M]. 北京: 中国社会科学出版社, 2003.

王孝斌, 王学军. 创新集群的演化机理[M]. 北京：科学出版社: 2011.

魏后凯. 我国地区工业技术创新力评价 [J]. 中国工业经济, 2004,(5):15-22.

吴延兵. 市场结构、产权结构与R&D——中国制造业的实证分析 [J]. 统计研究, 2007,(5):67-75.

吴玉鸣. 大学、企业研发与区域创新的空间统计与计量分析 [J]. 数理统计与管理, 2007,(3):318-324.

吴贵生, 王毅. 技术创新管理 [M]. 北京: 清华大学出版社, 2009.

徐琼. 区域技术效率论 [M]. 北京: 中国经济出版社, 2006.

徐则荣. 创新理论大师熊彼特经济思想研究 [M]. 北京: 首都经济贸易大学出版社, 2006.

熊彼特. 资本主义、社会主义和民主主义 [M]. 绛枫,译. 北京: 商务印书馆, 1979.

熊彼特. 经济发展理论——对于利润、资本、信贷、利息和经济周期的考察 [M]. 叶华,译. 北京: 九州出版社, 2007.

许庆瑞. 研究、发展与技术创新管理 [M]. 北京: 高等教育出版社, 2000.

姚洋,章奇. 中国工业企业技术效率研究 [J]. 经济研究, 2001,(10):13-21.

叶云岳. 科技发明与新产品开发 [M]. 北京:机械工业出版社, 2000.

俞文钊,刘建荣. 创新与创造力: 开发与培育 [M]. 大连: 东北财经大学出版社, 2008.

袁鹏,陈圻,胡荣. 我国区域创新绩效动态变化的Malmquist指数分析 [J].科学学与科学技术管理, 2007,(1):44-50.

张传杰,万小丽.我国企业与公共研发机构专利产出效率的比较研究 [J]. 科研管理, 2008,(9):167-179.

张进宝. 教育技术创新扩散研究 [M]. 北京: 北京邮电大学出版社, 2013.

张世贤. 阀值效应技术创新的低产业化分析 [J]. 中国工业经济, 2005,(4):45-52.

张宗庆. 我国企业技术创新不足的路径依赖 [J]. 中国工业经济, 2000,(12), 74-76.

赵凯. 产业结构与产业政策调整理论研究 [M]. 北京: 清华大学出版社, 2016.

赵玉林. 创新经济学: 第2版 [M]. 北京: 清华大学出版社, 2017.

庄卫民,龚仰军. 产业技术创新 [M]. 上海: 东方出版中心, 2005.